2015/16

SHI JIE JING JI
YUN XING BAO GAO

国家统计局国际统计信息中心　编

中国统计出版社
China Statistics Press

图书在版编目(CIP)数据

世界经济运行报告. 2015~2016 / 国家统计局国际统计信息中心编. -- 北京 : 中国统计出版社, 2016.5

ISBN 978-7-5037-7781-3

Ⅰ. ①世… Ⅱ. ①国… Ⅲ. ①世界经济-统计资料-研究报告-2015~2016 Ⅳ. ①F11-66

中国版本图书馆 CIP 数据核字(2016)第 096067 号

世界经济运行报告 2015/16

作　　者/国家统计局国际统计信息中心
责任编辑/郭　栋
封面设计/李雪燕
版式设计/张　冰
出版发行/中国统计出版社
通信地址/北京市丰台区西三环南路甲 6 号　邮政编码/100073
电　　话/邮购(010)63376909　书店(010)68783171
网　　址/http://www.zgtjcbs.com
印　　刷/河北天普润印刷厂
经　　销/新华书店
开　　本/710×1000mm　1/16
字　　数/260 千字
印　　张/15.25
版　　别/2016 年 5 月第 1 版
版　　次/2016 年 5 月第 1 次印刷
定　　价/65.00 元

编者的话

2015 年是国际金融危机爆发以来的第 7 个年头，但世界经济依然没有完全走出危机阴影，已由国际金融危机前的快速增长期进入深度调整期。这一年中，世界工业生产低速增长，贸易持续低迷，金融市场大幅动荡，大宗商品价格大幅下跌。发达国家经济复苏缓慢，新兴经济体增速进一步回落，世界经济整体复苏疲弱乏力，增长速度放缓。从中短期看，世界经济复苏仍将步履维艰，如果各经济体内需不能激活、结构性改革进展迟缓，低速增长将成为世界经济的新常态。当然，长远看，再工业化、新技术及互联网 + 步入孕育期，如果未来能由此产生新一轮革命性的技术突破，则世界经济将步入新一轮上行期，只是这一时刻的到来可能会耗时数年或十几年。

总之，在新的国际环境下，世界经济继续低速运行的可能性较大，我国经济发展面临的外部环境较为严峻复杂，密切关注国际经济运行状况越发重要。国际统计信息中心作为国家统计局对外开展国际统计业务交流与合作的窗口，负有分析监测国际经济形势运行的重要职责。在宁吉喆局长和许宪春副局长的悉心指导和大力支持下，国际统计信息中心立足专业特长和资源优势，积极开发和利用大量翔实的国际统计数据，系统描述世界经济的最新发展趋势，及时捕捉世界经济发展中的热点和焦点，并以国际视角定期开展了更加深入、系统的专题分析和中外对比研究。《世界经济运行报告 2015/16》汇集了国际统计信息中心一年来的分析研究主要成果，内容包括世界经济月度监测报告、世界经济年度分析、国际比较研究成果、热点问题探索和统计数据等五大部分。期望它能对您的学习、工作或研究有所帮助。

需要说明的是，本书使用的数据均来自国际组织、有关国家政府统计部门及研究咨询机构。由于数据来源、汇总方法和时效性不同，加之数据修订等原因，同一指标在不同的出处可能不一致，敬请读者注意。有关国际组织公布的中国统计数据可能与我国官方统计数据有出入，我们在数据表中均注明了数据来源，以便于读者正确理解和使用。

受水平所限，书中难免存在不足，恳请批评指正。

编　者

2016 年 5 月

《世界经济运行报告2015/16》 目录

一、世界经济月度监测

二、世界经济年度分析

三、国际比较研究

四、热点问题探索

五、统计数据

1. 世界经济和国际市场

2. 国别经济

六、专栏

1 世界经济月度监测

国际经济环境趋于复杂

——1-2 月份世界经济形势分析

释经组[①]

近期，世界工业生产低速增长，贸易低迷，通胀水平下降，世界经济下行压力较大。国际大宗商品价格保持低位，主要经济体通缩预期增强，多国汇率贬值，国际经济环境日趋复杂。

一、主要经济体运行情况

(一)美国经济温和扩张

1. 经济增长加快。2014 年，美国 GDP 增长 2.4%，增速比上年加快 0.2 个百分点，是国际金融危机以来的最快增速。

2. 制造业加快扩张。1 月份，工业生产同比增长 4.5%，比上月加快 0.2 个百分点；制造业生产同比大幅增长 5.5%，比上月加快 1.1 个百分点，为 2011 年 2 月份以来最快增速；工业产能利用率与上月持平，为 79.4%，逼近 80%关口。

3. 国内消费基本稳定。1 月份，个人消费同比增长 3.4%，增速比上月加快 0.6 个百分点；零售额同比增长 3.3%，汽车销售量同比增长 7.3%，连续九个月增长。

4. 消费价格下跌。1 月份，CPI 环比下跌 0.7%，为 2008 年 12 月以来最大降幅，其中汽油价格下跌 18.7%，是导致当月 CPI 下滑的主要原因；CPI 同比下跌 0.1%，连续八个月持平或走低。1 月份，PPI 环比下跌 0.8%，同比零增长。

---

① 赵云城、闫海琪、郑泽香、张国洪、王磊、邹丽婷、陈璇璇。

5. 预警指标走高。1 月份,先行指标升至 121.1,比上月回升 0.3 个点;消费者信心指数升至 103.8,比上月大幅回升 10.7 个点,是 2007 年 9 月以来最高水平。2 月份,消费者信心指数回落了 7.4 个点至 96.4,但仍高于 2014 年整体水平。

(二)欧元区经济疲弱不振

1. 工业生产近乎停滞。2014 年 12 月份,欧元区工业生产同比下降 0.2%,环比零增长;制造业同比仅增长 0.2%,环比零增长。

2. 通缩隐约可现。1-2 月份,欧元区 CPI 同比分别下降 0.6% 和 0.3%,已连续 3 个月下降,欧元区已处在通缩边缘。1 月份,欧元区 PPI 同比大跌 3.4%,降幅比上月扩大 0.7 个百分点,已连续 22 个月下降。

3. 消费基本稳定。1 月份,欧元区零售量环比增长 1.1%,同比增长 3.7%,增速分别比上月加快 0.7 和 0.6 个百分点。

4. 预警指标向好。1-2 月份,欧元区制造业 PMI 分别为 51.0 和 51.1,分别比上月上升 0.4 和 0.1 个点;服务业 PMI 为 52.7 和 53.9,分别比上月上升 1.1 和 1.2 个点;欧元区消费者信心指数为-8.5 和-6.7,分别比上月上升 2.4 和 1.8 个点。

(三)日本经济在衰退边缘挣扎

1. 经济零增长。2014 年,日本经济陷入停滞,终结了连续两年的复苏。其中,第四季度,日本经济环比增长 0.6%,同比下降 0.5%,同比连续三个季度下滑。

2. 工业生产下降。1 月份,日本工业和制造业生产同比分别下降 2.6%和 2.7%。

3. 国内需求下滑。一是消费不景气。1 月份,日本零售额环比下降 1.3%,连续 4 个月下降,同比下降 2.0%;家庭消费实际支出环比下降 0.3%,同比下降 4.4%;新车登记数环比下降 15.5%,是 2014 年下半年以来首次环比下降,同比大幅下降 20.7%。二是进口大幅下滑。1 月份,日本进口额环比下降 1.4%,同比大幅下降 9%,创 2009 年 12 月以来最大降幅。

4. 房地产出现萎缩。1 月份,日本新房开工量为 6.8 万套,同比下滑 13%,已连续 7 个月呈两位数幅度下滑。其中,自有住房同比下滑 18.7%,降幅比上月收窄 6.8 个百分点;租赁和销售住房同比分别下滑 10.3%和 11.2%,降幅均有所扩大。

5. 预警指标表现较差。2月份，制造业PMI为51.5，比上月回落0.7个点；服务业PMI为48.5，比上月回落2.8个点；企业家信心指数为46.5，已连续11个月低于50的景气临界值。

（四）其他经济体经济增速大多放缓

英国经济有走弱迹象。2014年一至四季度GDP同比增长率分别为2.5%、2.6%、2.5%和2.7%，年增长率为2.6%，远超过2013年的1.7%。但受欧元区经济不振的拖累，工业生产、出口在年末均呈减缓态势。

加拿大经济受石油价格下跌影响，各项经济指标明显走弱，GDP在2014年二、三季度分别增长3.8%、3.2%之后，四季度出现回落，增长2.4%。进出口、采矿采油业和制造业增速近期也都有所放缓。

巴西、俄罗斯经济困难。虽然四季度数据尚未公布，但高频数据显示，四季度为负值或接近负值已成定局。巴西通胀居高不下，工业生产、零售和外贸数据等在去年底和今年初都出现大幅下滑。俄罗斯由于油价下跌、美欧制裁和投资环境不利等因素，经济面临滞胀风险。

中国台湾、印度经济增长前景较好。2014年，中国台湾GDP增长3.5%，印度增长7.4%，明显超过2013年的2.2%和6.9%。今年1月份中国台湾开局不错，工业生产和出口环比分别增长了8.1%和3.4%。

二、当前世界经济运行的特点

当前，主要发达经济体经济运行分化仍在持续，多数新兴经济体增速不同程度放缓，不利因素增多，世界经济开局不利。

（一）全球消费价格涨幅持续回落，发达经济体通缩风险增强

1月份，全球CPI同比涨幅回落至3.3%，已连续9个月呈回落态势。发展中国家回落至7.6%，一些发展中经济体CPI回落幅度较大，中国台湾1月份价格下跌0.9%，韩国仅上涨0.8%。

发达经济体通缩风险增强。1月份美国CPI同比下跌0.1%，如果美元持续坚挺，美国的物价会进一步下跌；自去年12月以来，欧元区CPI同比已连续3个月下跌，通缩风险进一步扩大；日本1月份CPI同比虽然保持在2.4%的水平，但PPI同比已回落至0.5%。

（二）国际市场大宗商品价格保持低位，原油价格探底回升

据世界银行统计，2月份，全球能源价格仅相当于2010年的70.4%，但比1月份的63%略有回升;非能源价格相当于2010年的87%,比1月份的88.4%进一步下跌。其中,金属和矿产品价格指数为72.4,低于1月份的73.8。国际市场原油价格探底回升。2月份,欧佩克一揽子原油现货价格为54.06美元/桶,环比上涨21.8%,而1月份大幅下跌25.4%;纽约期货市场轻质原油价格为50.72美元/桶,环比上涨7.2%,而1月份大幅下跌20.2%。

国际大宗商品价格下跌对我国经济产生双重影响。从有利方面看,将降低我国下游行业成本、扩大盈利空间,还可以降低居民生活消费支出,刺激国内消费,能源价格下跌同时为推进资源价格市场化改革提供了时间窗口。不利方面是,我国会面临输入型通货紧缩、大宗商品生产经营企业盈利缩水及金融波动加剧等风险。

(三)多国下调基准利率,货币环境持续宽松

年初以来,全球已有14个国家下调基准利率,其中丹麦下调了4次,印度、土耳其和印尼下调了2次。未来的几个月,有些国家很可能会进行第二轮下调。美欧日虽然未调利率,因其利率已较低或为负值。3月初,欧洲央行已决定增加1.1万亿欧元的购债计划,至少至明年9月份之前,每月购买600亿欧元的债券。日本也将有类似的行动。多国降息会增加全球流动性,影响国际资本市场稳定,也会促使各国本币贬值。如果我国不降息,则内外利差扩大,容易导致更多的热钱入境套利。

(四)多国货币竞相贬值,汇率战已悄然展开

2014年下半年以来,欧元兑美元已贬值19.3%,日元兑美元已贬值15.5%,俄罗斯卢布、巴西雷亚尔、马来西亚林吉特、印尼盾等均有较大幅度贬值,没有硝烟的货币战争已悄然展开。若形成竞争性贬值格局,不但不会刺激出口,还将破坏国际贸易环境,使脆弱的世界经济雪上加霜。对此,我国政府应及早制定应对措施。

(执笔:释经组;成文于2015年3月)

经济增长低于预期 诸多风险值得关注

——2015 年一季度世界经济形势分析

世界工业生产增长乏力，主要经济体消费清淡，全球需求总体不足，贸易形势严峻，通胀水平保持低位。美国经济出现放缓迹象，其他大多数经济体经济低速增长。世界经济运行环境艰难复杂，诸多风险须引起关注。

一、主要经济体经济低速增长

(一)美国经济增长放缓

一季度，美国工业生产增速放缓，国内消费清淡，进出口贸易下滑，通胀水平较低，就业形势不及预期，经济增长步伐略有放缓。

1. 工业生产增速放缓。2 月份，美国工业生产同比增长 3.5%，比上月放缓 0.6 个百分点，连续 3 个月放缓。制造业生产同比增长 3.3%，比上月大幅放缓 1.5 个百分点。工业产能利用率 78.9%，连续三个月下降。

2. 国内消费清淡。2 月份，美国零售额同比增长 1.7%，比上月放缓 1.9 个点，为 2009 年 12 月以来最低。个人消费支出同比增长 3%，增速比上月回落 0.4 个百分点。一季度，汽车销售量增速持续放缓，3 月份零增长，比上月放缓 1.2 个百分点，连续三个月放缓。

3. 进出口贸易下滑。1-2 月份，包括货物和服务在内的出口贸易额累计为 3755 亿美元，比上年同期下降 1.4%，连续两个月负增长；进口贸易额累计 4536 亿美元，同比下降 1.7%，其中 2 月份下降 3.6 个百分点；贸易逆差累计达到 847 亿美元，比上年同期扩大 4.9%。

4. 价格水平走低。去年下半年以来，CPI 连续走低，今年 1 月份 CPI 同比下跌 0.1%，2 月份零增长。自去年 8 月份以来，PPI 连续七个月持平或走低，2月份PPI同比下跌0.6%，是2009年11月以来首次负增长。

5. 就业形势不及预期。1-3月份，美国失业率从5.7%降至5.5%，3月份与2月份持平。1-3月份，非农就业人数平均净增19.7万人，与上年同期持平，但比上年四季度平均值(32.9万人)减少了近1/3。3月份，新增非农就业仅12.6万人，是2013年12月以来新低。当月劳动参与率下降0.1个百分点至62.7%。

(二)欧元区经济依然低迷

一季度，欧元区工业生产低速增长，贸易情况趋差，就业形势仍然严峻。但消费平稳增长，消费价格跌势趋缓。

1. 工业生产低速增长。1月份，欧元区工业生产环比下降0.1%，同比增长1.2%；制造业环比下降0.3%，同比增长1.0%，增速比上月回落0.2个百分点。

2. 对外贸易下降。1月份，欧元区出口同比下降0.4%，进口同比下降5.6%，增速分别比上月大幅回落8.7和7.1个百分点。

3. 消费价格持续下降，但跌势趋缓。1-3月份，欧元区CPI同比分别下降0.6%、0.3%和0.1%，加上去年12月，已连续4个月下降，通缩压力依然较大。但从趋势看，欧元区1-3月份CPI跌势趋缓，主要是能源价格的温和反弹所致。

4. 就业形势依然严峻。1-2月份，欧元区失业率分别为11.4%和11.3%，其中1月份失业率与上月持平，2月份比上月降低0.1个百分点。总体来看，目前的失业率水平仍然过高，就业形势依旧严峻。

5. 消费保持平稳增长。1-2月份，欧元区零售量同比分别增长3.7%和3.0%，高于上年四季度2.2%的增速。

(三)日本经济没有明显起色

日本工业生产下滑，国内消费低迷，出口大幅下降，房地产形势严峻，物价涨幅进一步回落。

1. 工业生产下滑。1-2月份，日本工业生产比上年同期下降2.7%。其中，2月份，环比下降3.4%，同比下降2.6%。

2. 消费持续低迷。2月份，日本零售额环比微涨0.7%，同比下降1.8%，连续两个月同比下降；家庭消费实际支出环比增长0.8%，同比下降2.9%，连续11个月下降；新车登记数环比增长3%，同比大幅下降15.8%。

3. 进口继续下滑。1-2月份，日本进口额累计为13.68万亿日元，比上年同期下降6.6%；其中，2月份同比下降3.6%，连续两个月下滑。出口增速大幅回落。2月份，日本出口额为6.23万亿日元，环比下降7%，结束了8个月的增长；同比增长2.4%，增速比上月大幅回落14.6个百分点。

4. 房地产形势严峻。2月份，日本新房开工量为6.8万套，同比下滑3.1%，已连续12个月下滑。

（四）主要新兴经济体经济增长继续放缓

一季度，主要新兴经济体出口相比去年同期开局明显不利多个经济体为了刺激经济，纷纷推出宽松货币政策，包括中国在内的17个发展中经济体在一季度采取了降息措施。

借着油价下跌、通胀压力减弱之机，多个新兴经济体推出了结构调整等改革措施，降低或取消政府能源补贴，以留出财政空间用于基础设施投资，经济增长潜在势头增强。

二、当前世界经济运行的主要特点

（一）工业生产增速回落

1-2月份，世界工业生产同比分别增长2.6%和2.4%，比上年四季度放缓0.3和0.5个百分点。其中，发达国家增长1.7%和1.1%，放缓0.1和0.7个百分点；发展中国家增长4.1%和4.3%，放缓1.0和0.8个百分点。

（二）国际市场初级产品价格全线下跌

3月份，能源和非能源价格环比分别下跌3%和2.2%，同比分别下跌46.6%和14.9%。一季度能源价格比上年四季度下跌28.2%，非能源价格下跌6.4%；能源价格比上年同期下跌47.6%，非能源价格下跌12.5%。

国际市场原油价格小幅下跌。3月份，欧佩克一揽子原油现货价格为52.46美元/桶，环比下跌3%，同比大幅下跌49.6%；纽约期货市场轻质原油价格为47.85美元/桶，环比下跌5.7%，同比大幅下跌52.4%。

近期导致原油价格下跌的主要因素有新变化：一是伊核问题紧张局

势暂时缓解，石油供给有望再增。4月2日，伊核问题六国（美国、英国、法国、俄罗斯、中国和德国）、欧盟和伊朗发表共同声明，宣布各方已就伊核谈判主要焦点问题达成框架性解决方案，伊朗同意收缩核活动，美欧同意在核查后解除制裁。伊朗石油每天出口量有望在不久的将来增加100万桶左右。二是原油库存连续十周刷新历史最高纪录。截至3月27日当周，美国商业原油库存为4.714亿桶，比上周增加476.6万桶。三是美元持续走强。3月份，美元兑主要货币有效汇率指数（1973年3月=100）比上月上升2.8%，连续8个月走强，2014年7月份以来累计升值超过20%。

（三）贸易形势严峻

世界进口贸易恶化。2月份，世界和发达国家进口贸易额同比大幅下降14.7%和14.5%，降幅分别比上月扩大0.2和0.3个百分点，均连续5个月下降。2月份，发展中国家进口额同比下降14.9%，虽然降幅比上月小幅收窄0.3个百分点，但已连续4个月下降。

波罗的海干散货运指数回落。一季度，世界贸易预警指标波罗的海干散货运指数继续走低，2月18日降至年内低点509点，3月份略有回升，3月31日该指数回升至602点，但仍比年初的高点回落21.9%，远低于海运平衡点（2000点）。

（四）全球就业市场未有明显改善

2–3月份，美国失业率均为5.5%，比上年四季度及今年1月份的5.7%略有回落。1–2月份，日本失业率分别为3.6%和3.5%，略高于去年12月的3.4%；欧元区失业率分别为11.4%和11.3%，比上年四季度的11.5%略有回落。

部分欧洲国家失业率仍居高位。2月份，西班牙失业率为23.2%，比1月份略低0.2个百分点；葡萄牙和意大利失业率分别为14.1%和12.7%，分别比上月提高0.3和0.1个百分点，法国失业率持平于10.6%。

（五）全球通胀水平走低

1–2月份，全球CPI同比上涨3.2%，涨幅低于上年各月水平。其中，发达国家CPI同比上涨0.95%，涨幅比去年12月回落0.25个百分点；发展中国家上涨7.7%，涨幅回落0.4个百分点。

三、世界经济运行中的诸多风险值得关注

(一)贸易形势严峻引发货币战的几率增大

一是贸易保护主义抬头。近期,世界贸易形势趋差,贸易保护主义进一步抬头。2014 年底至今年 3 月底,包括欧盟、美国及一些发展中经济体对我国出口商品发起了 10 多起反倾销制裁。

二是爆发货币战的几率增大。世界经济复苏疲弱,加上美国年内加息预期刺激,各主要经济体竞相推动本币贬值,全球货币战一触即发。今年以来,绝大多数主要经济体货币贬值。其中,乌克兰格里夫纳兑美元累计下跌超过 50%;巴西雷亚尔对美元汇率累计下跌近 15%,目前跌至 10 年新低;土耳其里拉下跌 11.5%,创历史新低;瑞典克朗已累计贬值 11.4%。

(二)全球货币政策继续分化

一是发达经济体货币政策分化加大。美国已于 2014 年 10 月完全退出量化宽松,步入加息进程。美联储此轮加息将依据对失业率、通货膨胀率和 GDP 预期中值的评估结果而最终决定加息的时机和节奏。英国目前虽然维持量化宽松,但为了控制可能出现的房地产泡沫,于 2014 年 6 月 26 日起推出了一系列紧缩措施。如果房地产市场继续升温,英国央行可能在今年年内启动加息。欧元区则加大了量化宽松规模,除了 2014 年 6 月和 9 月两次降息以外,从今年 3 月 9 日还每月购债 600 亿欧元,至少到明年 9 月结束,总额达 1.1 万亿欧元。日本延续维持宽松政策,从 2014 年 11 月起将基础货币年增量从 60-70 万亿日元增加到 80 万亿日元。

二是新兴经济体货币政策也出现分化。中国、印度和印尼在通胀下降和经常账户收支好转的情况下,于美国紧缩周期即将来临前下调了政策利率。俄罗斯由于受到西方的多轮经济制裁,油价大幅下跌,货币持续贬值,通胀攀升,去年曾连续大幅采取升息措施,今年则两次降息。乌克兰、白俄罗斯、亚美尼亚和格鲁吉亚等央行被迫加息,以支持本国货币并保持金融稳定。巴西和哥伦比亚尽管国内需求较弱,但由于物价高企货币持续贬值,目前维持相对较高的政策利率。

(三)全球通缩风险仍然存在

主要发达经济体CPI仍低位徘徊。其中,欧元区CPI已连续4个月下降。国际原油价格仍将低位震荡。国际原油市场短期内难改供大于求的局面,加上美元升值等,原油价格将继续低位震荡。

(四)国际金融市场风险扩大

一是除美元外多数经济体货币持续走软。美元指数持续上升,包括欧元、英镑、加拿大元、澳大利亚元、丹麦克朗等在内的多数发达经济体货币和包括巴西雷亚尔、乌克兰格里夫纳、俄罗斯卢布、土耳其新里拉、埃及镑等在内的多个发展中经济体货币都出现了持续走软。

二是发展中国家资本总流入持续减少。截至今年2月份,这一势头已保持3个月。

三是希腊“退欧”风险居高不下。根据瑞银的分析,希腊退欧的可能性已从之前的10%-20%上升到了20%-30%,但债务违约则上升到了50-60%。

希腊退欧可能会因途径不同而造成不同程度的影响。如果有序退欧,则需要周密计划,希腊需要获得资金,重新签订合约;也需要仔细确立资本控制计划。目前来说,各有关国家已经准备了应对之策,加之时间充裕,对经济和金融的冲击较小。如果无序退欧,则会对欧元区的边缘国家葡萄牙、西班牙及意大利等产生连锁影响,也会对欧元区以外地区的心理和实际金融形成冲击。

四是国际金融市场避险需求上升。近期,反映避险需求的全球主要发达经济体国债收益率整体走低,并屡屡触及新低。

五是美联储升息时机、力度、节奏预期驱动国际投资组合变化,国际资本无序流动可能扩大。预计美国和英国可能分别于今年秋季和年末启动升息,国际金融市场动荡的风险将会增大并将会驱动国际投资组合的变化,造成国际资本无序流动扩大,全球竞争性货币贬值进一步加剧。

(五)全球企业投资低下

金融危机以来,在多国多轮量化宽松政策的推动下,全球利率水平较低,资金环境也较宽松,但企业投资的积极性不高。主要原因还是对未来经济增长预期低、风险因素增多、小企业融资条件严苛等但根本原因还是新经济增长点仍在孕育之中。

(六)地缘政治紧张局势加剧

近期,对俄罗斯的经济制裁仍在继续,乌克兰冲突还未平息,也门局势又进一步恶化,若各方不能冷静处理,会导致相关地区动荡加剧。在世界经济日趋一体化的今天,冲突和制裁均会引起多方利益受损,拖累脆弱的世界经济。

(执笔:释经组;成文于2015年4月)

世界经济增速放缓

——4 月世界经济形势分析

近期,尽管欧元区经济呈现改善迹象,但美国经济增速放缓,日本经济依旧低迷,多数新兴经济体经济增长回落,世界经济下行压力加大,运行环境日趋复杂。分领域看,世界工业生产低速增长,主要经济体消费平淡,世界贸易继续大幅下滑,主要经济体消费价格走势分化,初级产品价格保持低位,就业形势基本稳定。

一、主要经济体运行情况

(一)美国经济增速回落

1. 经济增长放缓。一季度,美国 GDP 环比折年率仅增长 0.2%,增速比上季度放缓 2 个百分点,是近四个季度以来的最低增速。美国经济放缓,既有严寒天气及港口工人罢工等临时性因素影响,也有美元升值、出口下滑以及内需增长放缓等因素的影响。

2. 工业生产增速放缓,产能利用率下降。3 月份,美国工业生产同比增长 2.0%,比上月放缓 1.6 个百分点,连续 4 个月放缓。制造业生产同比增长 2.4%,比上月放缓 0.7 个百分点。工业产能利用率降至 78.4%,比上月下滑 0.6 个百分点,连续 4 个月下滑。

3. 零售额增速放缓。3 月份,美国零售额同比增长 1.7%,比上月放缓 0.1 个点,为 2009 年 12 月以来最低增速。个人消费支出同比增长 2.7%,比上月放缓 0.3 个百分点。

4. 贸易逆差明显扩大。3 月份,美国出口贸易额同比下降 3.3%,降幅比上月扩大 2.3 个百分点,连续三个月下降。进口贸易额同比仅增长 0.9%。当月贸易逆差扩大至 514 亿美元,是 2008 年 10 月以来最高水平,比上月扩大 43.1%,比上年同期扩大 20.1%。

5. 价格水平走低。3月份，美国CPI同比下跌0.1%，是今年以来第二次下跌。PPI同比下跌0.8%，跌幅比上月扩大0.2个百分点，连续两个月下跌。6、预警指标回落。4月份，美国消费者信心降至95.2，比上月回落6.2个点，为年内最低。制造业PMI降至54.1，比上月回落1.6个点。服务业PMI降至57.8，比上月回落1.4个点。

（二）欧元区经济出现回暖迹象

1. 工业生产增速加快。2月份，欧元区工业生产环比增长1.1%，同比增长1.6%，增速分别比上月加快1.4和1.2个百分点；制造业生产环比增长1.1%，同比增长1.0%，增速分别比上月加快1.7和1.0个百分点。

2. 居民消费转好。1-3月份，欧元区零售量同比增长3.2%、2.8%和1.6%，增速分别比上年同月加快2.2、1.0和1.0个百分点；新车登记数同比增长11.6%、7.8%和8.1%，增速分别比上年同月加快7.7、2.4和4.9个百分点。

3. 进出口增长加快。2月份，欧元区出口额为1677亿欧元，同比增长4.1%；进口额为1457亿欧元，同比增长0.4%；增速分别比上月加快4.8和6.1个百分点。当月实现贸易顺差220亿欧元，比上月扩大8亿欧元。

4. 通缩压力有所缓解。1-3月份，欧元区CPI同比分别下跌0.6%、0.3%和0.1%，跌幅逐渐收窄。4月份，CPI同比零增长，结束了去年12月以来连续4个月下降的趋势。能源价格降幅收窄是欧元区CPI跌势趋缓的直接原因。2-4月份，欧元区能源价格同比降幅由1月份的9.3%逐渐收窄至7.9%、6.0%和5.8%。此外，欧元区于3月初推出的量化宽松（QE）政策也对近期通缩缓解起到了一定作用。

5. 信贷略有放松。3月份，欧元区对家庭信贷余额同比零增长，结束了连续10个月的下滑；对非金融企业信贷余额同比下降0.6%，虽然连续34个月下降，但降幅已持续12个月收窄。

（三）日本经济依旧低迷

1. 工业生产继续下降，但降幅收窄。3月份，日本工业生产环比下降0.3%，同比下降1.2%，同比降幅连续两个月收窄。

2. 房地产显现回暖迹象。3月份，日本新房开工量为7万套，同比增长0.7%，止住连续12个月的下降。

3. 国内消费降幅较大。3月份,日本零售额环比下降1.9%,同比大幅下降9.8%,连续三个月同比下降;日本新车登记数环比增长3.6%,同比大幅下降11.9%,连续三个月大幅下滑。3月份同比降幅较大,主要是因为去年3月份提前消费热潮导致基数高。

4. 进口大幅下滑。3月份,日本进口额环比下降5%,连续四个月环比下滑;同比大降14.5%,连续三个月同比下滑。进口下降的主要原因是矿物燃料进口成本降低,矿物燃料进口额同比下降36.5%,拖累整体进口下滑13个百分点。

出口有所回升。3月份,日本出口额环比增长3.7%,同比增长8.5%。由于出口增长,进口连续下降,3月份实现贸易顺差33亿日元,是2012年6月份以来首次。

(四)金砖四国经济状况各异

在全球经济走向复苏的艰难行程中,金砖四国经济大相径庭,走势各异。印度正处于周期性上升通道,南非在缓慢复苏之中,俄罗斯有走出经济最低谷的初步迹象,而巴西经济持续下滑。

(五)其他主要经济体经济增速大多持续放缓

英国由于大选不确定性带来的负面影响,一季度经济增长放缓到了两年多来的低点,加拿大经济也在冬季严寒和油价下跌的影响下出现显著放缓,印尼出口拖累了经济增长,中国台湾、香港经济受外需不足影响较大增长放缓,而韩国和墨西哥则分别在建筑投资和结构改革拉动下仍保持缓慢前行。

二、当前世界经济运行的主要特点

(一)新兴经济体金融风险扩大

一是新兴经济体美元外汇储备逐步减少。2014年下半年以来已下降了6%,主要是由于美元升值后的重新估值和一些发展中经济体资金外流所致。未来随着美国货币政策收紧,这一走势极有可能加剧。二是新兴经济体美元债券发行增长快于本币债券,增加了未来偿债负担。三是新兴市场经济体资产估值强劲上升。股票市场出现一定的泡沫成分,特别是中国和印度,印尼和南非等一些发展中经济体股价上升也较快。

（二）世界工业生产低迷

2月份，世界工业生产同比增长2.5%，增速与上月持平；发达国家同比增长1.4%，增速比上月回落0.3个百分点；发展中国家同比增长4.2%，增速比上月小幅加快0.1个百分点。

（三）世界贸易持续大幅下滑、进口需求普遍不振

据世界银行统计，2月份，世界和发达国家贸易出口额同比下降5.5%和12.0%，均连续五个月下降。3月份，发展中国家出口额同比下降16.5%，上月为增长10.3%。进口需求不振。2月份，世界和发达国家进口贸易额同比均大幅下降14.4%，均连续五个月下降。3月份，发展中国家进口额下降8.9%，连续五个月下降。

波罗的海干散货运指数回落。波罗的海干散货运指数从4月1日的596点降至5月5日的580点，累计下跌2.7%。远低于海运平衡点（2000点）。

（四）初级产品价格保持低位

4月份，能源价格有所反弹，环比上涨6.1%；非能源价格继续下降，环比下降0.5%，连续5个月下降。其中，只有饮料、金属和矿产价格反弹，环比分别上涨1.1%和0.5%，结束了连续5个月和4个月的下跌。

国际市场原油价格大幅反弹。4月份，欧佩克一揽子原油现货价格为57.3美元/桶，环比上涨9.2%；纽约期货市场轻质原油价格为54.63美元/桶，环比上涨14.2 %。但原油价格仍然处于较低水平，仅是去年同期价格的一半。

（五）希腊“退欧”风险扩大

一是5月和6月份希腊还贷压力较大。5月1日和12日，希腊必须偿还国际货币基金组织（IMF）的2亿欧元和7.76亿欧元；5月8日，希腊必须偿还14亿欧元的短期国债；6月份需要偿还的贷款更多，还款压力巨大。

二是希腊主权信用评级持续下调。4月份，信用评级服务机构标准普尔发布报告，将希腊的主权信用评级从“B-”下调至“CCC+”，评级前景为“负面”；标普警告称，如果没有深入的经济改革或者财政压力释放，希腊债务和其他财务承诺将无法持续。而另一评级公司惠誉在3月份就将希腊主权信用评级从“B”下调至“CCC”。

三是希腊国债特别是中短期国债收益率再度攀升。4 月下旬,因欧洲央行提议收紧希腊银行业使用紧急流动性工具的细节浮出水面,希腊两年期国债收益率 4 月 21 日升穿 30%,为 2012 年欧债危机最严重时期以来最高。

(执笔:释经组;成文于 2015 年 5 月)

世界经济继续缓慢增长

——5月世界经济形势分析

近期,世界工业生产低速增长,全球通胀水平微幅回落,初级产品价格略有回升。但世界贸易持续恶化,美国经济疲弱,发展中经济体增速普遍放缓,世界经济继续缓慢增长。

一、主要经济体运行情况

(一)美国经济疲弱

近期,美国工业生产增速持续回落,产能利用率不断下降,零售额增速逐月回落,价格水平走低,制造业扩张步伐明显放缓。

1. 经济增长疲弱。一季度,美国 GDP 环比折年率下降 0.7%(上季度为增长 2.2%),是 2014 年二季度以来首次下降。严寒天气、美元升值、油价下跌、出口下滑、外部环境疲弱以及内需增长放缓等,是导致当季美国经济下滑的主要因素。预计二季度美国经济难有较大幅度反弹。

2. 工业生产增速放缓,产能利用率下降。4 月份,美国工业生产同比增长 1.9%,比上月放缓 0.3 个百分点,连续 5 个月放缓。环比下降 0.3%,连续五个月下降。制造业生产同比增长 2.3%,比上月放缓 0.3 个百分点。工业产能利用率降至 78.2%,是近 15 个月以来新低。

3. 零售额增速逐月回落。4 月份,美国零售额同比增长 0.9%,比上月放缓 0.8 个点,为 2014 年 12 月以来最低增速;个人消费支出同比增长 2.7%,增速与上月持平。

4. 价格持续下跌。4 月份,CPI 同比下跌 0.2%,跌幅比上月扩大 0.1 个百分点,是今年以来第三次下跌。PPI 同比下跌 1.3%,跌幅比上月扩大 0.5 个百分点,连续三个月下跌。

5. 贸易逆差明显缩小。4 月份,出口贸易额同比下降 2.6%,连续四个月下降。进口贸易额同比下降 3.6%,是今年以来第三次下降。贸易逆差从上月的高点收窄至 409 亿美元,比上月收窄 19.1%,比上年同期收窄 7.7%。

6. 房地产市场回暖。4 月份,新房开工量(折年率,下同)为 113.5 万套,环比增长 20.2%,是国际金融危机以来最快增速,同比增长 9.2%。当月占新房开工量超过六成的独栋房屋开工量为 73.3 万套,环比增长 16.7%。新房建筑许可证发放量为 114.3 万套,环比增长 10.1%,同比增长 6.4%。

7. 制造业和服务业扩张步伐放缓。5 月份,制造业 PMI 降至 54,比上月回落 0.1 个点,连续两个月放缓。其中,新订单指数回落 1.2 个点至 54.1,为 2014 年 1 月以来最低。服务业 PMI 降至 56.4,比上月回落 1 个点。

(二)欧元区经济回暖

欧元区 GDP 连续 3 个季度环比增速加快,制造业生产改善,消费稳定增长,贸易活跃,价格止跌企稳,失业率下降,预警指标向好。

1. GDP 增速加快。一季度,欧元区 GDP 环比增长 0.4%,增速比上季度加快 0.1 个百分点,连续 3 个季度加快;同比增长 1.0%,增速比上季度加快 0.1 个百分点,连续两个季度加快。

2. 制造业生产增速加快。3 月份,欧元区工业生产同比增长 1.8%;制造业生产同比增长 1.7%,增速比上月加快 0.5 个百分点。

3. 消费稳定增长。1-4 月份,欧元区零售量同比分别增长 3.2%、2.8%、1.7%和 2.2%,比去年同期加快 2.2、1.0、1.1 和 0.5 个百分点;新车登记数同比分别增长 11.6%、7.8%、8.1%和 6.5%,比去年同期加快 7.7、2.4、4.9 和 0.9 个百分点。

4. 贸易活跃。3 月份,欧元区出口同比增长 10.9%,进口同比增长 7.2%,增速分别比上月加快 6.6 和 7.4 个百分点。欧元区进口增长主要受益于经济回暖及国内消费稳定增长,而出口的增长则与汇率贬值等因素有关。

5. 价格止跌企稳。5 月份,欧元区 CPI 同比上涨 0.3%,实现 6 个月以来首次上涨。近期能源价格明显反弹以及消费需求上升,都推动了欧元区 CPI 走高,表明欧元区 3 月份推出的量化宽松(QE)政策提振了欧元区整体经济。

6. 失业率下降。4月份,欧元区失业率降为11.1%,比上月降低0.1个百分点,为2012年3月份以来最低水平,失业人数比上月减少12万人。

7. 预警指标向好。5月份,欧元区制造业PMI为52.2,比上月上升0.2个点,与3月份同为近12个月新高;服务业PMI为53.8,比上月小幅回落0.3个点,但仍在较高位。

(三)日本经济略有改善

日本GDP连续两个季度环比增长,工业生产降幅收窄,房地产趋于稳定,预警指标整体向好,出口好转。但日本国内消费仍然清淡,进口下降,通缩风险犹存。

1. 工业生产负增长,但降幅收窄。4月份,日本工业生产同比下降0.1%,降幅已经连续三个月收窄;环比实现正增长,比上月增长1%。

2. 房地产趋于稳定。4月份,日本新房开工量为7.6万套,同比增长0.4%,结束了持续13个月的下滑,已经连续两个月实现同比增长。

3. 零售市场仍然清淡。4月份,日本零售额三个月移动平均环比下降0.3%;同比增长5%,三个月来首次同比增长,主要是去年3月份的提前消费热潮导致去年4月基数较低。4月份,日本新车登记数环比大幅下降14.7%;同比下降10.1%,连续四个月下降,但降幅逐月收窄。

4. 出口好转,进口下降。4月份,日本出口额为6.38万亿日元,同比增长8.0%;进口额为6.59万亿日元,同比下降4.2%,连续四个月同比下降,但降幅比上月收窄10.3个百分点。

(四)金砖国家分化扩大

在其他金砖四国中,经济整体呈分化扩大趋势。印度经济一枝独秀,一季度GDP增长7.5%,经济活力仍显旺盛。6月2日印度央行第三次降息(幅度为25个基点),进一步放宽货币政策,意欲进一步刺激经济增长,加速经济发展。

俄罗斯经济运行艰难。4月份工业生产同比下降4.5%;零售额同比下降9.8%。通胀水平虽有下降,但仍然维持高位,5月同比上涨15.8%。贸易持续恶化,3月份出口同比下降31%,进口下降36.4%。

巴西经济陷入衰退。近期工业生产大幅下降,物价涨幅扩大,失业率上升,进出口双双下滑。

南非经济维持低速增长,但一季度失业率达到26.4%,为近10年来高点,就业形势严峻。

(五)其他主要新兴经济体经济增速普遍放缓

一季度,受全球需求下降及内需不足等因素影响,韩国、墨西哥、马来西亚、印尼、中国香港、中国台湾等经济增速均不同程度放缓。

二、世界主要领域运行情况

(一)世界工业生产增速回落

4月份,世界、发展中国家工业生产同比增长1.8%和3.1%,增速分别比上月回落0.7和0.8个百分点。3月份,发达国家工业生产同比增长1.4%,与上月持平。

(二)世界贸易持续恶化

据世界银行统计,3月份,世界和发达国家贸易出口额同比均下降13.6%,降幅分别比上月扩大6.6和0.5个百分点,均为连续六个月下降。4月份,发展中国家出口额同比下降9.4%,连续两个月下降。3月份,世界和发达国家进口贸易额同比下降11.4%和12.9%,均连续六个月下降。4月份,发展中国家进口额下降11.8%,降幅比上月扩大3.9个百分点,连续六个月下降。

波罗的海干散货运指数低迷。6月2日,波罗的海干散货运指数降至589点,连续三个月保持在历史低位。

(三)全球通胀水平微幅回落

4月份,全球CPI同比上涨3.0%,涨幅比上月回落0.3个百分点;发达国家CPI同比仅上涨0.8%,时隔两个月后再度回落至1%以下,涨幅比上月回落0.3个百分点;发展中国家CPI同比上涨7.6%,涨幅比上月回落0.2个百分点。

(四)国际市场初级产品价格略有回升

5月份,能源价格继续反弹,环比上涨8%,连续两个月上涨;非能源价格小幅回升,环比上涨0.6%,结束了连续6个月的下降。其中,饮料、金属和矿产价格环比分别上涨2.3%和3.5%,连续两个月反弹;农产品原材料价格上涨2.9%。

国际市场原油价格继续回升。5月份，欧佩克一揽子原油现货价格为62.16美元/桶，环比上涨8.5%；纽约期货市场轻质原油价格为59.37美元/桶，环比上涨8.7%，均连续两个月回升。

（执笔：释经组；成文于2015年6月）

经济增长低缓 复苏疲弱乏力

——上半年世界经济形势分析

上半年,三大经济体经济形势略有改观,新兴经济体经济增长普遍放缓,世界经济总体增长乏力。预计世界经济全年将延续低速运行态势,我国经济稳增长任务艰巨。

一、主要经济体运行情况

(一)美国经济增长低于预期

一季度,受严寒天气、美元升值、油价下跌、出口下滑、外需疲弱以及内需增长放缓等因素影响,美国 GDP 环比折年率下降 0.2%。预计二季度美国经济环比折年率增长率将反弹至 2.4%。

1. 工业生产高开低走,产能利用率下降。上半年,美国工业生产同比增速从 1 月份的 4.2%回落至 5 月份的 1.6%,连续六个月回落。制造业生产同比增速从 1 月份的 4.5%回落至 5 月份的 2.0%,连续四个月回落。工业产能利用率从 1 月份的 79.1%降至 5 月份的 78.1%,连续六个月下降。

2. 私人消费温和增长。上半年,零售额低速增长,平均增速为 2.1%。个人消费支出保持稳定,前五个月平均增速为 3.6%。

3. 进出口乏力。1-5 月份,美国出口额为 9429 亿美元,比上年同期下降 2.7%;进口额为 11558 亿美元,下降 2.2%。分月数据均连续五个月同比下降。1-5 月份,美国贸易逆差为 2128 亿美元,比上年同期扩大 0.5%。

4. 房地产市场保持稳定。上半年,建筑市场经过短暂回调之后恢复稳定增长。新房开工量(折年率,下同)从 1 月份的 108 万套增加到 4 月份的 116.5 万套,5 月份虽略有回落,但仍在 100 万套以上;新房开工许可证发放量从1月份的106万套增加到5月份的128万套,为国际金融危机以来新高。现房和新房销售量(折年率)在一季度回落后,4-5月份恢复增长。现房销售量从1月份的482万套增加到5月份的535万套;现房价格从1月份的19.76万美元/套上涨至5月份的22.87万美元/套。新房销售量从1月份的52.1万套增加到5月份的54.6万套,是2008年5月以来新高。

5. 通缩风险犹存。1-5月份,消费价格同比出现三次下跌。生产价格在1月份零增长后,2-5月连续四个月下跌。

6. 失业率持续回落。从1月份的5.7%降至6月份5.3%,为2008年5月以来最低点。非农雇员人数保持稳定增长,1-6月平均月净增20.8万人。

(二)欧元区经济继续回暖

1. 工业生产与上年同期持平。1-4月份,欧元区工业生产同比增长1.4%,增速与上年同期持平。

2. 消费基本稳定。5月份,欧元区零售量同比增长2.4%,新车登记数同比增长6.6%,增速分别比上月加快0.2和0.1个百分点。1-5月份,欧元区零售量同比增长2.3%,新车登记数同比增长8.1%,增速分别比上年同期加快1.4和4.2个百分点。

3. 贸易形势趋好。4月份,欧元区出口同比增长8.8%,进口同比增长2.8%,均保持较快增长。1-4月份,欧元区出口同比增长5.8%,进口同比增长1.0%,增速分别比上年同期加快4.9和2.2个百分点。

4. 消费价格止跌回升。1-6月份,欧元区消费价格同比止跌回升,其中4月份持平,5、6月份分别上涨0.3%和0.2%。

5. 就业形势略有改善。5月份,欧元区失业率为11.1%,与上月持平,为2012年3月份以来最低水平。1-5月份,欧元区失业率为11.2%,比上年同期降低0.5个百分点。

6. 预警指标向好。1-6月份,欧元区制造业与服务业PMI双双波动上行。其中,制造业PMI由1月份的51.0上升到6月份的52.5,服务业PMI由1月份的52.7上升到6月份的54.4。6月份数值均为年内最高点。

(三)日本经济略有改善

1. 工业生产继续下滑。5月份,日本工业生产三个月移动平均环比折年率下降6%，降幅比上月扩大3.6个百分点，同比下降4%。其中，化工机械、铸铁机械制造类下滑幅度较大。

2. 消费有所好转。5月份，日本零售额环比增长1.7%，同比增长3%，同环比均连续两个月增长；新车登记数环比增长9.2%，同比下降8.2%，连续5个月同比下降，但降幅逐月收窄。家庭消费支出环比增长2.4%，同比增长3.7%，结束了连续13个月的同比下降。

3. 出口好于进口。5月份，日本出口同比增长2.4%，比上月回落5.6个百分点；进口同比下降8.7%，连续五个月下降，降幅比上月扩大4.5个百分点。

4. 房地产出现企稳迹象。5月份，日本新房开工量为7.2万套，同比增长5.8%，连续三个月同比增长。

5. 消费价格涨幅回落较大。5月份，日本消费价格同比上涨0.5%，涨幅比1月份收窄1.9个百分点。剔除生鲜食品和能源的核心CPI同比上涨0.4%，涨幅比1月份收窄1.7个百分点。

（四）金砖国家经济分化加剧

今年上半年，印度经济增长成为全球亮点，增长动力增强，一季度GDP增长7.5%，保持了较高增速。但进出口同比下滑严重，分别收缩了15.9%和13.0%，对经济形成一定的拖累；俄罗斯一季度GDP下降2.2%，近期通胀压力较大，资本外流严重，经济发展愈加困难；截至一季度，巴西经济已连续四个季度出现负增长，进入二次衰退，滞胀特征明显；南非经济增速虽有所加快，但仍在低位徘徊，失业率明显升高。

（五）其他主要经济体经济增速普遍放缓

包括印尼、马来西亚、中国香港、中国台湾、韩国、墨西哥在内的其他主要经济体一季度经济增速均微幅回落，从4、5月份的工业生产和进出口数据来看，上半年将会延续一季度走势，经济放缓趋势难以扭转。

二、世界经济运行的主要特点

（一）工业生产低迷

5月份，世界工业生产同比增长1.8%，增速与上月持平；发达国家同比增长0.7%，增速比上月回落0.3个百分点；发展中国家同比增长3.8%，增速比上月加快0.1个百分点。

（二）世界贸易恶化

出口形势不容乐观。据世界银行统计（下同），1-4 月份，世界、发达和发展中国家出口额同比分别下降 11.7%、13.9% 和 6.9%。4 月份，世界和发达国家出口额同比分别下降 14.3% 和 15.6%，降幅比上月扩大 0.4 和 1.8 个百分点，均为连续七个月下降。发展中国家出口额同比下降 11.6%，连续两个月下降。进口形势继续恶化。1-4 月份，世界、发达和发展中国家进口额同比分别下降 13.3%、13.9% 和 12%。4 月份，世界和发达国家进口额同比下降 14.7% 和 15.7%，降幅分别比上月扩大 3.5 和 3.1 个百分点，均为连续七个月下降。发展中国家进口额下降 12.4%，降幅比上月扩大 4.4 个百分点，连续六个月下降。波罗的海干散货运指数低迷。该指数从年初的 771 点降至 4 月 1 日的低位 596 点，二季度末回升至 800 点，上半年累计回升 3.8%，但整体水平仍远低于海运平衡点（2000 点）。

（三）消费价格基本稳定

5 月份，全球消费价格同比上涨 3.1%，涨幅与上月持平；发达国家消费价格同比上涨 1.0%，涨幅比上月扩大 0.1 个百分点，但整体仍处在较低水平；发展中国家消费价格同比上涨 7.5%，涨幅比上月回落 0.2 个百分点。

（四）国际市场初级产品价格低位波动

6 月份，能源价格环比由升转降，环比下降 1.9%，结束了连续两个月上涨；非能源价格环比由升转降，环比下降 1%（上半年只有 5 月份小幅上涨 0.7%）。上半年，能源和非能源价格分别比上年同期下降 44.6% 和 13.5%。

原油价格再次回落。6 月份，欧佩克一揽子原油现货价格为 60.21 美元/桶，环比下降 3.1%；纽约期货市场轻质原油价格为 59.83 美元/桶，环比上涨 0.8%。截至 7 月 13 日，两者价格分别下跌至 55.2 美元/桶和 52.2 美元/桶，累计下跌幅度高达 7.6% 和 12.2%。

多因素导致近期原油价格下跌，一是美国原油产量增加，导致原油价格承压。二是美元近期走强，进一步拖累油价。三是美国商业原油库存增加，压制了油价。此外，希腊债务危机的不确定性导致全球金融市场动荡加剧，投机资金撤离原油等大宗商品市场。

(五)金融市场不稳定因素增加

一是世界股指出现了明显下跌。除了美国和日本股市维持高位且稳定以外,包括中国、欧洲以及亚洲多个国家股指均有明显下跌。二是美元今年以来一直处于强势,包括欧元、日元及多数新兴市场货币持续走弱并在低位徘徊。三是发达经济体长期利率呈上升势头,美国加息迫近,资本异常流动将进一步加剧。

三、我国面临的国际经济环境严峻

近期,虽然欧日经济出现改善,世界经济运行出现一些有利因素,但不确定因素也在增加。美国及发展中经济体经济增长放缓,国际金融市场波动加剧等,均会拖累世界经济的复苏。下半年,世界经济运行中的困难增多,我国经济面临的外部环境较为严峻。

(一)外部需求疲弱,贸易保护加强

上半年,发达国家经济复苏乏力,发展中国家经济增长明显放缓,世界贸易形势恶化,导致外部需求疲弱。为提振国内经济,全球贸易保护主义抬头。2015 年上半年,包括欧盟、美国及一些发展中经济体对我国出口商品发起了 30 多起反倾销反补贴制裁。

(二)多国货币贬值,人民币相对升值

俄罗斯和乌克兰货币在去年大幅贬值之后今年处于窄幅波动。一些经济体的本币继续贬值,如巴西雷亚尔、欧元、丹麦克朗、马来西亚林吉特等。还有一些新的国家货币加入了贬值行列,如新西兰元、乌拉圭比索和匈牙利福林等。今年以来,巴西、新西兰、土耳其和乌克兰等国货币贬值均超过 10%,而人民币相对美元基本稳定,相对于其他货币明显升值。

(三)美联储升息将加大国际金融市场动荡

美联储 6 月份会议纪要偏向“鸽派”,美联储主席近期表示年内加息是合适的。预计加息将导致国际资本回流美国,很有可能进一步推高美国的资产价格。而美国的资产价格上升,又将可能进一步刺激国际资本流向美国,使美元继续升值,驱动国际投资组合发生新的变化,全球竞争性货币贬值可能进一步加剧,加大国际金融市场动荡的风险。

(四)希腊危机对金融市场可能造成冲击

7 月 13 日,欧盟就第三轮援助希腊问题达成一致意见,希腊退欧风

险暂时缓解，但协议的批准存在变数，前景难料，希腊债务情况仍不容乐观，希腊接下来的改革能否成功、未来经济能否好转及好转程度，都会对欧元区经济进而对世界经济造成一定影响。

（执笔：释经组；成文于 2015 年 7 月）

世界经济低速增长 金融市场剧烈动荡

——8月世界经济形势分析

近一时期,美欧经济形势向好,世界工业生产低速增长,全球通胀有所回落,就业市场基本稳定。但世界贸易持续低迷,能源及初级产品价格下跌,主要新兴经济体经济增速持续放缓,国际金融市场剧烈动荡,世界经济复苏曲折艰难,形势错综复杂。

一、主要经济体经济运行情况

(一)美国经济增速加快

金融危机以后,美国经济经历了艰难曲折的复苏过程,年度经济增长率大体在1.5-2.5%之间。2015年一季度,受天气等因素的影响,GDP环比折年率仅增长0.6%,但二季度经济大幅反弹至3.7%。

近期,美国经济总体较为活跃。7月份,工业生产同比增长1.7%,虽不及年初的表现,但环比增长加快至0.6%,是今年以来的最高增速。产能利用率也恢复到78%。建筑业形势较好,7月份,美国建筑业产值同比增长13.7%,为2008年5月以来最快增速。美国消费稳定增长,就业形势良好。8月份,美国失业率降至5.1%,是国际金融危机以来的新低。但美国的进出口略显低迷,消费者价格也在低位徘徊。

总体看,美国经济复苏的基础在继续夯实。近期,国际金融市场的波动,使美国货币政策决策难度增大。

(二)欧元区经济持续回暖

今年前两个季度,欧元区经济环比分别增长0.4%和0.3%,为金融危机以来的较好表现。近期,欧元区消费稳定增长,对外贸易活跃,通缩压力减缓,预警指标向好。虽然工业生产增速低缓,但制造业情况尚好。7月份,失业率为10.9%,是2012年以来的低点。

表1 美国主要指标变动

	单位	2012年	2013年	2014年	6月	7月	8月
经济增长(GDP)		2.2	1.5	2.4			
生产领域							
工业生产	%	2.8	1.9	3.7	1.5	1.7	
制造业生产	%	2.7	0.9	2.5	1.4	1.5	
工业产能利用率	%	76.7	76.7	78.1	77.7	78	
需求							
消费需求							
零售额	%	5.3	4.4	3.5	2	2.4	
汽车销售量	%	23.4	3.6	2.9	-6.2	1.8	-8.7
个人消费支出	%	1.8	1.7	2.7	3	3.2	
投资需求							
耐用品交货额	%	7.1	3.4	2.7	3.9	-0.1	
投资品交货额	%	7.3	2.5	4.2	3.3	4.1	
进出口贸易							
出口	%	4.3	2.7	2.8	-4	-4.3	
进口	%	3	0.1	3.4	-2.1	-3.3	
价格							
CPI	%	2.1	1.5	1.6	0.1	0.2	
PPI	%	1.9	1.3	1.6	-0.7	-0.8	
就业市场							
失业率	%	8.1	7.4	6.2	5.3	5.3	5.1
新增非农就业人数(净值)	万人	226.2	228.9	264.9	24.5	24.5	17.3
预警指标							
先行指标	点	95	96.3	106.6	123.6	123.3	
消费者信心指数	点	67.1	73.2	87	99.8	91	101.5
制造业 PMI	点	53.2	53.5	55.9	53.6	53.8	52.9
服务业 PMI	点	54.5	54.8	57.1	54.8	55.7	55.2

注:1. 除非特别注明,均为同比增长率。

2. 从2014年10月开始,先行指标基准年由2004调整为2010。

表 2 欧元区主要指标变动

	单位	2012 年	2013 年	2014 年	2015 年 6 月	7 月	8 月
经济增长(GDP)	%	-0.7	-0.5	0.9			
生产领域							
工业生产	%	-2.5	-0.8	0.6	1.2		
制造业生产	%	-2.7	-0.7	1.6	1.4		
建筑业生产	%	-5.3	-2.9	2.3	-2.3		
需求							
消费需求							
零售量	%	-1.7	-0.9	1.3	1.7	2.7	
进出口贸易							
出口	%	7.5	0.9	2.3	12.3		
进口	%	1.7	-3.4	0.1	6.6		
价格							
CPI	%	2.5	1.4	0.4	0.2	0.2	0.2
PPI	%	2.8	-0.2	-1.5	-2.2	-2.1	
就业市场							
失业率	%	11.3	12	11.6	11.1	10.9	
失业人数	万人	1819	1923	1863	1775	1753	
预警指标							
先行指标	点	99	99.6	100.4	100.7		
消费者信心指数	点	-22	-18.7	-10.1	-5.6	-7.2	-6.9
制造业 PMI	点	46.2	49.6	51.8	52.5	52.4	52.3
服务业 PMI	点	47.6	49.3	52.5	54.4	54	54.4

注：除非特别注明，均为同比增长率。

（三）日本经济运行依然艰难

今年二季度，日本 GDP 环比下降 0.4%，结束了连续两个季度的增长。具体来看，日本消费需求略有好转，房地产继续向好。但工业生产增速放慢，进出依旧乏力，通缩风险依然存在，预警指标不容乐观，复苏之路艰难坎坷。

表 3 日本主要指标变动

指标	单位	2012 年	2013 年	2014 年	2015 年			
					5 月	6 月	7 月	8 月
经济增长(GDP)	%	1.7	1.6	-0.1				
生产领域								
工业生产	%	0.6	-0.8	2.0	-3.9	2.3	0.2	
新房开工量	%	5.8	11.0	-9.0	5.8	16.3	7.4	
消费需求								
零售额	%	1.8	1.0	1.7	3.0	1.0	1.6	
新车登记数	%	10.7	1.8	2.1	-8.2	-8.8	-9.1	
进出口贸易								
出口	%	-2.7	9.5	4.8	2.4	9.5	7.6	
进口	%	3.8	14.9	5.7	-8.7	-2.9	-3.2	
价格走势								
CPI	%	0.0	0.4	2.9	0.5	0.4	0.2	
PPI	%	-0.9	1.3	3.2	-2.2	-2.4	-3.0	
就业市场								
失业率	%	4.3	4.0	3.6	3.3	3.4	3.3	
预警指标								
制造业 PMI 指数	点	48.8	51.8	52.3	50.9	50.1	51.2	51.9
服务业 PMI 指数	点	50.4	52.4	50.1	51.5	51.8	51.2	51.7
消费者信心指数	点	40.0	43.7	39.3	42.0	42.4	41.0	
企业家信心指数	点	45.7	49.1	48.4	48.1	46.9	49.3	48.8

注:1. 除非特别注明,均为同比增长率。

2. PMI 以 50 为景气临界值;先行指标以 2010 年为 100;消费者信心指数及企业家信心指数是以 50 为基点的百分点差值。

(四)其他主要经济体经济继续走低

英国经济相对活跃,2014 年实现了 3%的增长,领跑主要发达国家。但今年二季度 GDP 同比增长 2.6%,比一季度回落 0.3 个百分点。印度经济逆势而上,今年前两个季度 GDP 同比分别增长 7.5%和 7%,在疲弱的世界经济中格外显眼。巴西经济已连续 5 个季度下降,进入危机来的二次衰退。俄罗斯在能源价格下跌和西方国家的制裁下,经济极度困难,一季度 GDP 同比下降 2.2%。二季度,俄罗斯统计局初步预测将下降 4.6%。南非、韩国、墨西哥、中国台湾等经济增速也出现不同程度的回落。

表 4　金砖四国基本指标一览

经济体	GDP 同比		价格：CPI		失业率		工业生产(同比)	
	2 季度	1 季度	7 月	6 月	7 月	6 月	6 月	5 月
俄罗期	-4.6	-2.2	15.8	15.4	5.3	5.3	-4.7（7 月）	-4.8（6 月）
印度	7.0	7.5	3.78	5.40			3.8	2.5
巴西	-2.6	-1.6	9.56	8.89	7.5	6.9	-5.5	-6.4
南非	1.2	2.1	5.0	4.7	25.0（2 季）	26.4（1 季）	-0.4	-1.4

表 4 续

经济体	零售额(同比)		外部需求：进出口贸		汇率(兑美元)		股市	
	2 季度	1 季度	7 月	6 月	7 月	6 月	6 月	5 月
俄罗斯	-9.2（7 月）	-9.4（6 月）	出口同比增长	进口同比增长	8 月	7 月	8 月	7 月
印度			-10.3（7 月）	-10.3（7 月）	-3.05	-0.62	-6.43	1.11
巴西	-2.7	4.5	-24.3（8 月）	-33.7（8 月）	-5.81	-7.59	-8.33	-4.17
南非	3.5	2.3	-5.36（7 月）	-11.93（7 月）	-4.54	-3.48	-4.00	0.48

表 5　其他主要经济体基本指标一览

经济体	GDP 同比		工业生产(同比)		零售额(同比)		外部需求：进出口贸易	
	2 季度	1 季度	6 月	5 月	6 月	5 月	出口同比增长	进口同比增长
英国	2.6	2.9	1.5	1.9	4.14	2.24	4.1（6 月）	-0.1（6 月）
加拿大	-0.5	-0.8	-4.1（5 月）	-2.0（4 月）	1.4	2.7	-0.2（7 月）	5.8（6 月）

续表

经济体	GDP 同比		工业生产(同比)		零售额(同比)		外部需求:进出口贸易	
	2季度	1季度	6月	5月	6月	5月	出口同比增长	进口同比增长
韩国	2.2	2.4	−3.3(7月)	1.4(6月)	0.8	3.3	−3.5(7月)	−15.4(7月)
中国台湾	0.5	3.8	−3.0(7月)	−1.2(6月)	−1.9(7月)	0.4(6月)	−14.8(8月)	16.7(8月)
中国香港	2.8	2.4	−1.5(1季)	−3.6(4季)	−0.4	−0.1	−1.6(7月)	5.2(7月)
印度尼西亚	4.70	4.70	5.80	2.20	22.9	20.6	19.2(7月)	−28.4(7月)
马来西亚	4.9	5.6	4.3	4.5	7.17(2季)	11.41(1季)	3.5(7月)	5.9(7月)
墨西哥	2.2	2.6	1.4	−1.0	5.4	4.1	−2.6(7月)	1.1(7月)

表5续

经济体	价格:CPI		失业率		汇率(兑美元)		股市	
	7月	6月	7月	6月	8月	7月	8月	7月
英国	0.2	−0.1	5.6(6月)	5.6(5月)	−1.19	−0.83	−7.16	3.27
加拿大	1.3	1.0	6.8	6.8	−1.75	−4.57	−4.21	−0.58
韩国	0.7	0.7	3.7	3.9	−0.58	−4.49	−4.37	−2.12
中国台湾	−0.66	−0.56	3.74	3.76	−3.54	−1.36	−5.66	−7.05
中国香港	2.5	3.1	3.3	3.2	0.04	−0.01	−12.04	−6.15
印度尼西亚	7.26	7.26	1.81(1季)	5.94(3季)	−3.01	−1.26	−6.10	−2.20
马来西亚	3.3	2.5	3.1(6月)	3.1(5月)	−8.20	−1.22	−6.41	0.32
墨西哥	2.74	2.87	4.7	4.41	−3.02	−3.55	−2.30	−0.67

二、世界主要经济领域运行情况

(一)工业生产增速比上年同期回落

6 月份,世界、发达国家、发展中国家工业生产同比分别增长 2. 5%、1. 2% 和4. 5%,增速分别比上月加快0. 7、0. 4 和0. 9 个百分点;但仍比去年同期回落 0. 7、1. 0 和 0. 9 个百分点。

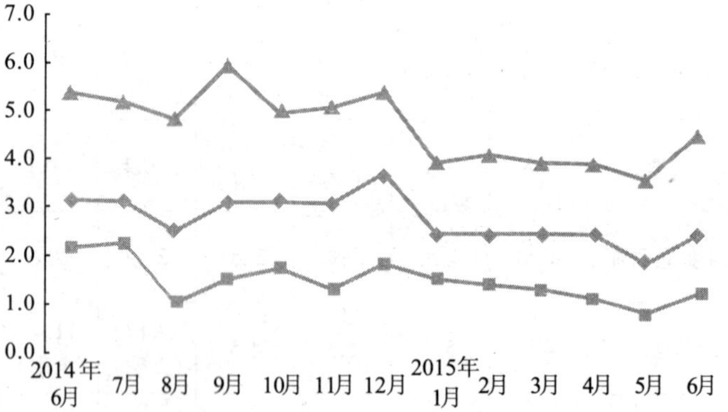

	2014年6月	7月	8月	9月	10月	11月	12月	2015年1月	2月	3月	4月	5月	6月
世界	3.2	3.1	2.5	3.1	3.1	3.1	3.7	2.5	2.5	2.5	2.5	1.8	2.5
发达国家	2.2	2.3	1.0	1.5	1.7	1.3	1.8	1.5	1.4	1.3	1.1	0.8	1.2
发展中国家 (右)	5.4	5.2	4.8	5.9	5.0	5.1	5.4	3.9	4.1	3.9	3.9	3.6	4.5

图 1　世界、发达以及发展中国家工业生产同比增长率(%)

(二)世界贸易持续下滑,但降幅收窄

今年以来,世界贸易形势恶化,世界、发达和发展中国家进出口贸易额同比均出现持续数月的两位数下降。6 月份,世界、发达和发展中国家进出口贸易额继续下降,但降幅较前几月略有收窄。出口方面,6 月份,世界贸易出口额同比下降 8. 1%,连续九个月下降;发达和发展中国家贸易出口额同比分别下降 9. 9% 和 3. 8%,降幅均比上月收窄 5. 3 个百分点。进口方面,6 月份,世界进口贸易额同比下降 9. 4%,连续九个月下降;发达和发展中国家进口贸易额分别同比下降 10. 8% 和 5. 8%,降幅比上月收窄 4. 8 和 9. 5 个百分点。

波罗的海干散货运指数冲高回落。近期,波罗的海干散货运指数波动明显,从 6 月 2 日的 589 点升至 8 月 5 日的 1222 点,9 月 4 日又回落至 875 点,一个月累计回落 28. 4%,目前水平仍远低于海运平衡点(2000 点)。

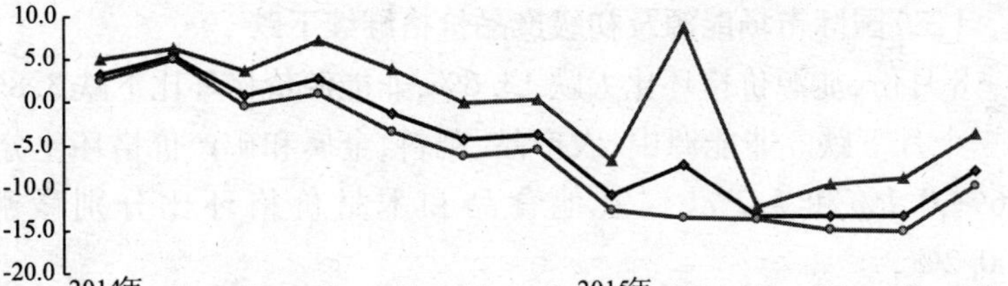

	2014年6月	7月	8月	9月	10月	11月	12月	2015年1月	2月	3月	4月	5月	6月
世界	3.3	5.4	0.7	2.8	-1.4	-4.5	-3.9	-11.0	-7.3	-13.5	-13.5	-13.4	-8.1
发达国家	2.6	5.0	-0.5	0.9	-3.5	-6.3	-5.6	-12.8	-13.6	-13.9	-15.1	-15.2	-9.9
发展中国家	5.1	6.3	3.7	7.2	3.8	-0.1	0.2	-6.9	8.6	-12.4	-9.8	-9.1	-3.8

图 2 世界、发达和发展中国家出口贸易额同比增长率(%)

数据来源:世界银行。

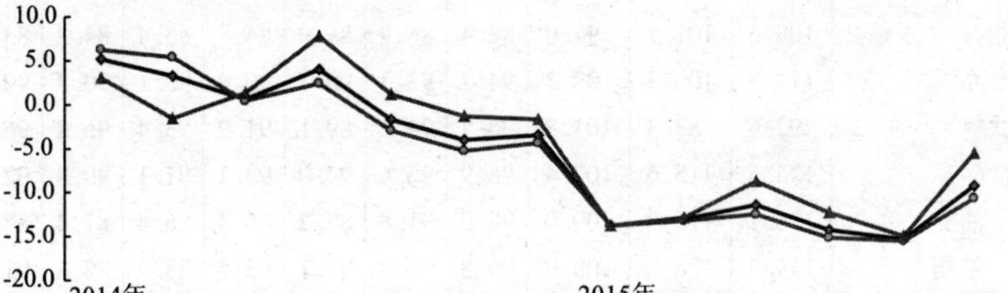

	2014年6月	7月	8月	9月	10月	11月	12月	2015年1月	2月	3月	4月	5月	6月
世界	5.2	3.2	0.6	3.9	-1.8	-4.1	-3.7	-13.9	-13.2	-11.6	-14.5	-15.5	-9.4
发达国家	6.2	5.4	0.3	2.3	-3.0	-5.3	-4.5	-13.8	-13.3	-12.6	-15.3	-15.6	-10.8
发展中国家	3.0	-1.7	1.2	7.7	1.0	-1.3	-1.8	-13.9	-13.0	-9.0	-12.5	-15.3	-5.8

图 3 世界、发达和发展中国家出口贸易额同比增长率(%)

数据来源:世界银行。

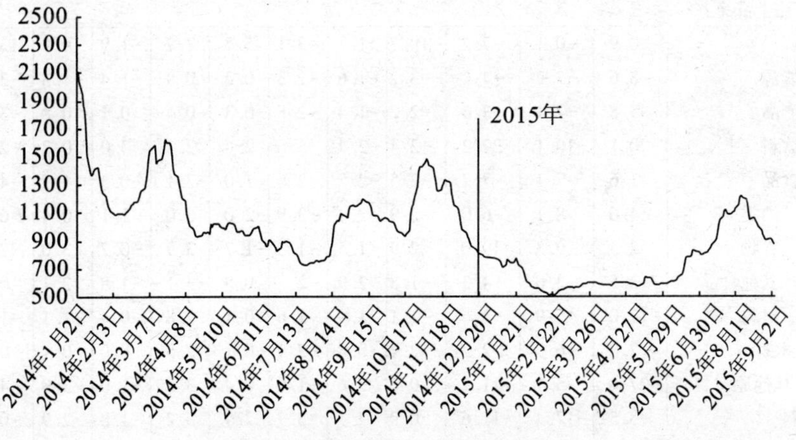

图 4 波罗的海干散货运指数

（三）国际市场能源及初级产品价格继续下跌

8月份，能源价格环比大跌13.6%，非能源价格环比下跌3.8%，均连续三个月下跌。非能源中，农产品、肥料、金属和矿产价格环比分别下跌3.6%、0.1%和4.7%，仅其他食品和木材价格环比分别微涨0.4%和0.2%。

表6 国际市场初级产品价格表

商品	2012	2013	2014	2015年							
				1月	2月	3月	4月	5月	6月	7月	8月
名义价格指数(2010年=100)											
能源	127.6	127.4	118.3	63.1	70.4	68.3	72.2	77.8	76.3	68.8	59.4
非能源	109.5	101.7	97.0	88.4	86.9	84.9	84.7	85.4	84.2	83.1	80.0
农产品	114.5	106.3	102.7	94.7	93.3	90.7	90.4	90.1	90.2	90.9	87.6
饮料	92.6	83.3	101.8	96.7	94.3	89.1	91.2	93.4	96.2	96.4	94.0
食品	124.5	115.6	107.4	98.9	96.6	94.0	93.1	91.1	90.8	92.3	87.9
油类	126.1	115.9	109.0	94.0	91.8	88.2	86.4	86.4	87.4	87.7	81.7
谷物	141.3	128.2	103.9	96.8	95.3	94.1	92.5	88.9	88.3	91.0	83.8
其他食品	107.1	103.9	108.4	107.2	104.0	101.6	102.4	99.2	97.5	99.5	99.9
原材料	101.3	95.4	92.0	83.4	85.0	83.6	83.7	86.0	85.7	84.7	83.4
木材	109.1	102.6	104.9	95.9	96.6	94.6	94.6	97.0	97.0	97.1	97.3
其他原材料	92.8	87.6	77.8	69.7	72.2	71.5	71.8	74.1	73.3	71.2	68.3
肥料	137.6	113.7	100.5	102.7	99.5	95.8	93.0	96.1	97.8	94.9	94.8
金属和矿产	96.1	90.8	84.8	73.8	72.4	71.8	72.1	74.6	70.4	65.7	62.6
环比上涨率:%											
能源	-0.9	-0.1	-7.2	-19.7	11.7	-3.1	5.7	7.7	-1.9	-9.9	-13.6
非能源	-8.6	-7.2	-4.6	-3.2	-1.6	-2.3	-0.2	0.8	-1.4	-1.3	-3.8
农产品	-5.8	-7.1	-3.4	-2.2	-1.4	-2.8	-0.3	-0.4	0.1	0.8	-3.6
饮料	-20.1	-10.1	22.2	-2.4	-2.4	-5.6	2.4	2.4	3.0	0.2	-2.5
食品	1.6	-7.1	-7.2	-2.5	-2.3	-2.6	-1.0	-2.1	-0.3	1.7	-4.7
油类	4.6	-8.1	-6.0	-2.9	-2.4	-3.9	-2.0	0.0	1.1	0.4	-6.8
谷物	2.3	-9.3	-19.0	-2.9	-1.5	-1.3	-1.7	-3.9	-0.7	3.0	-7.9
其他食品	-3.5	-3.0	4.3	-1.8	-2.9	-2.3	0.8	-3.1	-1.8	2.1	0.4
原材料	-17.0	-5.9	-3.6	-1.1	1.9	-1.6	0.1	2.8	-0.4	-1.1	-1.5
木材	-7.0	-6.0	2.2	-2.2	0.8	-2.1	-0.1	2.5	0.0	0.1	0.2
其他原材料	-27.0	-5.7	-11.1	0.6	3.6	-1.0	0.4	3.2	-1.0	-2.9	-4.1
肥料	-3.5	-17.4	-11.6	0.9	-3.1	-3.7	-2.9	3.2	1.8	-2.9	-0.1
金属和矿产	-15.3	-5.5	-6.6	-6.3	-1.9	-0.9	0.5	3.5	-5.7	-6.6	-4.7

原油价格继续大幅下跌。 8 月份，欧佩克一揽子原油现货价格为 45.46 美元/桶，环比下跌 16.1%；纽约期货市场轻质原油价格为 42.89 美元/桶，环比下跌 15.8%，两者均跌破 50 美元/桶关口。

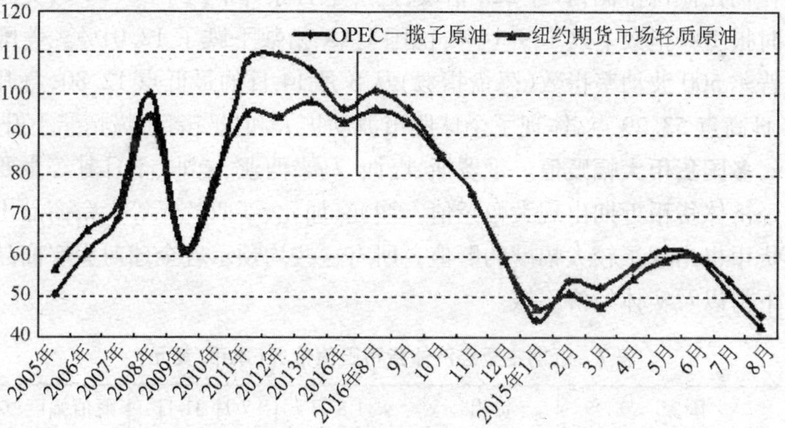

图 5　国际市场原油价格（美元/桶）

（四）消费价格涨幅回落

7 月份，全球、发达国家、发展中国家消费价格同比分别上涨 2.9%、1.5%和 5.2%，涨幅分别比上月回落 0.2、0.4 和 0.3 个百分点。

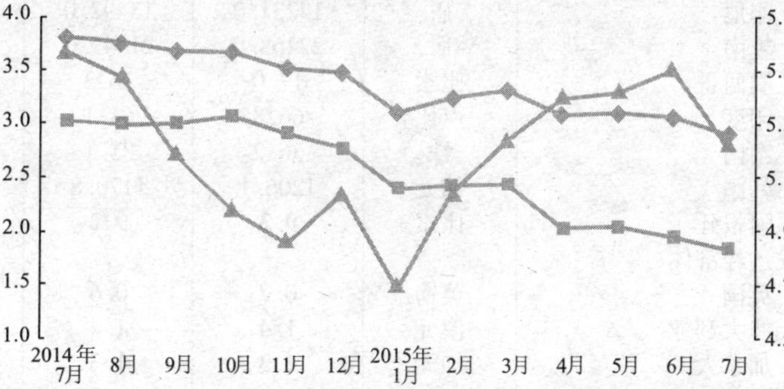

	2014年7月	8月	9月	10月	11月	12月	2015年1月	2月	3月	4月	5月	6月	7月
世界	3.8	3.8	3.7	3.7	3.5	3.5	3.1	3.3	3.3	3.1	3.1	3.1	2.9
发达国家	3.0	3.0	3.0	3.1	2.9	2.8	2.4	2.4	2.4	2.0	2.0	1.9	1.8
发展中国家(右)	5.6	5.5	5.2	5.0	4.9	5.0	4.7	5.0	5.2	5.4	5.4	5.5	5.2

图 6　世界、发达以及发展中国家 CPI 同比增长率（%）

(五)国际金融市场剧烈动荡

多国股市大幅下跌。反映全球股票市场表现的世界金融指数近一个月来暴跌了11.3%。美国道琼斯指数8月17-25日累计下跌了10.8%，现在仍在低位徘徊；日经225指数，近一个月累计下跌了13.82%，英国金融时报100指数下跌了9.14%，德国DAX指数下跌了12.01%。美国标准普尔500波动率指数(恐慌指数)从8月14日的最低点12.80，急升至24日高点53.29点，体现了全球股市波动扩大和投资者恐慌情绪上升。

多国货币大幅贬值。俄罗斯、巴西、马来西亚、南非、土耳其等主要新兴经济体货币近期出现大幅贬值。澳元、加元、新西兰元等大宗商品出口国货币也出现了较大幅度的贬值。所有这些均预示着全球对大宗商品需求下滑以及实体经济不振。

表7　近期主要经济体货币贬值情况(本币/美元)

国家	货币	9月8日	7月31日	贬值幅度(%)
新兴经济体				
哈萨克斯坦	坚戈	242.2	184.7	23.7
俄罗斯	卢布	69.0	59.7	13.5
巴西	雷亚尔	3.8	3.4	12.2
马来西亚	林吉特	4.3	3.8	12.2
南非	兰特	14.0	12.7	9.1
土耳其	新里拉	3.0	2.8	8.0
印尼	盾	14231.0	13492.0	5.2
越南	盾	22468.0	21449.0	4.5
墨西哥	比索	17.0	16.3	4.2
印度	卢比	66.8	64.1	4.1
泰国	铢	36.2	35.1	3.0
韩国	韩元	1206.1	1170.8	2.9
阿根廷	比索	9.3	9.2	1.2
发达经济体				
英国	英镑	0.7	0.6	2.1
澳大利亚	澳元	1.4	1.4	4.8
加拿大	加元	1.3	1.3	2.2
新西兰	新西兰元	1.6	1.5	5.2

国际利率水平上升。伦敦美元隔夜同业拆借利率一个月来上升了7.11%。伦敦美元三个月同业拆借利率一个月来上升了6.87%。

(执笔:释经组;成文于2015年9月)

世界经济进一步放缓

——三季度世界经济形势分析

近期,发达经济体经济增速有所加快,但由于新兴经济体经济增速放慢,世界经济增长进一步放缓。据国际货币基金组织(以下简称 IMF)预测,2015 年,发达经济体将增长 2%,比 2014 年加快 0.2 个百分点;新兴经济体将增长 4%,比 2014 年大幅回落 0.6 个百分点。在之前四年连续放缓的基础上,新兴经济体增速再度明显回落,使疲弱的世界经济雪上加霜。

一、美国经济仍保持复苏态势,但部分领域略显疲态

美国经济在三季度仍保持复苏态势。房地产市场形势较好,8 月份,新房开工量(折年率,下同)为 112.6 万套,同比增长 16.6%,增速加快 10.6 个百分点。现房销售 531 万套,同比增长 6.2%;就业形势温和复苏,失业率已连续两个月为 5.1%,同为 2008 年以来最低水平;工业生产、消费等仍保持低速增长,7-8 月份,工业生产和零售额同比增速分别为 1.4%和 2.3%。总体来看,美国经济继续保持复苏态势。

但美国部分经济领域出现不同程度放缓。工业生产同比增速逐月回落,由年初的 4.1%回落至 8 月份的 1.2%,创近五年来的最低增幅。消费比较平淡,年内零售额基本保持 2%左右的同比增速。进出口持续低迷,8 月份出口额同比下降 6.2%,降幅比上月扩大 2.1 个百分点;当月实现贸易逆差483 亿美元,比上月扩大 15.6%,比上年同期扩大 17.1%。美联储长期采取的宽松货币政策并未收到明显效果,通缩风险依旧未除,8 月份 CPI 同比上涨 0.2%,远远低于联储 2%的通胀目标。失业率虽然降至 5.1%,但劳动参与率处于低位,9 月份回落 0.2 个百分点至 62.4%,非农雇员人数当月新增 14.2 万人,连续两个月低于 20 万人。

二、欧元区经济回暖不确定性增加

近期,欧元区工业生产、消费及出口等表现良好。7 月份,欧元区工业生产同比增长 1.9%,增速比上月加快 0.4 个百分点。消费稳定增长。8 月份,欧元区零售量、新车登记数同比分别增长 2.3%和 8.2%,增速分别比上月回落 0.4 和 1.2 个百分点,但仍处较高水平。7-8 月份,欧元区零售量、新车登记数同比分别增长 2.5%和 8.8%,增速分别比二季度加快 0.3 和 2.0 个百分点。出口形势相对较好。7 月份,欧元区出口、进口同比分别增长 6.6%和 0.9%,增速分别比上月回落 5.8 和 5.4 个百分点。在全球贸易普遍低迷的背景下,欧元区进、出口仍然保持增长,且出口好于进口,实属难得。

但是,欧元区近期消费者信心回落、通缩风险加大及就业形势改善乏力使其经济回暖不确定性增大。三季度,欧元区消费者信心指数平均为-7.0,比二季度的-5.2 明显回落。9 月份,欧元区消费价格同比下跌 0.1%,一度得到缓解的通缩风险又开始抬头。8 月份,欧元区失业率为 11.0%,比上月上升 0.1 个百分点;失业人数为 1760 万人,与上月持平,就业形势改善乏力。

三、日本经济有改善迹象,但基本面仍脆弱

三季度,日本经济出现改善迹象,主要表现在三个领域:国内消费向好,房地产市场稳定增长,对外贸易相对活跃。8 月份,日本零售额同比增长 0.8%,连续 5 个月增长;家庭消费支出同比增长 2%,结束了连续两个月的下降。8 月份,日本新房开工量为 8 万套,同比增长 8.8%。8 月份,日本出口额为 6.35 万亿日元,三个月移动平均环比折年率增长 4.8%,结束了连续 5 个月的下降;进口额为 6.71 万亿日元,三个月移动平均环比折年率增长 16.1%;出口同比增长 3.1%,进口仍然下降 3.1%。

但是,日本工业生产有回落趋势,通缩风险加大,预警指标不容乐观,其经济基本面依旧脆弱。8 月份,日本工业生产环比折年率(三个月移动平均)下降 2.1%,已经连续 5 个月下降,同比微增 0.2%。8 月份,日本 CPI 同比上涨 0.2%,再创年内最低涨幅,核心 CPI 同比上涨 0.8%,PPI 同比大幅下跌 3.6%,创 2010 年 1 月份以来最大跌幅。9 月份,日本制造

业和服务业 PMI 指数分别为 51 和 51.4，比上个月下降了 0.7 和 2.3 个百分点。

四、其他主要经济体经济增长大多继续放缓

巴西经济衰退加深。 截至二季度，巴西 GDP 同比已连续 5 个季度出现负增长，陷入深度衰退。7 月份，工业生产同比大幅下降 8.3%，已连续 20 个月负增长；消费价格涨幅扩大，7-8 月平均上涨 9.5%，创近几年新高；贸易创今年来最大降幅，8 月份，进口下降 33.7%，出口下降 24.3%；另外，失业率持续攀升，货币大幅贬值。

俄罗斯经济运行艰难。 截至二季度，俄罗斯 GDP 同比已连续两个季度负增长。7-8 月份，工业生产同比下降 4.5%，至 8 月份，已连续 7 个月负增长；消费价格仍保持高位，8 月份同比上涨 16%，比上年均值扩大一倍；贸易持续下滑，7 月份，进出口分别下降 41.9%和 40.2%，均是今年以来的最大降幅；财政困难加剧，7 月份，财政赤字为 8121 亿卢布，比 1 月份扩大 3.7 倍。

印度经济增长较快。 前两个季度 GDP 同比分别增长 7.5%和 7%。近期，工业生产稳定增长，价格水平适中，进口需求较旺。9 月末，印度今年以来第四次降息，会对经济产生助推作用。

南非经济低迷。 在一季度好转之后，二季度又重新回到缓慢回落通道，其经济增长趋势不容乐观。

马来西亚、中国台湾、韩国、墨西哥二季度经济增速均出现明显回落。

目前，全球经济需求疲弱、大宗商品价格维持低位、进出口下滑等，在短期内难以改善，给世界经济复苏蒙上了阴影。如各经济体内需不能激活、结构性改革进展迟缓，低速增长将成为世界经济的新常态。

（执笔：释经组；成文于 2015 年 10 月）

世界经济增长动力不足

——11 月世界经济形势分析

近期,世界工业生产保持低速增长,贸易持续低迷,全球消费价格涨幅回落,初级产品价格继续下跌,主要发达经济体消费平淡。发达经济体经济增长有所放缓,新兴经济体经济总体放缓且分化加大。世界经济增长动力不足。

一、世界主要经济体运行情况

(一)美国经济稳中趋缓

近期,美国工业生产低速增长,私人消费平淡,房地产市场微幅震荡,贸易低迷,消费者信心大幅回落,就业形势较好,经济继续保持复苏态势,但稳中趋缓。

1. 工业生产低速增长。10 月份,工业生产同比增长 0.5%,增速比上月加快 0.1 个百分点;制造业生产同比增长 2.0%,增速比上月加快 0.9 个百分点;工业产能利用率降至 77.5%,比上月回落 0.2 个百分点。

2. 私人消费平淡。10 月份,零售额同比增长 1.8%,增速比上月回落 0.4 个百分点;个人消费支出同比增长 2.7%,增速比上月回落 0.4 个百分点。11 月份,汽车销售量同比下降 7%,结束了连续两个月的增长。

3. 房地产市场微幅震荡。10 月份,新房开工量(折年率,下同)为 106 万套,同比下降 1.8%,此前连续 6 个月增长;环比下降 11%,为今年 3 月份以来最大降幅。虽然 10 月份出现下降,但美国新房开工已连续 7 个月超过 100 万套大关,创下 2007 年以来最长纪录。10 月份,现房销售量为 536 万套,同比增长 3.9%,增速比上月回落 4.9 个百分点;环比下降 3.4%。现房价格为 21.96 万美元/套,同比上涨 5.8%。

4. 贸易低迷。10 月份,出口额为 1841 亿美元,创 2012 年 10 月份以来新低,主要由于美元升值和全球经济增长疲软;当月同比下降 6.9%,降幅比上月扩大 2.7 个百分点。进口额为 2280 亿美元,同比下降 5.2%,降幅比上月扩大 1.4 个百分点。贸易逆差从上月的 425 亿美元扩大至 439 亿美元,扩大了 3.4%。

5. 价格水平保持低位。10 月份,CPI 环比上涨 0.2%,结束了连续两个月的下跌;同比上涨 0.2%,涨幅比上月扩大 0.2 个百分点。PPI 环比下跌 0.4%,跌幅比上月收窄 0.1 个百分点;同比下跌 1.6%,为 2010 年 11 月份以来最大跌幅,已连续 9 个月下跌。

6. 就业形势继续改善。11 月份,美国失业率为 5%,由 1 月份的 5.7%持续回落;非农雇员人数净增 21.1 万人,比上月的 29.8 万人少增 8.7 万人,但仍保持在 20 万人以上。

7. 消费者信心大幅回落。11 月份,消费者信心指数降至 90.4,比上月大幅回落 8.7 个点,为 2014 年 8 月份以来新低。

(二)欧元区经济复苏艰难

欧元区三季度 GDP 环比增长 0.3%,预警指标向好。但工业生产低速增长,消费疲弱,出口增速大幅回落,进口下降,通缩风险犹存,失业率仍居高位。

1. 三季度 GDP 环比增长 0.3%。3 季度,欧元区 GDP 环比增长 0.3%,增速比上季度小幅回落 0.1 个百分点;同比增长 1.6%,增速比上季度加快 0.1 个百分点, 连续 4 个季度加快。

2. 工业生产低速增长。9 月份,欧元区工业生产同比增长 1.7%,增速比上月回落 0.5 个百分点;环比下降 0.3 %,是连续第 2 个月环比下降。

3. 消费疲弱。10 月份,欧元区零售量同比增长 2.5%,增速比上月回落 0.4 个百分点;环比下降 0.1 %,连续第 2 个月环比下降。新车登记数同比增长 6.1%,增速比上月回落 4 个百分点;环比下降 0.9%。

4. 出口增速大幅回落,进口下降。9 月份,欧元区出口同比增长 0.9%,增速比上月回落 4.6 个百分点;进口同比下降 1.0%,增速比上月回落 3.8 个百分点。总体来看,9 月份欧元区进出口活跃度降低。

5. 通缩风险犹存。11 月份,欧元区消费价格同比上涨 0.1%,涨幅与上月持平;欧元区仍面临通缩压力,未来经济复苏不确定性加大。在此背景下,12 月 3 日欧洲央行宣布降息,下调存款利率 0.1 个百分点至-0.3%。未来货币政策仍将保持宽松。

6. 失业率仍居高位。10 月份,欧元区失业率为 10.7%,比上月下降 0.1 个百分点;失业人数为 1724 万人,比上月减少 1 万人。总体看,欧元区失业率与失业人数略有改善,但形势依然严峻。

7. 预警指标向好。11 月份,欧元区消费者信心指数-6.0,比上月回升 1.7 个点;制造业和服务业 PMI 为 52.8 和 54.2,分别比上月回升 0.5 和 0.1 个点。总体上,欧元区消费者信心增强。

(三)日本经济低迷

近期,日本工业生产持续下降,国内消费低迷,贸易恶化,消费价格微幅上涨。

1. 日本经济持续低迷。第三季度,日本 GDP 环比增长 0.3%,同比增长 1.6%。具体来看,出口对 GDP 环比增速贡献 0.5 个百分点,居民消费贡献 0.2 个百分点,而库存变动拖累 0.2 个百分点。

2. 工业生产持续下降。10 月份,日本工业生产环比折年率(三个月移动平均)下降 0.7%,已经连续 7 个月下降;同比下降 1.4%,降幅比上月扩大 0.6 个百分点。

3. 国内消费低迷。10 月份,日本零售额环比增长 1.1%,同比增长 1.8%;家庭消费支出环比下降 0.7%,同比下降 1.8%;新车登记数同比下降 4%,连续 10 个月下跌。

4. 对外贸易恶化。10 月份,日本进口额为 6.44 万亿日元,环比下降 1.1%,连续 3 个月下降;同比下降 13.4%,连续 10 个月下降,降幅比上个月扩大 2.3 个百分点。出口额为 6.24 万亿日元,环比增长 0.6%;同比下降 2.1%,是 13 个月来的首次下降。

5. 消费价格微幅上涨。10 月份,日本 CPI 同比上涨 0.3%,核心 CPI 同比上涨 0.7%;PPI 同比大幅下跌 3.8%,跌幅比上月收窄了 0.2 个百分点。

(四)新兴经济体经济总体放缓且分化加大

新兴经济体经济总体呈持续放缓走势,分化有所加剧。部分国家和地区经济出现向好势头。韩国三季度 GDP 同比增长 2.7%,高于前两季度增速。从 10 月份的工业生产增长 1.5%和零售额增长 8.3%来看,四季度有望延续增势;墨西哥三季度 GDP 同比增长 2.6%,高于前两季度增速,改革和结构调整政策效果有所显现;印度三季度经济同比增速达 7.4%,仍保持中高速增长,虽然前几个月外贸形势恶化,但从其工业生产和其他指标看,增长仍然保持强势。印度尼西亚前三季度 GDP 同比增速分别为 4.72%、4.67%和 4.73%,增长势头较好,但相比去年 5%的平均增速已有所放慢。

与此同时,经济增速放缓甚至收缩的国家和地区个数有所增加。俄罗斯经济深陷衰退泥潭,三季度 GDP 同比下降 4.1%,已连续 3 个季度收缩。10 月份工业生产和零售额继续疲弱,通胀维持高位,下滑趋势难改;巴西经济衰退加重,三季度 GDP 同比下降 4.5%,已连续 6 个季度下降,10 月份最新数据表明经济下滑仍在加速;中国台湾经济已经两个季度环比出现负增长,三季度 GDP 同比下降 0.6%,步入技术性衰退,这也是 2009 年三季度以来首次出现负增长。10 月份工业生产下滑严重,预计四季度萎缩可能加剧;三季度,中国香港和南非经济增速分别是 2.3% 和 1%,中国香港为今年以来的最低增速,南非为 2009 年以来的最低点。

二、世界主要经济领域运行情况

(一)世界工业生产低速增长

10 月份,世界和发展中国家工业生产同比增长 2.5%和 3.8%,增速分别比上月加快 1.3 和 0.6 个百分点;发达国家工业生产同比增长 0.7%,增速与上月持平。总体上,世界工业生产增速仍在较低水平,世界、发达国家、发展中国家 10 月份工业生产同比增速比去年同月分别回落了 0.1、0.9 和 1.3 个百分点;此外,发达国家工业生产增速已是年内最低水平。

(二)世界贸易继续恶化

9 月份,世界贸易量同比下降 0.3%,此前连续 3 个月增长;三个月移动平均环比增长 1.1%,增速比上月回落 0.7 个百分点。波罗的海干散货运指数低迷,11 月月中一度跌破 500 点。从 11 月 9 日的 628 点降至 11 月 20 日的 498 点,创纪录新低,后回升至 563 点,但当月仍累计下降 10.4%。

（三）全球消费价格基本稳定

10月份，全球、发达国家与发展中国家消费价格同比分别上涨2.5%、1.3%和5.2%，涨幅与上月基本持平。发达国家CPI同比涨幅已处在2009年12月以来的最低点。国际市场初级产品价格继续下跌。11月份，能源价格环比下跌7.5%，非能源价格环比下跌2.6%。农产品价格下跌1.3%，其中油类和谷物分别下跌4.3%和1.2%；原材料、金属和矿产分别下跌0.9%和6.9%，肥料微涨0.1%。原油价格再度下跌。11月份，欧佩克一揽子原油现货价格为40.5美元/桶，环比大跌10%；纽约期货市场轻质原油价格为42.93美元/桶，环比下跌7.2%。

（四）全球就业形势总体稳定

11月份，美国失业率为5.0%，相比1月份的5.7%已显著降低；10月份，欧元区、日本失业率分别为10.7%和3.1%，分别比上月下降0.1和0.3个百分点。

近期，美国已经加息，不利因素虽已长时间消化，但仍会引起国际资本异常流动加剧、主要货币汇率波动、国际市场大宗商品价格下跌等，对世界及我国经济会产生不同程度的影响，应密切关注，高度重视。

（执笔：释经组；成文于2015年12月）

2 世界经济年度分析

世界经济增长乏力 外部环境更趋复杂

——2015年世界经济回顾及2016年展望

2015年,世界工业生产低速增长,贸易持续低迷,金融市场动荡加剧,大宗商品价格大幅下跌。发达国家经济复苏缓慢,新兴经济体增速进一步回落,世界经济整体复苏疲弱乏力,增长速度放缓。2016年,世界经济运行中的不利因素和不确定性因素增多,继续低速运行的可能性较大,我国经济的外部环境更为严峻,须认真对待。

一、2015年世界经济运行的主要特点

(一)世界经济增速低缓

1. GDP增长略低于上年。据共识公司2月份预测,2015年世界经济将增长2.5%,增速比上年放缓0.3个百分点。

2. 工业生产低迷。2015年全年,发展中国家工业生产同比增长3.9%,比上年放缓1.3个百分点。前11个月,世界、发达国家工业生产同比分别增长2.3%和1.1%,比上年同期放缓1.1和1.0个百分点。从逐月走势看,世界、发达国家工业生产同比增速分别从1月份的最高点3.2%和1.7%波动下滑到11月份的最低点1.2%和0.1%;发展中国家则从1月份的最高点4.1%波动下滑至12月份的3.6%(最低点为9月份的3.2%)。

(二)美国和欧元区个人消费增长加快

2015年,美国个人消费支出增长3.1%,比上年加快0.4个百分点;欧元区个人消费支出增速加快,从一季度的1.6%加快至三季度的1.7%;2015年,日本民间最终消费支出下降1.2%,降幅比上年扩大0.3

个百分点。

（三）世界贸易进一步放缓

国际货币基金组织 2016 年 1 月份预测，2015 年世界贸易量增长 2.6%，比上年回落 0.8 个百分点。波罗的海干散货运指数波动走低。2015 年，波罗的海干散货运指数从年初的 771 点一度回升至 8 月 5 日的 1222 点（年中最高点），随后持续回落并屡创新低，2016 年 1 月 6 日，该指数降至 467 点。

（四）全球 CPI 涨幅回落、大宗商品价格大幅下跌

2015 年，世界、发达国家和发展中国家 CPI 同比分别上涨 2.0%、1.0%和 4.3%，比上年回落 0.5、0.7 和 0.2 个百分点。国际市场大宗商品价格大幅下跌。2015 年，能源价格比 2014 年暴跌 45.1%，非能源价格比 2014 年下跌 15.1%，均连续 4 年下跌。其中，农产品价格下跌 13%，原材料下跌 9.4%，肥料下跌 5.1%，金属和矿产下跌 21.1%。2015 年 12 月 18 日，纽约期货市场轻质原油价格为 34.73 美元/桶，创 2009 年 2 月 18 日以来最低水平。

（五）三大经济体就业形势均有所改善

2015 年，美国、日本、欧元区失业率分别为 5.3%、3.4%和 10.9%，较上年降低 0.9、0.2 和 0.7 个百分点。分月看，年内三大经济体失业率基本延续持续走低态势。

（六）国际金融市场大幅动荡

一是主要经济体货币政策继续分化。2015 年，25 个国家 58 次实施了降息措施或施行宽松货币政策，另有 10 个发展中经济体升息，合计升息了 22 次。2016 年头两个月日本和印尼采取了进一步的货币宽松政策，丹麦、秘鲁、南非和墨西哥则出台了升息政策。总体来看，发展中经济体货币投放量增加，全球流动性总体宽松，但各国实体经济并未受惠。二是其他主要货币对美元明显贬值。2015 年，38 个国家和地区本币兑美元贬值超过 6%。其中，哈萨克斯坦、阿根廷、乌克兰、巴西和马拉维幅度超过 30%；阿塞拜疆、纳米比亚、哥伦比亚、俄罗斯、摩尔多瓦、土耳其和巴拉圭超过 20%。三是世界股指动荡加剧。2015 年，世界股指上下波动幅度加大，全年跌幅超过 4.2%。下半年震荡进一步加剧，5 月末到 9 月下旬最大跌幅达到 15.5%。2016 年美国道琼斯工业指数在短短两个月内最高下跌振幅达到11%,截止2月26日今年累计下跌了4.5%。四是发展中国家资本净流入持续减少。截至2015年第二季度,发展中国家资本净流入持续5个季度减少,2015年下半年则为净流出。2015年第三季度,国际投资者从发展中国家股市和债市撤资520亿美元,创历史纪录。

二、对2016年世界经济运行的初步判断

2016年,世界经济仍将处于国际金融危机后的修复期,政策措施的有效性下降,新的增长动能尚未确立,仍会维持“低利率、低通胀、低增长、高负债”的“三低一高”态势,复苏将依然疲弱乏力。

(一)世界经济面临的不利因素较多

一是流动性充沛已造成一定的泡沫,但2016年多数国家仍倾向于宽松货币政策。二是美国加息带来的不确定性。美联储与其他主要经济体中央银行的货币政策分化加剧可能会进一步推高美元,其他经济体货币将被动贬值,加大市场汇率风险。新兴经济体国际资本异常流动将加剧,据国际金融协会预计, 2015年主要新兴经济体将面临27年来的首次资本净流出,总金额将超过5000亿美元,2016年还将面临3000多亿美元资本净流出。美元走强也必然令国际油价等大宗商品价格继续承压。三是曾经作为世界经济复苏主要推动力量的新兴市场经济体的经济增长可能进一步放缓。

(二)2016年世界经济初步预测

据世界银行2016年1月6日最新预测,按汇率法GDP加权,2015年世界经济将增长2.4%,2016年将增长2.9%,均比6月份预测值下调0.4个百分点。

表1　主要国际组织GDP增长率预测值(%)

预测机构	2014年	2015年	2016年	
			预测值	与上次预测差值
英国共识公司	2016年2月			与1月预测的差值
世界	2.8	2.5	2.6	-0.1
发达国家				
美国	2.4	2.4	2.2	-0.2
欧元区	0.9	1.5	1.6	-0.1

表1续

预测机构	2014年	2015年	2016年	
			预测值	与上次预测差值
英国共识公司	2016年2月			与1月预测的差值
日本	0.0	0.4	1.0	−0.2
发展中国家				
印度	7.3	7.5	7.7	−0.1
中国	7.3	6.9	6.5	0.0
世界	2.6	2.4	2.9	−0.4
发达国家	1.7	1.6	2.1	−0.2
美国	2.4	2.4	2.7	−0.1
欧元区	0.9	1.5	1.7	−0.1
日本	0.0	0.4	1.3	−0.4
发展中国家	4.9	4.3	4.8	−0.6
印度	7.3	7.5	7.8	−0.1
中国	7.3	6.9	6.7	−0.3
国际货币基金组织	2016年1月			与2015年7月预测差值
世界	3.4	3.1	3.4	−0.2
发达国家	1.8	1.9	2.1	−0.1
美国	2.4	2.4	2.6	−0.2
欧元区	0.9	1.5	1.7	0.1
日本	0.0	0.4	1.0	0.0
发展中国家	4.6	4.0	4.3	−0.2
巴西	0.1	−3.8	−3.5	−2.5
俄罗斯	0.6	−3.7	−1.0	−0.4
南非	1.5	1.3	0.7	−0.6
印度	7.3	7.5	7.5	0.0
中国	7.3	6.9	6.3	0.0

注:世界银行和英国共识公司的世界经济增长率为按汇率法GDP加权汇总;国际货币基金组织为购买力平价法GDP加权汇总。各经济体2014年和2015年数据已参照其官方发布结果做了调整。

三、外部环境对中国经济的影响及政策建议

(一)需求疲弱将制约中国经济增长

一是全球贸易增长低缓,进而影响我国对外贸易的稳定增长;二是随

着发达国家再工业化以及部分发展中国家加速融入世界经济，加上我国生产成本上升和环境、资源制约加强，我国出口面临发达国家下压和发展中国家上挤的双重压力；三是国际大宗商品价格将持续保持低位，如果持续下跌，将使我国进口量较大的能源、资源产品呈量增价跌态势，虽然有利于降低进口成本，但同时也会拉低我国进口的总体增速。可采取如下措施应对需求疲弱的冲击：一是积极推进“一带一路”战略，有助于扩大外需，并有利于化解国内产能过剩问题。二是在世界经济复苏乏力的背景下，我国应着力扩大内需，例如实施积极的财政政策，减税以降低中低收入阶层和小微企业负担；积极推进“供给侧改革”，努力解决供需错配问题，即低端产品供给过剩、中高端产品供给不足。

（二）贸易、新技术竞争倒逼中国经济转型升级

一是愈发激烈的国际贸易之争对我国贸易领域既是挑战也是机遇。一方面，传统的贸易理念适用空间会缩小，在新的贸易规则、产业行业标准及技术、质量、环保等方面会造成很多困难，也会使我国贸易在外部需求疲弱的影响下雪上加霜。另一方面，我国可利用外部压力倒逼国内加速调整产业、产品结构，在技术上创新、在工艺上提高、在环保效能上加强，对我国经济结构的转型升级是难得的机遇。

二是新技术的竞争将成为经济增长的突破点。全球新一轮科技革命正在兴起，科技创新正加速推进，并广泛渗透到人类社会的各个方面，成为重塑世界格局、引领经济增长的主导力量。我国如能在这波竞争中占据一席之地，在航天、核能、高铁及互联网+等领域发挥优势并占领国际市场，将对国内社会经济和科学研究发展产生巨大的推动作用。

面对来自 TPP 和 TTIP 的战略挤压，未来需扩大与主要贸易伙伴签订双边或多边自由贸易协定，并与“一带一路”战略密切结合。

（三）国际金融市场动荡将波及我国金融市场稳定

未来，中国经济与货币的国际地位有望进一步提升，国内与国际金融之间的相互作用和影响进一步加大。但在这一背景下，国际金融市场动荡也将影响我国金融市场稳定。首先，美联储加息、人民币被纳入 SDR（特别提款权）等，都会导致人民币汇率波动扩大；其次，我国跨境资本的流动性在日益提高，对我国国际收支的影响会越来越大，波动性也将加剧；再次，面对新形势，我国宏观政策必须在汇率稳定、货币政策调控和资本国际流动之间艰难地寻求平衡。

针对全球金融市场动荡增大的风险,我国可采取如下措施:一是密切监测国际资本流动,关注美联储货币政策动向,做好各种应对预案;二是考虑到金融市场冲击具有多边性甚至全球性,我国可联合其他国家做好防范金融冲击的准备,例如加强国际金融监管合作,实施双边或多边货币互换以应对短期流动性和偿债风险;三是必要时可考虑采取限制国际资本流动的措施,比如征收托宾税限制外汇投机交易等。

(四)地缘政治局势紧张将影响我国经济增长

地缘政治动荡加剧将会为我国经济增长带来下行压力。全球热点主要集中在中东及周边地区,这是我国重要能源供应地,也涵盖我国“一带一路”沿线地区;正在升温的朝鲜核问题是另一潜在热点问题。在目前世界经济增长动力不足的情况下,一旦战事爆发,紧张情绪激化,消费者信心和投资者信心必将大受打击。

(执笔:释经组;成文于 2016 年 2 月)

美国经济复苏不及预期 增长前景谨慎乐观

——2015 年美国经济回顾及 2016 年初步展望

一、2015 年美国经济持续复苏，但不及预期

2015 年，美国经济增长 2.4%，增速与上年持平，季度同比增速持续回落，整体复苏势头不及预期。

（一）经济增速逐季回落

2015 年一季度，严寒天气致美国 GDP 环比折年率仅增长 0.6%，但二季度大幅反弹至 3.9%，外部经济的不确定等因素使四季度 GDP 环比折年率增速又回落至 1.4%。同比增速逐季回落，从一季度的增长 2.9% 降至四季度的 2.0%。

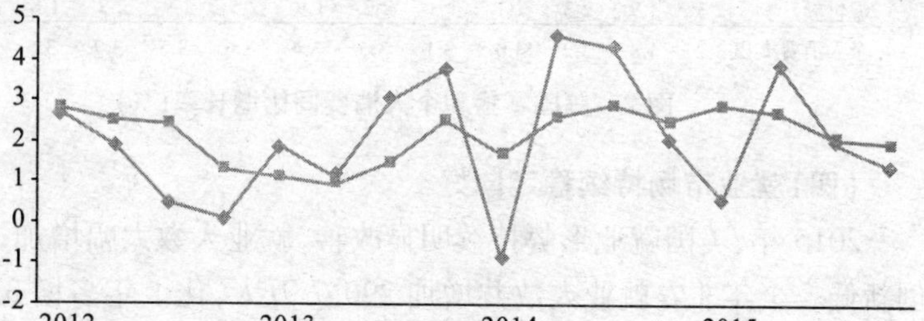

	2012年Q1	Q2	Q3	Q4	2013年Q1	Q2	Q3	Q4	2014年Q1	Q2	Q3	Q4	2015年Q1	Q2	Q3	Q4
环比折年率	2.7	1.9	0.5	0.1	1.9	1.1	3.0	3.8	-0.9	4.6	4.3	2.1	0.6	3.9	2.0	1.4
同比	2.8	2.5	2.4	1.3	1.1	0.9	1.5	2.5	1.7	2.6	2.9	2.5	2.9	2.7	2.1	2.0

图 1　美国 GDP 环比折年率和同比增长率（%）

（二）工业生产增速回落

2015年，工业生产比上年仅增长1.3%，大大低于2014年3.7%的增速。其中，12月份，工业生产同比下降2%，连续两个月下降。2015年，制造业生产同比增长2.0%，低于2014年2.5%的增速。工业产能利用率降至77.8%，比上年回落0.3个百分点，低于1972-2014年间美国工业整体设备开工率80.1%的平均值。

（三）私人消费增长趋缓

私人消费是美国经济增长的主要驱动因素，2015年呈前高后低、前旺后淡的特点。全年零售额仅增长0.9%，大大低于2014年3.5%的增速。分月看，同比增速由1月份的3.7%，回落到12月份的2.4%。2015年，汽车零售量下降0.5%，是2010年以来首次下降。个人消费支出全年增长3.3%，增速略快于上年的2.6%。分月看，从1月份的3.8%逐步放缓至12月份的2.8%。

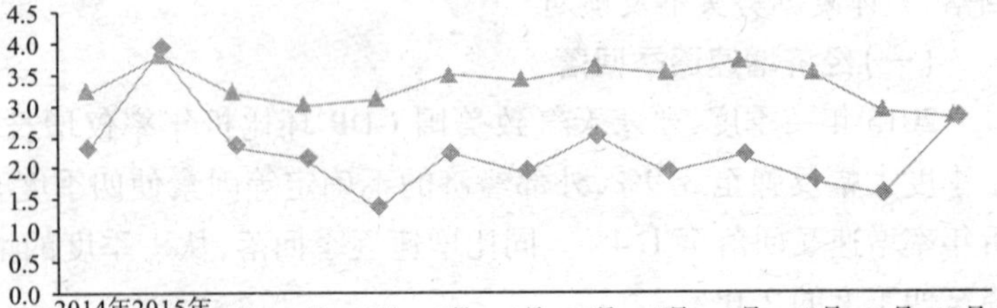

	2014年12月	2015年1月	2月	3月	4月	5月	6月	7月	8月	9月	10月	11月	12月
零售额	2.3	3.9	2.3	2.1	1.3	2.2	1.9	2.5	1.9	2.2	1.8	1.6	2.8
个人消费支出	3.2	3.8	3.2	3.0	3.1	3.5	3.4	3.6	3.5	3.7	3.5	2.9	2.8

图2　美国零售和个人消费同比增长率（%）

（四）就业市场持续稳定向好

2015年，美国就业形势持续明显改善，就业人数大幅增加，失业率屡创新低。全年非农就业人数共增加290.7万人，比上年多增33万人，连续四年突破200万人以上。全年失业率降至5.3%，比上年下降0.9个百分点，连续五年回落。分月看，失业率从1月份的5.7%回落至12月份的5%。

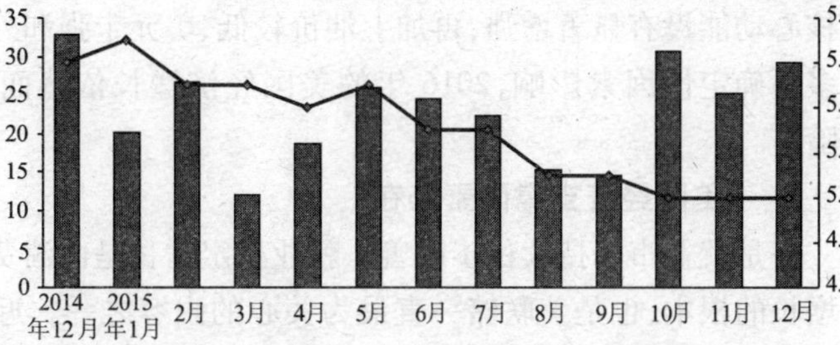

	2014年12月	2015年1月	2月	3月	4月	5月	6月	7月	8月	9月	10月	11月	12月
非农就业净增（万人）	32.9	20.1	26.6	11.9	18.7	26	24.5	22.3	15.3	14.5	30.7	25.2	29.2
失业率（%）	5.6	5.7	5.5	5.5	5.4	5.5	5.3	5.3	5.1	5.1	5.0	5.0	5.0

图 3　美国劳动力市场状况

（五）房地产市场稳步改善

2015 年，房地产市场作为支撑美国经济温和扩张的主要因素，继续保持扩张。建筑商信心持续稳定改善。全美建筑商信心指数从 1 月份的 57 升至 12 月份的 61，已连续 18 个月保持在 50 以上，连续 7 个月保持在 60 以上。新房开工数量稳定增长。2015 年，新房开工量（折年率）为 111.1 万套，同比增长 10.8%，比上年加快 2.4 个百分点，连续五年增长。销售量显著增加。2015 年，现房销售量（折年率）同比增长 6.5% 至 546 万套，是 2008 年以来最高值，逼近危机前 565 万套水平。房价继续温和上涨。2015 年，美国现房和新房中位数价格均回升至 2008 年金融危机前水平。其中，现房价格从上年的 20.8 万美元/套涨至 22.2 万美元/套，为近九年来新高，涨幅为 6.8%，较上年扩大 1.1 个百分点；新房价格从上年的 28.3 万美元/套涨至 29.4 万美元/套，涨幅为 3.8%。

（六）对外贸易继续低迷

2015 年，美国包括货物和服务在内的出口额 22236 亿美元，比上年下降 5.1%；进口额 27634 亿美元，比上年下降 3.1%；进、出口额均是 2010 年以来首次下降。全年实现贸易逆差 5398 亿美元，比上年扩大 6.2%。

二、2016 年美国经济仍将保持复苏，但存在不确定性

经过近几年的调整，美国经济已经走向持续复苏通道。2016 年，在经济的相对独立性及多重有利因素支撑下，预计美国经济仍将继续保持复苏。但当前，美国国内工资增长不及预期，制造业持续低迷，经济增长

的核心动能没有显著增强,再加上油价较低、美元走强和外部经济环境等诸多不确定性因素影响,2016 年的美国经济增长依然面临一定的下行风险。

(一)美国经济支撑因素仍在

一是就业市场持续稳步改善。就业稳定增长是由消费驱动的美国经济增长的根本,也是美联储一直最为关心的内容之一。近年来美国就业市场持续改善,失业率已从国际金融危机时超过 10%降至今年 1 月份的 4.9%,2 月份失业率继续保持在 4.9%,且当月非农就业人数净增 24.2 万人。2016 年,美国就业市场将继续改善,美联储预计 2016 年美国失业率将进一步降至 4.7%。

二是房地产市场强劲增长态势有望延续。住房市场的强劲增长是 2015 年美国经济的一大亮点,虽然在接近年底的 10-11 月出现小幅回调,但只是受短期因素影响,从中长期看,在低利率(预计美联储加息幅度有限)以及就业市场持续好转等多重因素推动下,2016 年美国房地产市场增长态势将有望延续。

三是消费开始改善。2 月份,商品零售额同比增长 3.1%,增速连续三个月加快;汽车销售同比增长 2.6%,结束了连续三个月下跌。1 月份,核心个人消费支出同比增长 1.7%,连续 13 个月增长或持平。

四是通缩压力继续缓解。1、2 月份,美国消费价格同比涨幅分别为 1.4%和 1%,其中,1 月份是近一年最大涨幅。2 月份,核心 CPI 涨幅已达 2.3%,连续九个月上涨或持平。PPI 价格指数也结束了持续下跌走势。

(二)美国经济复苏仍面临诸多不确定性

一是政策发生变化,给经济增长带来新的不确定性。2008 年国际金融危机后,美国采取了多轮量化宽松政策,这些政策成为美国经济持续复苏的最主要支撑。2015 年底美联储启动了金融危机以来的首次加息,意味着美国实施七年之久的超宽松货币政策落下帷幕。而 2016 年美联储如何渐进加息,也将成为决定美国经济走势的关键因素和最大挑战。其加息进程及力度将影响金融资产价格和长期利率水平,进而影响国内消费及投资。如果美联储加息仅导致长期利率平稳缓慢上升,美国企业和消费者将逐步适应利率上涨的冲击,其对经济增长的影响有限;但如果加息引发美国长期利率过快上涨和金融环境大幅收紧,将会伤及美国房地产、汽车等对利率水平非常敏感的行业的复苏势头。

二是就业市场复苏的潜在动能没有完全发挥。虽然失业率持续稳定下降，但是由于失业率统计并不包括已经停止求职的失业者、未充分就业的劳动者以及从事零工及兼职的就业者，其并不能完全准确反应就业市场状况。2015 年，就业人口占劳动人口比例仅 59.3%，大大低于金融危机前 63%的平均水平。同时，由于工资增长几近停滞，使劳动力市场复苏仍然缺乏活力，2015 年经济活动参与率仅为 62.7%，远低于金融危机前 66%的正常水平。

三是预期指标显示不确定的因素。2015 年，美国制造业扩张步伐明显放缓。制造业采购经理人指数(PMI)从 1 月份的 53.9 波动降至 12 月份的 51.2，濒临 50 分界线。其中，新出口订单指数持续在 50 分界线左右徘徊，年内有 5 个月跌至 50 以下。2 月份，制造业 PMI 新订单指数降至 49.1，不仅再次落入萎缩区间，也成为 2015 年 5 月以来最低水平。ISM 制造业库存指数从 43.5 升至 45，库存增加反应出制造业需求不断走弱。虽然美国制造业增加值占 GDP 比重仅为 12%，但其趋势性走弱仍将拖累整体经济复苏；2 月份服务业 PMI 从 53.2 大幅降至 49.7，是 27 个月扩张后的首次萎缩，前景不容乐观。

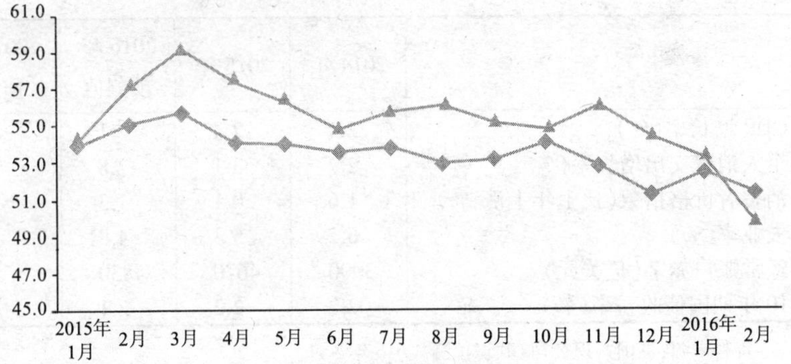

	2015年1月	2月	3月	4月	5月	6月	7月	8月	9月	10月	11月	12月	2016年1月	2月
制造业PMI	53.9	55.1	55.7	54.1	54.0	53.6	53.8	53.0	53.1	54.1	52.8	51.2	52.4	51.3
服务业PMI	54.2	57.1	59.2	57.4	56.2	54.8	55.7	56.1	55.1	54.8	56.1	54.3	53.2	49.7

图 4 制造业和服务业 PMI 变动

(三)国际组织纷纷下调美国经济增长预期

今年以来，受金融市场动荡以及美元升值等因素影响，市场对美国经济前景的预期有所降温。据联合国和国际货币基金组织 1 月份预测，2016 年，美国经济将增长 2.6%，分别比上次预测下调 0.1 和 0.2 个百分点；据世界银行 1 月份预测，2016 年，美国经济将增长 2.7%，比上次预测下调 0.1 个百分点。

据英国共识公司 3 月份预测，2016 年，美国经济增速为 2.1%，比上年放缓 0.3 个百分点。其中，个人消费支出增速略有回落，从上年的 3.1%放缓至 2.8%；消费价格温和上涨，涨幅从 0.1%扩大至 1.3%；失业率由 5.3%回落至 4.8%。

表 1　各国际组织近期对美国经济增长率的预测(%)

	2014 年	2015 年	2016 年	与上次预测差值①	2017 年
联合国	2.4	2.4	2.6	-0.1	2.7
世界银行			2.7	-0.1	2.4
国际货币基金组织			2.6	-0.2	2.6

注：2016 年和 2017 年为预测值。①上次预测时间为：联合国(2015 年 6 月)；世界银行(2015 年 6 月)；国际货币基金组织(2015 年 10 月)。

资料来源：联合国《世界经济形势及展望》2016 年 1 月；世界银行《全球经济展望》2016 年 1 月；国际货币基金组织《世界经济展望》2016 年 1 月更新版。

表 2　英国共识公司对于美国经济指标的预测

	2014 年	2015 年	2016 年预测值	2017 年预测值
GDP 增长率(%)	2.4	2.4	2.1	2.4
个人消费支出增长率(%)	2.7	3.1	2.8	2.6
消费者价格指数(比上年上涨,%)	1.6	0.1	1.3	2.2
失业率(%)	6.2	5.3	4.8	4.6
经常账户赤字(亿美元)	3900	4670	4830	5370
10 年期国债收益率(%)	2.2	2.2	2.1	2.6

资料来源：英国共识公司《共识预测》2016 年 3 月。

(执笔：陈璇璇；成文于 2016 年 4 月)

欧元区经济温和增长复苏步伐趋缓

——2015年欧元区经济回顾及2016年展望

2015年，欧元区经济总体呈温和复苏，工业生产加快，消费稳定增长，失业率有所回落，对外贸易相对活跃，信心总体走强，但通缩风险仍比较大，就业形势依然较为突出。2016年欧元区消费仍将稳定增长且货币政策会保持宽松，利于经济进一步恢复，但由于受通缩风险较大、债务水平较高、新兴经济体增长放缓及地缘政治风险等因素影响，欧元区经济增长将略有放慢。

一、2015年欧元区经济运行基本情况

（一）经济温和复苏

2015年欧元区GDP增长1.6%，较2014年加快0.6个百分点，恢复到2008年以来欧元区“第二次衰退”[①]前的水平（2011年增长1.6%）。分季度看，欧元区GDP环比增长速度在0.3%-0.6%的较高水平上，但逐季走低，一季度环比增速达到0.6%的高位后逐步回落，三、四季度环比增速均为0.3%；同比增速则表现出冲高后高位企稳的走势，一、二季度增速分别为1.3%和1.6%，增速较上季度加快0.4和0.3个百分点，二季度增速达到2011年3季度以来的最高水平，三、四季度增速则维持在了1.6%的水平上。

分主要经济体看，欧元区第一经济大国德国持续复苏，2015年GDP

① 2008年以来欧元区经历两次衰退，一次在2009年，一次在2012到2013年，形成了所谓的“双底衰退”。

增长1.4%,略低于去年1.6%的水平,失业率持续走低,消费稳定增长,基本面良好;第二大国法国复苏加快,2015年GDP增长1.1%,较2014年加快0.7个百分点,季度GDP同比增速从一季度的0.9%逐步攀升到四季度的1.4%;第三大国意大利告别衰退,2015年GDP增长0.6%,而2014年则是下降0.4%,季度GDP同比增速逐季加快,由一季度的0.2%逐步攀升到四季度的1.0%。

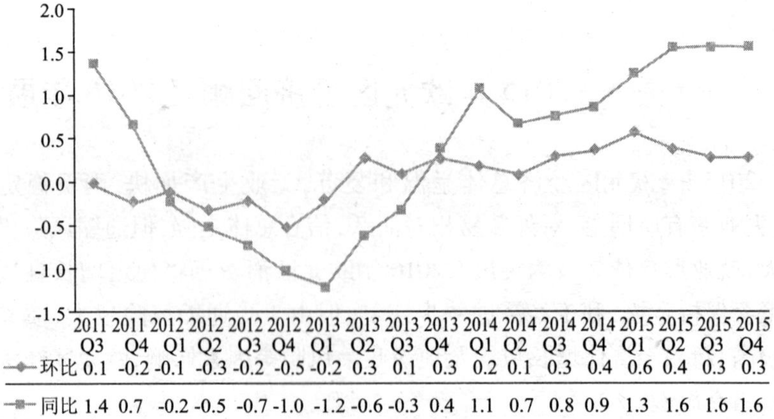

图1 欧元区GDP增长率(%)

表1 欧元区及成员国2015年季度GDP增长率(%)

	环比				同比			
	第一季度	第二季度	第三季度	第四季度	第一季度	第二季度	第三季度	第四季度
欧元区	0.6	0.4	0.3	0.3	1.3	1.6	1.6	1.6
比利时	0.3	0.5	0.2	0.3	1.3	1.5	1.3	1.4
德 国	0.4	0.4	0.3	0.3	1.1	1.6	1.7	1.3
爱沙尼亚	-0.8	0.6	-0.4	1.2	1.4	1.8	0.7	0.9
爱尔兰	2.2	1.9	1.4		6.8	7.5	6.8	
希 腊	0.0	0.3	-1.2	0.1	0.3	0.9	-1.7	-0.8
西班牙	0.9	1.0	0.8	0.8	2.7	3.2	3.4	3.5
法 国	0.7	0.0	0.3	0.3	0.9	1.1	1.1	1.4
意大利	0.4	0.3	0.2	0.1	0.2	0.6	0.8	1.0
荷 兰	0.6	0.1	0.1	0.3	2.5	2.2	1.9	1.2
奥地利	0.7	0.3	0.0	0.2	0.3	0.9	0.9	1.2
葡萄牙	0.5	0.4	0.1	0.2	1.7	1.5	1.4	1.3
斯洛伐克	0.9	1.0	1.0	1.0	3.1	3.5	3.8	4.0
芬 兰	0.3	0.5	-0.2	0.1	0.0	0.7	0.3	0.7

资料来源:欧盟统计局

(二)工业生产加快

2015 年欧元区工业、制造业生产比上年分别增长 1.6%和 1.8%，增速较上年加快 0.8 和 0.1 个百分点。虽然 2015 年全年工业生产增速加快，但从逐月走势看，呈现冲高回落的态势，特别是在年底出现了明显下滑。其中，2015 年 12 月工业生产同比下降 0.1%，制造业生产同比增长 0.8%，增速分别比上月回落 2.0 和 1.2 个百分点。

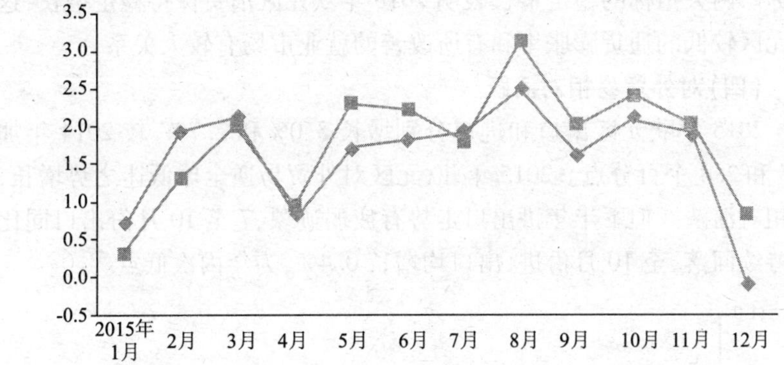

	2015年1月	2月	3月	4月	5月	6月	7月	8月	9月	10月	11月	12月
工业	0.7	1.9	2.1	0.8	1.7	1.8	1.9	2.5	1.6	2.1	1.9	-0.1
制造业	0.3	1.3	2.0	0.9	2.3	2.2	1.8	3.1	2.0	2.4	2.0	0.8

图 2 欧元区工业与制造业生产同比增长率(%)

(三)消费稳定增长

2015 年欧元区零售总量、新车登记数同比分别增长 2.5%和 8.9%，

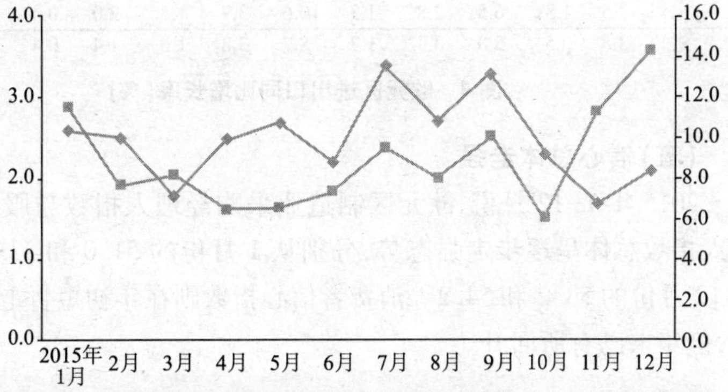

	2015年1月	2月	3月	4月	5月	6月	7月	8月	9月	10月	11月	12月
零售总量	2.6	2.5	1.8	2.5	2.7	2.2	3.4	2.7	3.3	2.3	1.7	2.1
新车登记数	11.5	7.7	8.2	6.5	6.6	7.4	9.5	8.1	10.1	6.1	11.3	14.3

图 3 欧元区零售量、新车登记数同比增长率(%)

较2014年加快1.3和5.1个百分点。从分月走势看,欧元区消费基本保持稳定增长。其中,零售总量同比增速从1月份的2.6%波动上升至9月份3.3%的年内最高点,此后波动回落至12月份的2.1%;新车登记数1月份以11.5%的增速高开,2到10月份则在6.1%至10.1%的区间波动,此后增速加快,至12月达到14.3%的年内最高点。居民消费是欧元区经济增长的主要动力,而零售总量与新车登记数则是居民消费情况的重要指标。两大指标的稳定增长表明2015年欧元区消费保持稳定增长,这与欧元区较低的通货膨胀率和有所改善的就业市场有较大关系。

(四)对外贸易相对活跃

2015年欧元区出口和进口分别增长3.0%和2.7%,较2014年加快0.7和2.4个百分点。2015年,欧元区对外贸易逆全球低迷之势增长,表现相对活跃。但下半年进出口走势有疲弱迹象,7至10月份出口同比增速持续回落,至10月份进、出口均增长0.4%,为年内次低点。

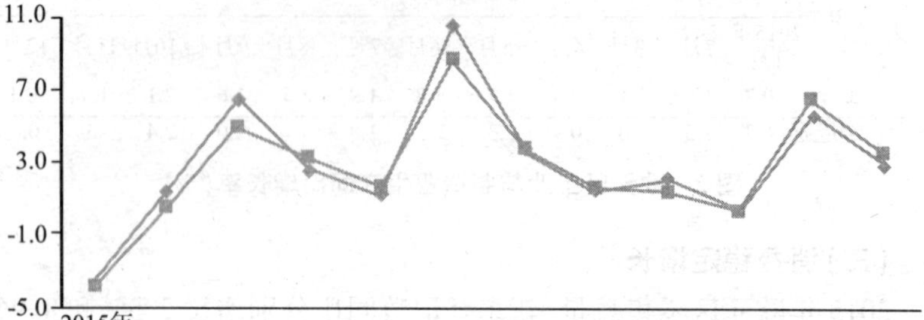

	2015年1月	2月	3月	4月	5月	6月	7月	8月	9月	10月	11月	12月
出口	-3.5	1.3	6.5	2.8	1.3	10.6	3.7	1.5	2.0	0.4	5.7	3.1
进口	-3.8	0.5	5.0	3.3	1.7	8.7	3.8	1.6	1.4	0.4	6.5	3.6

图4　欧元区进出口同比增长率(%)

(五)信心总体走强

2015年1-12月份,欧元区制造业采购经理人指数与服务业采购经理人指数总体呈逐步走强态势,分别从1月份的51.0和52.7波动攀升到12月份的53.2和54.2。消费者信心指数则在年初短暂走强后波动下降,但年末已有所回升。

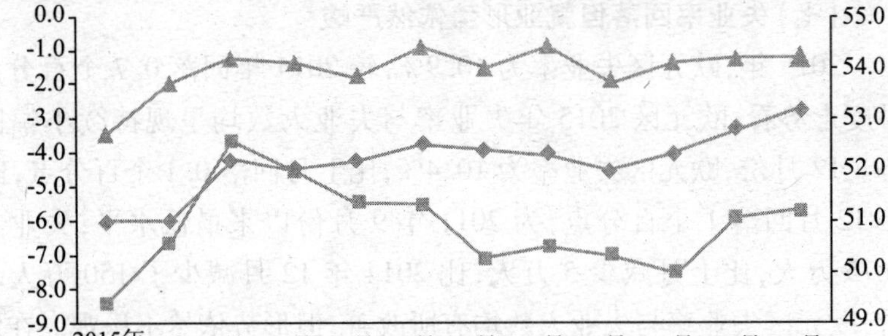

	2015年1月	2月	3月	4月	5月	6月	7月	8月	9月	10月	11月	12月
消费者信心指数（左）	-8.4	-6.6	-3.6	-4.6	-5.5	-5.5	-7.1	-6.8	-7.0	-7.5	-5.9	-5.7
制造业PMI（右）	51.0	51.0	52.2	52.0	52.2	52.5	52.4	52.3	52.0	52.3	52.8	53.2
服务业PMI（右）	52.7	53.7	54.2	54.1	53.8	54.4	54.0	54.4	53.7	54.1	54.2	54.2

图5 欧元区预警指标走势

(六)通缩风险仍存

2015年,欧元区CPI零增长,涨幅比上年回落0.4个百分点。12月份,欧元区消费价格同比上涨0.2%,涨幅与上月持平。欧元区仍面临通缩压力,为此欧洲央行于2015年12月3日宣布将存款利率下调10个基点至-0.3%。

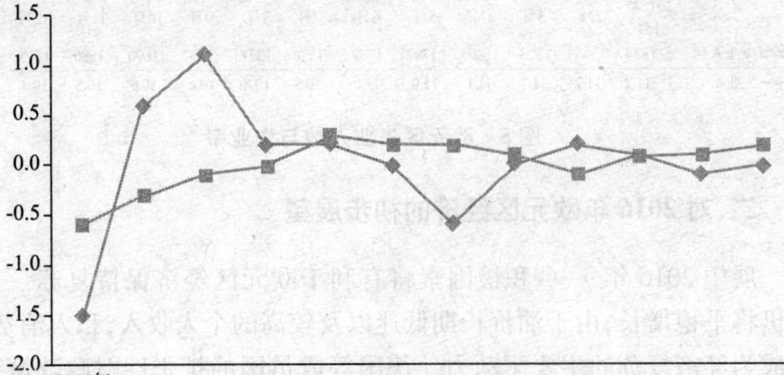

	2015年1月	2月	3月	4月	5月	6月	7月	8月	9月	10月	11月	12月
环比	-1.5	0.6	1.1	0.2	0.2	0.0	-0.6	0.0	0.2	0.1	-0.1	0.0
同比	-0.6	-0.3	-0.1	0.0	0.3	0.2	0.2	0.1	-0.1	0.1	0.1	0.2

图6 欧元区CPI上涨率(%)

（七）失业率回落但就业形势依然严峻

2015年，欧元区失业率为10.9%，较2014年回落0.7个百分点。从月度走势看，欧元区2015年失业率与失业人数均呈现持续小幅回落态势。12月份，欧元区失业率为10.4%，比上月回落0.1个百分点，比2014年12月回落1个百分点，为2011年9月份以来最低水平；失业人数为1675万人，比上月减少5万人，比2014年12月减少了150万人。总体看，欧元区失业率与失业人数均有所改善，但形势依然不乐观。在成员国中，希腊和西班牙仍是欧元区中失业率最高的国家，12月份的失业率分别为24.5%和20.8%；虽然经济强国德国的失业率仅为4.5%，但法国失业率高达10.2%。

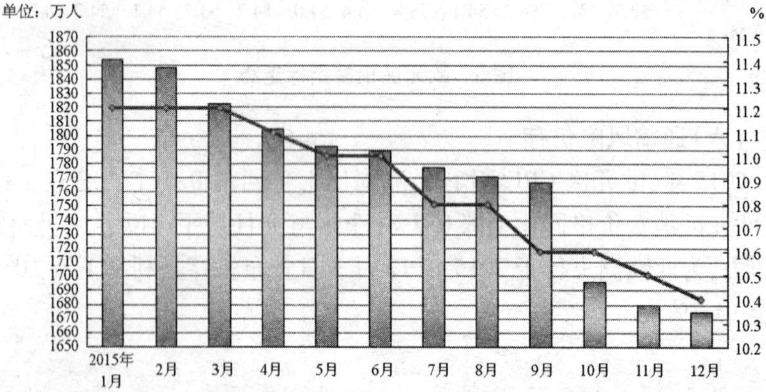

	2015年1月	2月	3月	4月	5月	6月	7月	8月	9月	10月	11月	12月
失业人数	1854	1848	1823	1805	1792	1789	1778	1771	1767	1696	1680	1675
失业率（右）	11.2	11.2	11.2	11.1	11.0	11.0	10.8	10.8	10.6	10.6	10.5	10.4

图5　欧元区失业人数与失业率

二、对2016年欧元区经济的初步展望

展望2016年，一些积极因素将有利于欧元区经济保持复苏：一是消费仍将平稳增长，由于油价长期低迷以及较高的个人收入，私人消费将持续成为经济复苏的主要驱动力。德国等成员国的扩张性财政政策刺激，有望进一步提升大众消费。二是欧元区货币政策进一步宽松，融资条件的改善和产能利用率的不断上升也将提升企业投资意愿。欧洲央行在2016年3月10日政策会议后宣布下调基准利率5个基点，下调存款利率10个基点，下调贷款利率5个基点，并将月资产购置规模从600亿欧

元增加至800亿欧元(900亿美元)。

2016年欧元区经济也将面临较多风险:一是新兴市场经济的疲软可能对欧元区净出口造成负面影响,因为新兴市场占据欧元区商品出口约50%的份额。二是失业率居高不下,薪资滞涨均可能对欧元区经济造成影响。三是欧元区债务水平仍然较高,一些成员国如希腊仍处在可能违约的风险当中。四是地缘政治风险。叙利亚难民危机、"伊斯兰国"恐怖袭击风险加大,与俄罗斯之间的紧张关系加剧均将对2016年的欧元区经济带来负面影响。五是欧元区2016年仍将面临通缩风险。一旦出现通缩,将造成政府、企业和家庭实际债务水平上升,企业与居民将降低投资或消费支出。

基于上述分析,预计2016年欧元区经济将保持温和增长,但增速将略有放慢。国际货币基金组织(IMF)4月预测2016年欧元区GDP将增长1.5%,比上年放慢0.1个百分点。

(执笔:王磊;成文于2016年4月)

日本经济复苏乏力 低速增长或将长期维持

——2015 年日本经济形势分析及 2016 年展望

2015 年,除房地产市场略有回升外,日本实体经济其他领域均表现不佳,经济复苏乏力。日本经济中存在诸多难题,特别是人口老龄化、通缩风险犹存以及主权债务居高不下等成为影响经济增长的主要因素,经济低增长或将成为今后一段时期的经济常态。

一、2015 年日本经济复苏乏力

2015 年,日本实体经济几无亮点。工业生产不断萎缩,消费市场持续低迷,通缩风险再度回升,对外贸易增长放慢。仅有房地产市场有所回升,但走势趋弱,经济复苏乏力。

(一)经济微弱复苏

消费税上调[①]对日本经济造成的冲击逐渐消退,2015 年日本实际国内生产总值(GDP)为 528.58 万亿日元,比上年增长 0.5%。从季度数据来看,第二季度和第四季度日本 GDP 环比分别下降 0.3%和 0.4%,而 2014 年 4 月份消费税上调后导致经济再次步入衰退。由于上年同期基数较低,2015 年第二季度起,日本 GDP 实现同比增长,增速分别为 0.7%、1.7%和 0.5%。

① 2014 年 4 月 1 日起,日本政府将消费税由 5%上调至 8%,这是自 1997 年 4 月 1 日将消费税由 3%增至 5%以来的首次增税,以改善政府财政、刺激经济复苏。此外,按照政府计划,2017 年 4 月份将再次把消费税提高至 10%。

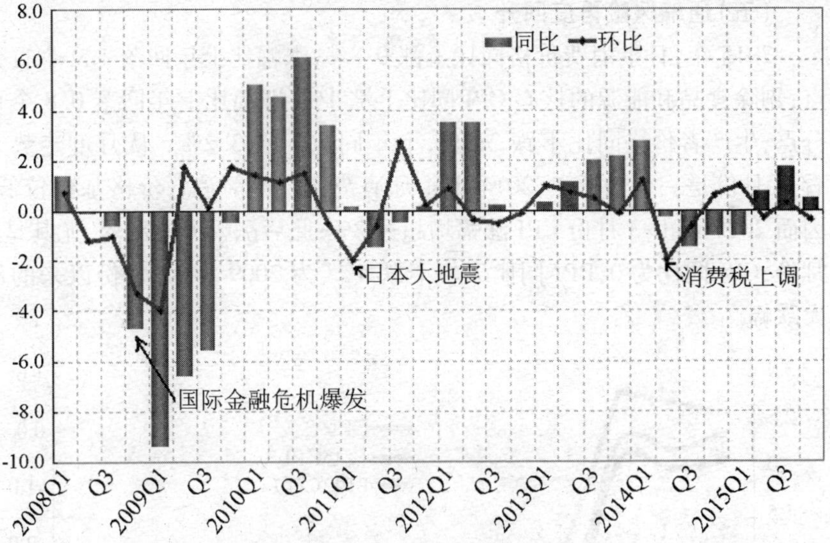

图 1　2008 年以来日本经济增长率(%)

(二)工业生产不断萎缩

日本工业产能利用率从年初的 95.6%降至 12 月份的 95.2%,接近 95%的历史最低点。2015 年日本工业生产下降 0.9%,而 2014 年增长 2.1%。其中,占工业比重最大(接近 20%)的汽车等交通运输设备产值比上年下降 2.8%,而钢管和电机的降幅均超过 20%。

(三)消费市场持续低迷

消费税上调仍在一定程度上继续影响着国内居民的消费意愿,消费市场持续低迷。2015 年,日本零售额同比下降 0.4%,特别是 1-3 月份降幅较大,主要是上年同期提前消费热潮导致基数较高;新车登记数比上年大幅下降 9.7%,创历年最大降幅,其中 1、2 月份同比分别大幅下降 20.7%和 15.8%,12 月份下降 14.6%。

(四)房地产市场有所回升

2015 年,日本新房开工量为 90.9 万套,同比增长 1.9%,而上年下降 9%。其中,自有房屋开工量仍下降 0.7%,连续两年下降,上年大幅下降 19.6%;租赁房屋和销售房屋开工量分别增长 4.6%和 1.6%。从月度走势来看,5-8 月份复苏一度强劲,此后趋于走弱。

(五)通缩风险再度回升

2015年,日本消费价格同比上涨0.8%,涨幅比上年回落1.9个百分点;剔除食品和能源的核心CPI同比上涨1%,涨幅比上年回落0.8个百分点;生产者价格同比下跌2.3%,上年同比上涨3.2%。从月度走势来看,4月份是一个转折点,2014年4月消费税上调前消费价格基数较低,因而2015年1-3月份CPI涨幅均超过2%;此后涨幅大幅回落,尤其是9月份,CPI同比为0,PPI同比大幅下跌4%,为2009年12月份以来的最大跌幅。

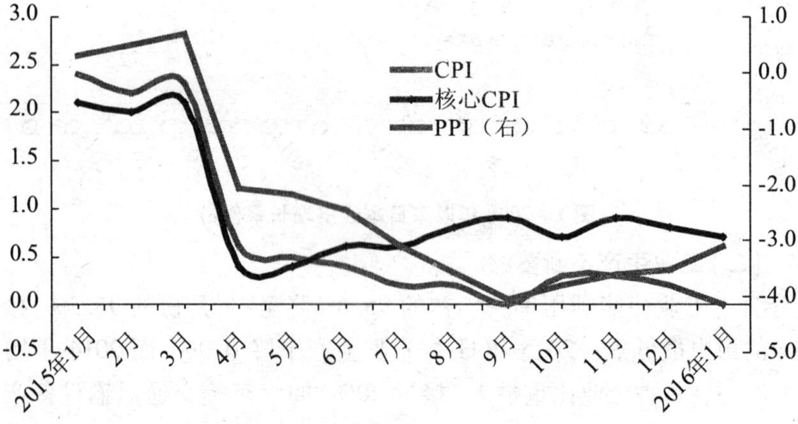

图2 日本价格指数同比上涨率(%)

(六)对外贸易不容乐观

2015年,日本出口额为75.6万亿日元,同比增长3.5%,增速连续两年放慢;进口额为78.5万亿元,同比下降8.7%,为2009年以来首次下降;贸易赤字为2.8万亿日元,比上年减少近10万亿日元。

二、2015年日本经济复苏乏力的原因分析

导致日本经济复苏乏力的主要因素包括消费不振、通货紧缩、人口老龄化和高额主权债务等,这些都是一时难以从根本上解决的难题,将在长期内影响日本经济复苏和发展。

(一)国内消费继续下降

居民收入近乎停滞。2015年日本家庭实际可支配收入同比仅增长

0.1%。在消费税提高后，日本国内消费持续低迷。2015年日本每户家庭实际消费支出约28.74万日元/月，同比下降2.3%，连续两年下降，其中衣物、家具、教育娱乐和保健医疗等项目支出降幅较大。居民收入的增长未能弥补消费税上调带来的物价上涨，居民必然节约开支，降低消费。2015年，日本家庭平均消费倾向（消费支出占可支配收入的比例）为73.8%，比上年下降1.5个百分点，民间最终消费支出比上年下降1.2%，拖累GDP下降0.8个百分点。

（二）通货紧缩挥之不去

通货紧缩是造成日本经济长期低迷的重要原因之一，虽然“安倍经济学”相关经济政策已经实施三年多，但离2%的通胀目标仍相差甚远。1992年至2013年的22年间，日本CPI年度涨幅均低于2%的目标，2014年得益于消费税上调，CPI同比上涨2.7%，但2015年涨幅又回落到0.8%。此外，生产者价格也持续下行。长期通货紧缩将导致企业利润下降甚至亏损，进而降低固定资产投资规模；员工收入也难以得到保障，加剧国内需求不足，陷入经济衰退和通货紧缩负反馈的恶性循环。另外，通货紧缩还加重了政府的债务负担，捉襟见肘的财政状况进一步压缩财政政策的实施空间。

（三）财政困境难以改观

日本高额主权债务和财政困境是影响日本经济复苏和发展的长期风险之一。截至2015年12月31日，日本主权债务（包括国债、政府短期证券和借款）余额高达1044.6万亿日元，比上年同期增加14.7万亿日元，再次刷新历史最高纪录，连续三年突破1000万亿日元。2015年，日本主权债务余额与国内生产总值之比为209.3%，虽然比上年下降2.2个百分点，连续两年下降，但仍稳居发达国家首位，远高于排名第二和第三的希腊和意大利190%和160.7%的水平。

受益于消费税上调，日本财政状况稍有缓解，但难以从根本上摆脱财政困境。2016财年（截至2017年3月31日）日本财政预算支出为96.72万亿日元，再次刷新历史最高纪录。从财政来源来看，税收收入为57.6万亿日元（消费税上调3%贡献了6.3万亿日元），仍有35.6%（所谓的国债依存度）的财政亏空要依赖国债发行，比2015财年下降了2.7个百分点，连续三年下降。从政府支出来看，约有14.2%用于赎回国债，10.2%

支付国债利息，日本政府只能将“以债养债”的模式持续下去，消费税上调带来的税收收入增加也只是杯水车薪，总额高达千万亿日元的主权债务依然有增无减。

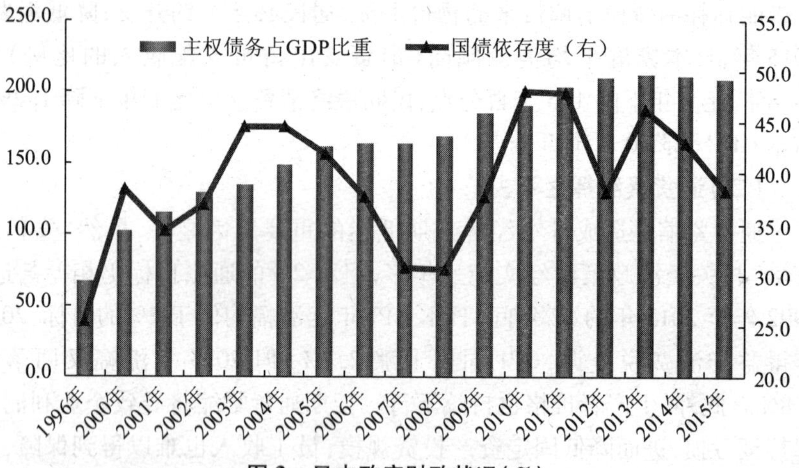

图3　日本政府财政状况(%)

(四)潜在经济增速低下

人口老龄化是日本面临的重大难题，也是造成日本潜在经济增速低下的重要因素。早在1970年，日本就已经进入人口老龄化社会，此后人口老龄化程度不断加深。截至2016年3月1日，日本人口数量为1.27亿人，基本与上年同期持平；65岁及以上老年人口占总人口的比例高达27%，是世界上人口老龄化程度最高的国家；15-64岁劳动年龄人口占总人口的比例为60.4%，比上年同期下降了0.7个百分点，劳动年龄人口不断减少，劳动力资源日益短缺。人口老龄化加剧导致社会抚养负担不断加重，2015年日本抚养系数为65.6%，比上年提高了1.5个百分点，再次刷新历史最高纪录；社会保障支出不断扩大，2016财年约有33.1%的财政支出用于社会保障，比2015年财年提高了0.4个百分点。

三、2016年日本经济将维持低增长态势

2016年日本经济复苏存在一些利好因素：一是日本央行在1月29日推出了“负利率政策”，对金融机构存放在央行的部分资金收取0.1%的“惩罚性费用”，鼓励银行提供成本较低的贷款，以刺激企业投资，降低

通缩风险。二是日本政府决定在 2017 年 4 月将消费税率从 8%提高到 10%,2016 年下半年将出现提前消费现象。但是,负利率实施以来,日本金融市场波动加剧,股市震荡剧烈,日元大幅飙升,并且损及企业家和消费者信心,侵蚀银行净息差收入,因此其政策效果有待验证,加之长期困扰日本经济的诸多因素如通货紧缩、人口老龄化以及高额主权债务等依然比较突出,日元升值削弱日本出口竞争力等均为制约经济复苏的不利因素,日本经济低增长状态或将长期维持,2016 年日本经济增速将持平于或略快于 2015 年。

4 月 12 日 IMF 预测,2016 年日本经济将增长 0. 5%,与上年持平;英国共识公司(Consensus Forecast)3 月份预测,2016 年日本经济将增长 0. 7%,比上年快 0. 2 个百分点。

表　2016 年和 2017 年日本经济主要指标预测(%)

	GDP 增长率	消费价格上涨率	失业率	工业生产增长率	居民消费支出增长率
2012	1. 7	0. 0	4. 3	0. 6	2. 3
2013	1. 4	0. 4	4. 0	-0. 8	1. 7
2014	0. 0	2. 7	3. 6	2. 1	-0. 9
2015	0. 5	0. 8	3. 4	-0. 9	-1. 3
2016	0. 7	0. 0	3. 2	0. 6	0. 4
2017	0. 6	1. 6	3. 1	1. 4	0. 1

注:2016 年和 2017 年为预测数。

资料来源:英国共识公司(Consensus Forecasts)2016 年 3 月。

(执笔:邹丽婷;成文于 2016 年 4 月)

2015 年新兴经济体经济回顾及 2016 年展望

新兴市场经济体是在 21 世纪前十年全球增长的主要引擎，特别在 2007-08 年全球金融危机以后更是如此，然而自 2010 年以来，多个新兴市场经济体增长率持续回落，以致当前新兴经济体的经济运行变化受到格外关注。现以 20 国集团中的 10 个发展中国家（阿根廷、巴西、印度、印度尼西亚、韩国、墨西哥、俄罗斯、沙特阿拉伯、南非和土耳其）作为新兴经济体的代表，对其经济形势变化的特点、发展趋势以及与区域经济和世界经济的相互影响进行分析。

一、新兴经济体经济增长持续回落，扭转尚需假以时日

刚刚过去的 2015 年，全球经济增长（按汇率法 GDP 加权汇总）再次低于预期，从 2014 年的 2.6%回落至 2.4%。新兴经济体持续增长乏力成为全球经济表现不佳的一个重要原因，而大宗商品价格低迷、金融市场持续动荡、全球贸易的下滑，加之其资本外流使新兴经济体经济雪上加霜。

去年 12 月份，美国货币政策十年来首次转向，美国经济复苏一波三折、欧洲和日本经济复苏缓慢、全球地缘政治紧张此起彼伏，新兴经济体外部环境愈加不利，经济走势扭转尚需时日。

（一）整体经济增长持续回落

2015 年，新兴经济体经济增长率为 4.3%，较上年回落 0.6 个百分点，连续两年放缓。

2015 年，印度、墨西哥和土耳其经济分别增长 7.5%（财年）、2.5%和 3.7%，比上年度加快 0.2、0.4 和 0.8 个百分点。分季度看，印度经济全

表 1 主要新兴经济体 GDP 同比增速(%)

	新兴经济体	巴西	阿根廷	韩国	土耳其	南非	俄罗斯	墨西哥	印度	沙特	印尼
2012 年	4.8	1.8	0.8	2.3	2.1	2.2	3.4	4.0	5.1	5.4	6.0
2013 年	5.3	2.7	2.9	2.9	4.2	2.2	1.3	1.4	6.9	2.7	5.6
2014 年	4.9	0.1	0.5	3.3	3.1	1.5	0.6	2.1	7.3	3.6	5.0
2015 年	4.3	-3.8	2.1	2.6	4.0	1.3	-3.7	2.5	7.5	3.4	4.8
2016 年	4.8	0.0	0.7	2.7	3.2	1.0	-1.4	3.0	7.6	3.2	5.0
季度											
2014.1		3.2 (0.6)	0.8 (-0.9)	3.9 (1.1)	5.2 (1.6)	1.9 (-1.5)	0.6 (0.14)	2.3 (0.6)	6.7 (1.5)	6.26 (6.4)	5.14 (0.11)
2014.2		-0.9 (-1.4)	0.7 (0.8)	3.4 (0.5)	2.4 (-0.3)	1.3 (0.5)	0.7 (0..49)	1.8 (0.7)	7.5 (1.9)	3.67 (3.7)	5.03 (3.83)
2014.3		-1.1 (-0.1)	-0.2 (0.3)	3.3 (0.8)	1.8 (0.2)	1.6 (2.1)	0.9 (-0.64)	2.3 (0.6)	8.3 (1.9)	2.28 (2.4)	4.92 (3.16)
2014.4		-0.7 (0.1)	0.5 (0.4)	2.7 (0.3)	3.0 (1.4)	1.4 (4.2)	-0.4 (-0.74)	2.6 (0.7)	6.6 (1.5)	2.44 (1.6)	5.01 (-2.06)
2015.1		-2.0 (-0.8)	-0.3 (0.7)	2.5 (0.8)	2.5 (1.1)	2.2 (1.4)	-2.2 (-1.16)	2.5 (0.5)	7.5 (1.8)	1.64 (2.3)	4.72 (-0.17)
2		-2.9 (-2.1)	3.9 (0.5)	2.2 (0.3)	3.7 (1.3)	1.3 (-1.3)	-4.6 (-1.31)	2.3 (0.6)	7.6 (1.9)	3.8 (4.55)	4.67 (3.78)
3		-4.5 (-1.7)	3.5	2.7 (1.3)	3.9 (1.2)	1.0 (0.7)	-4.1 (-0.57)	2.6 (0.8)	7.7 (1.8)	3.6 (3.6)	4.73 (3.36)
4		-5.9 (-1.4)	0.9	3.1 (0.6)	5.7 (0.7)	0.6 (0.6)	-3.8	2.5 (0.5)	7.3 (1.7)		5.0 (-1.83)

注:括号中为环比增长率,2015 年斜体字以及 2016 年数据为预估值或预测值。印度年度为财年,即当年 4 月至次年 3 月。

资料来源:世界银行、雅虎和穆迪。

年呈现强势，1-4季度GDP同比分别增长7.5%、7.6%、7.7%和7.3%，环比增速均保持在1.5%以上。墨西哥经济2015年表现较好，各季度增速均超过2%，领先于拉丁美洲和加勒比各主要国家。土耳其季度GDP增速逐级走高，四个季度分别为2.5%、3.7%、3.9%和5.7%。

韩国、沙特、南非、印度尼西亚、阿根廷经济增长放缓。韩国受2015年初的中东综合症的影响，2季度出现较大下滑，但随后韩国政府的财政刺激政策和2次降息措施很快扭转了经济颓势，下半年增速回升。主要受外需疲弱、石油和其他大宗商品价格低迷和经济结构不合理等因素的拖累，其他国家经济增长都出现了不同程度的回落。

俄罗斯和巴西2015年经济深陷衰退泥潭。俄罗斯2015年GDP下降3.7%，四个季度都有不同程度下滑，西方国家的经济制裁和石油价格低迷为主要原因。巴西2015年四季度经济下降5.9%，已连续7个季度萎缩。

（二）消费者价格涨幅有所扩大

2015年，新兴经济体消费者价格涨幅预计为5.5%，比上年升高0.4个百分点。一些经济体面临的通胀压力较大，尤以阿根廷、俄罗斯、巴西和土耳其为甚。阿根廷2015年11月份通胀率窜升至23.9%之后，继续攀升，今年2月升至29.6%，为一年多来的高点。俄罗斯通胀率2015年维持在10%以上，最高达到16.9%。今年以来，俄罗斯通胀有所减轻，回落至2月份的8.3%。

表2 主要新兴经济体消费者价格同比上涨率（%）

	韩国	墨西哥	印尼	沙特	俄罗斯	巴西	南非	土耳其	印度	阿根廷
年度										
2014年	1.3	4.1	6.4	2.7	7.9	6.4	6.1	8.85	6.0	24.0
2015年	0.7	2.7	6.4	2.2	15.7	9.0	4.6	7.67	4.9	17.55
2016年	*1.2*	*3.4*	*4.3*	*3.2*	*8.4*	*5.5*	*6.2*	*8.6*	*5.3*	*25.9*
月度										
2015.1	0.8	3.1	7.0	2.2	15.0	7.1	4.4	7.24	5.2	20.89
2	0.5	3.0	6.3	2.1	16.7	7.7	3.9	7.55	5.4	17.99
3	0.4	3.1	6.4	2.0	16.9	8.1	4.0	7.61	5.3	16.54
4	0.4	3.1	6.8	2.0	16.4	8.2	4.5	7.91	4.9	15.8
5	0.5	2.9	7.2	2.1	15.8	8.5	4.6	8.09	5.0	15.3
6	0.7	2.9	7.3	2.2	15.3	8.9	4.7	7.20	5.4	15.0

续表

	韩国	墨西哥	印尼	沙特	俄罗斯	巴西	南非	土耳其	印度	阿根廷
7	0.7	2.7	7.3	2.2	15.8	9.6	5.0	6.81	3.7	14.8
8	0.7	2.6	7.2	2.1	16.0	9.5	4.6	7.14	3.7	14.7
9	0.6	2.5	6.8	2.3	15.9	9.5	4.6	7.95	4.4	14.5
10	0.9	2.5	6.3	2.4	15.8	9.9	4.7	7.58	5.0	14.3
11	1.0	2.2	4.9	2.3	15.2	10.5	4.8	8.10	5.4	23.9
12	1.3	2.1	3.4	2.3	13.2	10.7	5.2	8.81	5.6	26.9
2016.1	0.8	2.6	4.1	4.3	10.0	10.7	6.2	9.58	5.7	29.6
2	1.3	2.9	4.4	4.2	8.3	10.4	7.0	8.78	5.2	32.9

注：2016年斜体字数据为预测值。

资料来源：各国统计局、雅虎和穆迪。

韩国、沙特和墨西哥2015年通胀水平较低，分别上涨了0.7%、2.2%和2.7%。今年以来三个国家通胀均有所回升，尤其是今年1、2月份沙特回升幅度比较大，分别为4.3%和4.2%。随着全球石油和贵金属价格的回升，除了上述三个国家以外，南非通胀也有回升之势，印尼也在去年底跌至低点后有所回升。

（三）失业率总体稳定，但部分国家有所回升

2015年，主要新兴经济体就业形势相对较为稳定。2015年失业率的估计值为5.6%，比上年下降了0.1个百分点。印度的失业率较低，但巴西、土耳其和俄罗斯2015年失业率都有较大幅度上升，分别达到6.8%、10.3%和5.6%，比上一年升高2.0、0.4和0.4个百分点。俄罗斯在深度经济衰退的情况下，失业率未明显升高，主要原因：一是劳动力不足和政府对濒临破产的大公司实行救济，二是政府规定的大额遣散费迫使企业不愿解雇工人，而用最低工资保留工人等。但比较历史数据，5.6%的失业率在俄罗斯已属高位。印尼、沙特和阿根廷失业率处于6.0-8.0%的较高水平，其中印尼下半年失业率明显下降。土耳其和南非的失业率最高，其中土耳其失业率先降后升，12月份达10.9%，创4年来新高；南非失业率先升后降，第四季度降至24.3%，但随着经济形势恶化等因素，今年一季度又飙升到26.7%，为12年来的新高。韩国、墨西哥、南非、沙特和印尼2015年失业率基本保持稳定，但巴西、韩国和墨西哥今年初失业率有明显抬高迹象。巴西和韩国尤为严重，2月份比1月份陡增了0.6

个百分点,创近7年来的新高。

表3 主要新兴经济体失业率(%)

	巴西	俄罗斯	韩国	墨西哥	土耳其	印度	阿根廷	南非	印尼	沙特
年度										
2014	4.8	5.2	3.5	4.5	9.9	3.5	7.9	25.1	5.7	5.8
2015	6.8	5.8	3.6	4.4	10.3	3.5	8.7	25.4	6.0	5.7
月度										
2015.1	5.3	5.5	3.4	4.5	11.3					
2	5.9	5.8	3.9	4.3	11.2					
3	6.2	5.9	3.7	3.9	10.6		7.1	26.4	5.81	
4	6.4	5.8	3.7	4.3	9.6					
5	6.7	5.6	3.9	4.4	9.3					
6	6.9	5.3	3.9	4.4	9.6		6.6	25.0		5.7
7	7.5	5.3	3.7	4.7	9.8					
8	7.6	5.3	3.6	4.7	10.1					
9	7.6	5.2	3.5	4.5	10.3		5.9	25.5	6.18	
10	7.9	5.5	3.4	4.6	10.5					
11	7.5	5.8	3.5	4.0	10.5					
12	6.9	5.8	3.5	4.0	10.8			24.5		5.6
2016.1	7.6	5.8	3.5	4.2	11.1					
2	8.2	5.8	4.1	4.2				26.7	5.50	

注:2015年数据为预计值。印度、中国、阿根廷、南非、印尼、沙特月度所列数据为所在季度数据。中国为城镇登记失业率。

资料来源:各国统计局、雅虎和穆迪。

(四)出口严重受阻

2015年,世界出口贸易总额同比降幅巨大,接近11%。新兴经济体出口增长放缓幅度更大,除了南非消除汇率影响后的出口总额有超过5%的增长外,多个新兴经济体出口额都有两位数的巨幅下降,俄罗斯、印度、阿根廷、巴西、印尼降幅分别为31.62%、17.21%、15.49%、15.09%和14.75%。墨西哥、韩国和土耳其出口下滑幅度相对较小,分别为4.12%、8.02%和8.71%。沙特阿拉伯2015年前三季度出口同比断崖式暴降了42.19%。今年伊始,俄罗斯、土耳其、印尼、韩国、巴西、印度等经济体出口颓势延续,1月份分别下滑36.39%、21.99%、20.72%、18.90%、17.94%和13.52%,显示主要新兴经济体今年出口开局不利。巴西、印尼和韩国2月份出口同比有所改善,但仍然难以摆脱低迷状态。随着国际石油、金属和农产品价格回暖,全球出口额有望缓慢回升。

表 4 主要新兴经济体出口额(亿美元)

	阿根廷	南非(亿兰特)	土耳其	印尼	巴西	印度	沙特(亿里亚尔)	墨西哥	俄罗斯	韩国
年度绝对数										
2014	683. 36	988365. 88	1576. 10	1762. 93	2251. 01	3226. 94	12828. 47	3971. 29	4977. 64	5726. 64
2015	577. 51	1038074. 00	1443. 8363	1502. 82	1911. 34	2671. 47		3807. 72	3414. 65	5267. 56
年增长(%)										
2014	-16. 32	16. 53	4. 18	-3. 43	-7. 00	2. 49	-8. 92	4. 50	-4. 88	2. 33
2015	-15. 49	5. 03	-8. 71	-14. 75	-15. 09	-17. 21		-4. 12	-31. 62	-8. 02
月度绝对数										
2015. 1	37. 97	670. 63	123. 03	132. 45	137. 04	243. 7		265. 54	278. 95	451. 05
2	38. 67	765. 91	122. 72	121. 73	120. 92	218. 7		297. 16	293. 89	414. 72
3	53. 90	908. 54	125. 79	136. 34	169. 79	238. 9	1920. 30	341. 34	328. 94	468. 23
4	51. 46	849. 93	133. 92	131. 04	151. 56	220. 9		329. 54	307. 03	462. 22
5	52. 02	888. 29	111. 13	126. 90	167. 69	222. 6		313. 40	306. 46	423. 27
6	60. 39	899. 49	119. 96	135. 06	196. 28	222. 9	2189. 96	338. 40	300. 75	465. 55
7	55. 67	930. 84	111. 49	114. 66	185. 33	231. 4		328. 04	273. 04	456. 96
8	51. 31	874. 23	110. 65	127. 27	154. 85	212. 7		310. 48	251. 14	391. 07
9	51. 69	918. 45	115. 59	125. 88	161. 48	218. 4	1851. 51	322. 41	263. 42	434. 32
10	50. 32	857. 94	132. 90	121. 22	160. 49	213. 5		341. 55	269. 60	433. 52
11	40. 00	935. 73	117. 38	111. 11	138. 06	200. 0		310. 25	253. 97	442. 85
12	34. 11	880. 76	118. 02	119. 16	167. 83	223. 0	1612. 72	309. 61	287. 46	423. 80
2016. 1	38. 46	713. 93	95. 97	104. 80	112. 46	210. 76		245. 36	170. 62	365. 82
2	41. 27	906. 80	124. 06	113. 00	133. 48	207. 39		290. 24	201. 71	364. 06

资料来源：世界贸易组织和雅虎网站。

二、新兴经济体面临的主要问题

自2010年以来,多个新兴经济体增长率持续回落。对大多数新兴经济体来说,未来仍面临不少下行风险,包括主要新兴市场经济无序放缓、伴随基础条件恶化而引致的借贷成本突然上升所产生的金融动荡、一些国家脆弱痼疾和上升的地缘政治紧张等。增长乏力和商品价格低落也束缚了新兴经济体决策者做出合理的应对策略。

(一)全球贸易大幅下滑。由于美元升值及新兴经济体增长前景黯淡、经济活动减少致使各经济体需求不振,全球贸易大幅下滑。贸易条件的恶化使得多个新兴经济体经常账户全年出现赤字。

(二)石油和其他大宗商品价格持续低迷。需求锐减、供应过量和美元升值使石油和其他大宗商品价格明显下跌。2015年石油、金属和农产品价格指数平均从2011年的峰值下降了45%以上。

(三)金融市场动荡加剧。展望未来,主要经济体货币政策调整仍将是新兴经济体金融条件的主要决定因素,今年年初全球股市的剧烈震荡预示着今年金融市场仍会继续大幅波动,对全球经济,特别是新兴经济体可能持续产生负面影响。

(四)部分新兴经济体汇率大幅贬值。2015年,多数主要大宗商品出口国和具有金融脆弱痼疾的国家及地区本币出现了大幅贬值,包括俄罗斯、巴西、马来西亚、南非等国。避险需求使得多数新兴市场借贷成本上升。

(五)资本流入大幅减少。对增长前景的担忧和美国加息预期致使许多新兴经济体融资条件趋紧,已经造成2015年新兴经济体资本流入的急剧下降。

(六)发达国家经济复苏迟缓产生溢出效应。2015年,新兴经济体增长放缓拖累了全球经济增长,也对发达经济体的经济复苏形成了一定的滞缓作用。反过来看,发达国家经济复苏一波三折所形成的溢出效应,对新兴经济体的负面影响也不容小觑。

除了外部挑战以外,新兴经济体还面临严峻的内部困境:一是生产率增长放缓。自2010年以来,新兴市场全要素生产率(TFP)持续下滑,到2014年回到了长期均值,即0.5%,远低于2010年创纪录的2.3%;二是政策具有不确定性。由于政治不稳定，拉美、东亚和太平洋岛国、东欧和中亚等国家和地区政策不确定性明显增加。对政策方向的担忧抑制了国内和外国投资者的投资、减缓了资本流入、阻碍了消费增长。三是政策回旋空间渐渐消失殆尽。持续的经济脆弱、增长放缓、债台高筑、商品出口国出口疲弱和财政收入减少等削弱了信贷评级，新兴经济体政策回旋空间逐渐消失，2015 年巴西、俄罗斯失去或可能失去投资级评级（国际知名评级机构标普对巴西长期外币主权债务和俄罗斯长期本国货币评级都为投资级，"BBB-"，是标普投资级评级的最低一档），而另一些国家则挣扎于保级之中。

三、主要新兴经济体 2016 年经济形势展望

2016 年，新兴经济体所面临的主要挑战还将继续存在，但一些积极因素也正在逐渐形成。美国经济向好，国际金融市场渐趋稳定，石油、金属价格逐步走出低谷，中国经济调整初见成效等都将给世界经济整体复苏带来希望。世界银行今年 1 月份预测，按汇率法 GDP 加权汇总，2016 年全球经济增长 2.9%，2017-18 年为 3.1%。2016 年新兴经济体经济增速将达 4.8 %，比上年加快 0.5 个百分点，2017 - 18 年进一步提高到 5.3%。

总体而言，新兴经济体未来展望仍然难言乐观，要想化解所面临的风险，支持经济发展，政策措施不可或缺。周期性和结构性政策的结合可以相互补充和强化。就短期而言，需要致力于能力建设，以抵御金融市场动荡。周期性政策需要辅之以结构改革措施，在短期提振投资者信心，在长期提升经济增长潜力。

（执笔：张国洪；成文于 2016 年 3 月）

2015年全球主要经济体房地产市场形势分析

2015年，世界经济低缓运行，全球主要经济体房地产市场平稳。美国房地产市场运行良好，欧洲主要国家房地产市场略有改善，日本房地产市场复苏平稳，亚太其他经济体房地产市场继续调整。

一、美国房地产市场保持良好运行态势①

2015年，房地产市场作为支撑美国经济温和扩张的主要因素，继续保持良好运行态势。建筑市场继续扩张，住房销售强劲增长，房价温和上涨。

（一）建筑市场继续扩张

建筑商信心明显改善。全美建筑商信心指数从1月份的57升至12月份的61，已连续18个月保持在50以上，连续7个月保持在60以上。2015年，新房开工量为111.1万套，同比增长10.8%，比上年加快2.4个百分点，连续五年增长。分月看，除2、3月外，其余各月均达到106万套以上。2015年，建筑许可证发放量为117.8万套，同比增长12.6%，增速比上年大幅提高7个百分点。

（二）住房销售增长强劲

2015年，现房销售量同比增长6.5%至546万套，是2008年以来最高值，逼近危机前565万套水平。1-11月份，新房销售数量月平均49.5万套，比上年同期增长13.9%。待售现房和新房可供销售月数均稳定保

① 美国新房开工量、现房销售及新房销售量均为折年率数据。

持在市场正常水平(6个月)以下。

(三)房价继续温和上涨

2015年,现房价格涨至22.2万美元/标准套,同比上涨6.8%,涨幅比上年扩大1.1个百分点。1-11月份,新房价格涨至29.5万美元/标准套,比上年同期上涨4.6%。现房和新房价格均已超过2007年水平。1-10月份,FHFA房价指数(1991年1月=100)升至224.5,比上年同期上涨5.6%。截至2015年10月,FHFA房价指数已连续23个月上涨。

虽然美元持续走高,国内制造业及出口增长均受到一定抑制,但中长期看,包括国内消费、房地产市场及就业等在内的经济增长支撑因素仍在,2016年美国经济会继续稳步增长,房地产市场将会继续保持2015年的良好运行态势,并继续成为经济增长的驱动因素。

二、欧洲主要国家房地产市场略有改善

(一)德国房市量价齐升

2015年,德国住房价格继续上涨,但涨势趋缓。一至四季度,住房价格指数均值升至111.1,同比上涨1.6%,涨幅比上年回落0.1个百分点。10月份,德国在建住宅数量从1月份的14222套增至19780套,同比增长7%,连续五个月增长。

(二)法国建筑市场微弱复苏

2015年,法国建筑市场从低位微弱复苏,景气指数由年初的88升至92,但仍处于较低水平。10月份,新房需求量标准化值从1月份的-50

表1 法国房地产市场主要指标

	平均值*	2015年1月	2015年4月	2015年7月	2015年10月
新房需求量	-9	-50	-34	-25	-27
新房开工量预期	-7	-30	-17	-10	-14
新房购买数量	-16	-37	-21	-14	-17
新房租用数量	0	-16	-13	1	-6
住房存量规模	-27	-15	-27	-25	-24
房屋销售平均价格	5	-31	-29	-22	-14
首付	-21	-35	-25	-19	-21
融资能力	-23	-41	-21	-24	-13

注:*为1991年7月以来平均值。数据均为季节调整后数据,标准化值。

升至-27;新房开工量标准化值从 1 月份的-30 升至-14。住房平均价格从 1 月份的标准化值-31 涨至-14。据共识公司(1 月)预测,2016 年法国 GDP 将增长 1.4%,比上年加快 0.3 个百分点,同时失业率将降至 10%,个人消费将保持 1.4%的增速,预计 2016 年法国建筑市场将延续 2015 年的复苏态势,稳步回升。

(三)英国房价再创新高

2015 年,英国房价在年初略有下降后,二季度开始大幅反弹,并屡创新高。2015 年全年房价平均值至 19.4 万英镑/标准套,同比上涨 4.4%。截至 2015 年 12 月,英国房价已达 19.7 万英镑/标准套,创金融危机以来新高。当月环比上涨 0.8%,同比上涨 4.5%,均为 2015 年 6 月份以来最快增速。

2015 年,英国房价直线走高,主要是由于住房市场供不应求,以及较低的利率水平。由于英国经济稳步回暖,失业率持续回落,消费者信心不断恢复,再加上市场供给远未达到饱合,预计 2016 年英国房价会继续走高,但涨幅较 2015 年会略有回落。据路透调查 2015 年 12 月预测,2016 年英国房价将上涨 4.3%,2017 年房价涨幅将回落至 3.9%。

(四)西班牙房价加速上涨

2015 年 1 至 3 季度,西班牙房价继续上涨,且涨幅不断扩大。新房平均价格同比涨幅从 4%涨至 4.4%,二手房平均价格同比涨幅从 1.1%涨至 4.3%。

三、日本房地产市场复苏平稳

2015 年,日本房地产市场复苏平稳。房地产景气指数稳步回升,从 1 月份的 45.1 升至 48.4,逼近 50 临界点,12 月当月景气指数比上年同期增长 9.8%。1-11 月份,新房开工量共计 83.4 万套,比上年同期增长 2.2%,而 2014 年比上年下降 9%。11 月份,完成新房开工 8 万套,环比增长 3.3%,同比增长 1.7%。其中,当月租赁住房开工量同比增长 2.6%,自有住房开工量同比增长 3.5%,连续七个月增长。

受益于财政支持、石油价格下跌、金融条件宽松以及收入提高,2016 年,日本经济复苏基础得到强化。据 IMF 最新预测,2016 年日本经济将增长 1%,比 2015 年加快 0.4 个百分点,房地产市场有望继续复苏。

四、亚太其他经济体房地产市场继续调整

(一)澳大利亚房地产市场转暖

1-11月份,澳大利亚批准建设的住宅总数为21.3万套,比上年同期增长15.4%,增速加快0.6个百分点。房价稳定上涨。三季度,住房价格指数从一季度的122.1升至130.4,同比增长10.7%,增速比上季度加快0.9个百分点;环比增长2.0%,连续12个季度增长。

(二)中国香港房市步入调整期

2015年,中国香港房市步入调整期,房价从高位回落,住房销售量持续数月下降。中原城市房价领先指数先涨后降,从1月份的135涨至9月份的146.8,四季度又降至137.5,为9月份以来新低。房价从高位回落,全港住房平均价格指数先从1月份的284.6一路窜升至9月份的306.1,创纪录新高,随后又降至11月份的293.4,是2015年4月份以来的新低。11月份,房价环比下跌3%,为2008年11月以来的最大单月跌幅。之前居高不下的房价抑制了部分住房需求,1-11月份,中国香港仅销售住房5.2万套,同比下降10.1%。分月看,销售量从1月份的6412套直线回落至11月份的2826套,创金融危机以来销售新低;截至11月份,同比已经连续8个月下降,降幅从4.9%扩大至41.7%。

从供应来看,特区政府将在未来五年不断增加房屋和土地供应;从需求来看,2016年,中国香港经济增长预期仍不景气。据英国共识公司1月份最新预测,2016年其经济增速仅有2%,比上年回落0.4个百分点。同时,由于零售业低迷、股市调整等影响,消费者置业信心也受到一定程度打击,预计2016年中国香港房地产市场会继续调整,房价将进一步下跌。

2015年,主要经济体房地产市场未受到世界经济放缓冲击,总体维持良好运行态势。但由于全球需求依然疲弱、世界贸易持续低迷,大宗商品价格持续下跌等,世界经济在短期内难以改善,将对2016年房地产市场上行构成压力。

(执笔:陈璇璇;成文于2016年1月)

2015年世界贸易情况及2016年展望

据世界贸易组织(WTO)初步统计,受世界经济增长放缓及全球金融市场和大宗商品市场等波动的影响,2015年世界货物贸易量比上年仅增长2.8%。预计2016年世界货物贸易量将比2015年增长2.8%。WTO最新预估世界贸易下行风险依旧较大,主要挑战为有些国家经济放缓程度大幅高于预期、金融市场动荡加剧以及外债高的国家可能受到汇率大幅波动冲击等。

一、2015年世界货物贸易增长速度与上年持平

2015年世界货物贸易量比上年增长2.8%(扣除价格变动等因素),与上年持平,远低于2007年6.0%的增长速度,也低于1998-2008年5.7%的平均增长速度。以美元计价(包含价格变动等因素),2015年世界货物贸易出口总额为159850亿美元,比上年下降13.5%。其中,欧洲为59580亿美元,下降12.4%;亚洲为54640亿美元,下降7.9%;北美洲为22940亿美元,下降8.0%;中东为8410亿美元,下降34.7%;独联体为5000亿美元,下降32.0%;中南美洲为5400亿美元,下降21.2%;非洲为3880亿美元,下降29.6%。

2015年中国货物贸易出口总额为22750亿美元,居世界第一位,比上年下降2.9%;进口总额为16820亿美元,居世界第二位,比上年下降14.2%。

二、当前世界贸易低迷的主要原因

近年来,全球贸易增速连续低于世界经济增速。其中,2015年世界经济增长3.1%,而全球贸易仅增长2.8%,连续第4年低于3%,对世界

经济增长的拉动作用明显减弱。

(一)需求减少

国际金融危机导致发达国家进入经济衰退的同时,发展中国家的经济增速也大大减慢,导致全球需求大幅减少。国际货币基金组织(IMF)最近发布的《世界经济展望》报告显示,2015 年世界经济增长 3.1%,增速进一步下滑。发达国家劳动生产率增长缓慢、投资低迷、债务高企、金融动荡,经济复苏仍处于低速轨道。新兴市场和发展中国家经济结构性矛盾突出,内需不振、能源资源出口收入缩水、资本外流,经济增速连续放慢。IMF 连续下调对未来经济增长前景的预期表明全球经济面临失速、甚至陷入广泛和长期停滞的风险。

(二)信贷紧缩

贸易融资对贸易有强大的乘数效应,现在世界上大约有 90%的国际贸易依赖于短期信贷融资。世界贸易组织在对私人银行、国际金融机构和出口信贷机构的调查表明,目前贸易融资市场形势严重恶化,提供贸易信贷融资的流动性非常短缺,新兴市场经济国家的贸易商和银行家甚至认为贸易融资形势今后还可能进一步恶化。

(三)贸易保护主义加剧

发达经济体针对贸易伙伴采用了一些新型的贸易保护措施,如"绿色贸易壁垒"、"蓝色贸易壁垒"、"特保条款"、"非市场经济条款"、"337 调查"、"301 调查"、"碳关税"等等,这些新型的贸易壁垒主要由发达经济体设置,与传统的关税等贸易保护措施相比,这些贸易保护措施低调而隐蔽。同时,贸易保护涉及的领域不断扩大,传统的贸易保护对象主要是幼稚工业和落后工业,而当前的新贸易保护主义正在逐步向新兴产业、高新技术产业领域扩展。发达经济体企图凭借技术和经济优势,抢占未来新兴产业发展的制高点,挤压其他经济体的发展空间,对新兴产业领域的贸易保护由此兴起。

三、2016 年世界贸易展望

当前,世界经济尚未找到新的强劲增长点,大宗商品价格保持低位,消费者特别是发达国家的消费者对扩大消费支出依然谨慎,加之贸易保护主义有所抬头,将对全球贸易产生不利影响。因此,全球贸易问题的解决有赖于世界各国特别是主要经济体加强合作来综合解决，要加强立场协调，共同采取增长友好型政策，改善市场预期，提振发展信心，促进全球经济贸易持续健康发展。

WTO 此次下调了其对 2016 全球贸易量增长率预测，从去年 9 月预测的 3.9%下调至 2.8%。WTO 总干事阿泽维多表示，全球贸易仍在正增长，但是增长率令人失望。预测 2016 年发达国家和发展中国家的出口增速大致相同，分别为 2.9%和 2.8%；但预计发达国家的进口增速为 3.3%，将快于发展中国家 1.8%的增速。同时，从地区来看，2016 年亚洲将成为全球出口增长速度最快的地区，增速为 3.4%，紧随其后的是北美和欧洲地区，增速均为 3.1%。

（执笔：高析；成文于 2016 年 4 月）

表 1　2013-2015 年 GDP 和货物贸易量增长率

单位：%

	GDP			出口			进口		
	2013	2014	2015	2013	2014	2015	2013	2014	2015
世界	2.2	2.5	2.4						
发达国家	1.0	1.7	1.9	1.7	2.4	2.6	-0.2	3.5	4.5
新兴市场和发展中国家	4.5	4.2	3.4	3.8	3.1	3.3	5.0	2.1	0.2
北美洲	1.5	2.4	2.3	2.8	4.1	0.8	1.2	4.7	6.5
中南美洲	3.3	1.0	-1.0	1.2	-1.8	1.3	3.6	-2.2	-5.8
欧洲	0.4	1.5	1.9	1.7	2.0	3.7	-0.3	3.2	4.3
亚洲	4.4	4.0	4.0	5.0	4.8	3.1	4.8	3.3	1.8
其它地区	2.6	2.5	0.9	0.7	0.0	3.9	3.7	-0.5	-3.7

资料来源：世界贸易组织。

表 2　2015 年世界主要国家和地区货物贸易进出口额

单位:亿美元

	出口					进口				
	出口额	增长率(%)				进口额	增长率(%)			
	2015	2010-2015	2013	2014	2015	2015	2010-2015	2013	2014	2015
世界	159850	5.5	2.3	0.3	-13.5	163400	1.5	1.3	0.7	-12.4
北美洲	22940	6.1	1.9	3.1	-8.0	31510	3.3	0.1	3.4	-4.7
美国	15050	6.1	2.2	2.6	-7.1	23080	3.2	-0.3	3.6	-4.3
加拿大	4080	5.2	0.6	3.6	-14.0	4360	1.6	-0.1	0.9	-9.1
墨西哥	3810	7.4	2.5	4.5	-4.1	4050	5.5	2.8	5.3	-1.5
中南美洲	5400	3.7	-2.6	-6.5	-21.2	6220	1.2	3.2	-4.0	-15.9
巴西	1910	2.8	-0.2	-7.0	-15.1	1790	-1.4	7.4	-4.6	-25.2
其他中南美国家地区	3490	4.2	-3.8	-6.2	-24.2	4430	2.4	1.3	-3.7	-11.4
欧洲	59580	4.8	4.8	0.4	-12.4	58990	0.0	1.5	1.2	-13.2
欧盟 28 国	53870	4.4	4.6	1.3	-12.5	53160	-0.4	0.9	2.2	-13.4
德国	13290	4.4	3.1	3.4	-11.0	10500	-0.1	2.3	2.2	-13.0
英国	4600	5.0	14.3	-6.6	-8.9	6260	1.1	-5.1	4.6	-9.4
法国	5060	2.6	2.2	-0.1	-12.8	5730	-1.3	1.0	-0.7	-15.4
荷兰	5670	4.0	2.5	0.2	-15.7	5060	-0.4	0.5	0.0	-14.2
意大利	4590	4.3	3.4	2.2	-13.4	4090	-3.4	-1.9	-1.1	-13.8

续表

	出口					进口				
	出口额	增长率(%)				进口额	增长率(%)			
	2015	2010-2015	2013	2014	2015	2015	2010-2015	2013	2014	2015
独联体	5000	5.7	-2.4	-5.7	-32.0	3450	-3.7	-0.1	-11.4	-31.9
俄罗斯	3400	5.6	-1.1	-4.9	-31.6	1940	-4.8	1.8	-9.8	-37.0
非洲	3880	1.4	-6.1	-8.2	-29.6	5590	3.1	3.2	2.1	-13.8
南非	820	-0.1	-3.7	-5.1	-10.3	1050	1.6	-0.6	-3.5	-14.2
其他非洲国家	3070	1.7	-6.6	-8.8	-33.4	4540	3.5	4.2	3.5	-13.7
石油出口国	1570	-0.6	-11.4	-13.7	-44.2	1670	2.3	9.9	1.4	-17.7
非石油出口国	1500	5.9	3.8	0.1	-16.5	2880	4.3	0.9	4.8	-11.2
中东	8410	9.1	-0.1	-4.4	-34.7	7470	5.1	4.4	1.7	-4.5
亚洲	54640	6.0	2.3	2.6	-7.9	50180	2.1	1.1	0.1	-14.6
中国	22750	10.4	7.8	6.0	-2.9	16820	3.8	7.2	0.5	-14.2
日本	6250	-2.7	-10.5	-3.5	-9.5	6480	-1.3	-5.9	-2.5	-20.2
印度	2670	9.3	6.1	2.5	-17.2	3920	2.3	-5.0	-0.5	-15.3
新兴工业化经济体	11760	4.4	1.3	1.3	-10.8	11050	0.1	-0.3	1.1	-16.5

注:1. 中南美包括加勒比海。2. 新兴工业化经济体包括中国香港、韩国、新加坡和中国台湾。

资料来源:世界贸易组织。

表3　2015年世界前十位国家和地区货物贸易进出口额排行榜

单位:亿美元

位次	国家和地区	出口额	占世界份额(%)	比上年增长(%)	位次	国家和地区	进口额	占世界份额(%)	比上年增长(%)
1	中国	22750	13.8	-2.9	1	美国	23080	13.8	-4.3
2	美国	15050	9.1	-7.1	2	中国	16820	10.0	-14.2
3	德国	13290	8.1	-11.0	3	德国	10500	6.3	-13.0
4	日本	6250	3.8	-9.5	4	日本	6480	3.9	-20.2
5	荷兰	5670	3.4	-15.7	5	英国	6260	3.7	-9.4
6	韩国	5270	3.2	-8.0	6	法国	5730	3.4	-15.4
7	中国香港	5110	3.1	-2.6	7	中国香港	5590	3.3	-6.9
8	法国	5060	3.1	-12.8	8	荷兰	5060	3.0	-14.2
9	英国	4600	2.8	-8.9	9	韩国	4360	2.6	-16.9
10	意大利	4590	2.8	-13.4	10	加拿大	4360	2.6	-9.1

资料来源:世界贸易组织

经贸联系紧密　发展前景看好

——2014 年东盟经济形势回顾及 2015 年展望

2014 年，世界经济增长疲弱，复苏乏力，东盟经济也承受着下行压力，对外贸易增长大幅下滑，整体经济增长放缓，但通货膨胀有所缓解。据亚洲开发银行预测，2015 年东盟对外贸易将缓慢增长，基础设施建设和能源资源开发成为东盟国家的重要经济增长点，经济增速有可能回稳。伴随着"一带一路"和中国—东盟自贸区建设步伐的加快，中国与东盟各国的合作机制日益完善，经济融合不断加深，经贸联系更加紧密，前景进一步看好。

一、2014 年东盟国家经济发展状况

2014 年，受美元加息预期、资本外流、国际市场对东盟传统大宗出口商品需求持续低迷的影响，东盟国家金融市场动荡，货币贬值，出口疲软，经济增长放缓。此外，东盟国家还面临着自身的困难和挑战，泰国政局动荡、菲律宾政府支出下降、印度尼西亚政府支出和固定资产投资下降等也都是影响该地区经济下行的因素。

(一)经济增长下行

2014 年，除个别国家外，东盟国家经济增长呈下行态势，域内三大经济体除马来西亚经济增速有所回升外，印度尼西亚、泰国的经济增速均出现明显回落。印度尼西亚作为东盟第一大经济体，2014 年经济增长 5.0%，增幅比上年回落 0.6 个百分点，为 2009 年以来最低。泰国经济增长大幅下行至 0.7%，比上年回落 2.2 个百分点；马来西亚经济增长 6.0%，比上年升高 1.2 个百分点。

老挝、柬埔寨、菲律宾和新加坡的经济增幅比上年也有不同程度的回落。但越南经济增速有所加快，2014 年增长 6.0%，高于 2013 年的

5.4%。缅甸由于实施积极的经济改革和结构调整，建筑业、制造业和服务业继续保持强劲增长，经济增长7.7%，比上年回落0.6个百分点，是2014年东盟国家中经济增长最快的国家。

（二）对外贸易增长大幅放缓

2014年，东盟国家货物贸易总额为25346亿美元，仅比上年增长0.7%，远低于2013年的1.6%。其中，出口额为12990亿美元，增长2.1%；进口额为12355亿美元，下降0.7%。

2014年，东盟货物贸易总额居前四位的国家分别是新加坡、泰国、马来西亚和印度尼西亚。新加坡货物贸易总额为7760亿美元，比上年下降0.9%。其中，出口额为4098亿美元，比上年下降0.1%；进口额为3662亿美元，比上年下降1.8%。泰国货物贸易总额为4555亿美元，比上年下降4.9%。其中，出口额为2276亿美元，比上年下降0.4%；进口额为2280亿美元，比上年下降9.0%。马来西亚货物贸易总额为4430亿美元，比上年增长2.0%。其中，出口额为2341亿美元，比上年增长2.5%；进口额为2089亿美元，比上年增长1.4%。印度尼西亚的货物贸易总额为3545亿美元，比上年下降4.0%。其中，出口额为1763亿美元，比上年下降3.4%；进口额为1782亿美元，比上年下降4.5%。

（三）外商直接投资和对外直接投资继续增加

2014年，东盟国家外商直接投资达到1328亿美元，比上年增长5.4%，投资总额创历史新高。新加坡是外商直接投资最多的国家，为675亿美元，超过东盟国家的一半；印度尼西亚和泰国分别为226亿美元和126亿美元，分列第二和第三位；菲律宾经济基本稳定，外商直接投资大幅增长，为62亿美元，比上年增长66%，是东盟国家中增长最快的国家；越南为92亿美元，比上年增长3.4%；缅甸、老挝和文莱的外商直接投资依旧较少，分别为9亿美元、7亿美元和6亿美元。

2014年，东盟国家对外直接投资为801亿美元，同比增长19%，比2013年低13个百分点。新加坡是对外直接投资大国，其投资规模逐年扩大，2014年达到407亿美元，比上年增长41%。马来西亚为164亿美元，比上年增长17%；泰国为77亿美元，比上年下降36%。

（四）通货膨胀率趋于平缓

由于内需萎缩，食品、燃料和大宗商品价格疲软，大部分东盟国家通货膨胀率回落,由2013年的4.2%下降至2014年的4.1%,回落0.1个百分点。2014年,东盟10国中有5个国家的通胀率涨幅回落:文莱由2013年的0.4%回落至2014年的-0.2%,新加坡由2013年的2.4%回落至2014年的1.0%,泰国由2013年的2.2%回落至2014年的1.9%,老挝由2013年的6.4%回落至2014年的4.2%,越南由2013年的6.6%回落至2014年的4.1%。其他国家中,印度尼西亚通胀率与去年持平,为6.4%;菲律宾由于农产品歉收,通胀率由2013年的3.0%上升至2014年的4.1%,比上年上涨1.1个百分点。

二、2015年东盟国家经济发展展望

(一)经济增长前景看好

据亚行预测,2015年东盟国家经济整体增长速度将上升到4.9%,2016年将达到5.3%。

分国家看,除文莱、老挝和马来西亚经济增速将继续回落外,其他七国经济都将有所回升。柬埔寨从7.0%上升至7.3%,印度尼西亚从5.0%上升至5.5%,缅甸从7.7%上升至8.3%,菲律宾从6.1%上升至6.4%,新加坡从2.9%上升至3.0%,泰国从0.7%上升至3.6%,越南从6.0%上升至6.1%。

(二)货物贸易继续缓慢增长

据英国共识公司预测,2015年东盟五大经济体中,泰国、马来西亚和菲律宾的货物贸易额都将呈增加态势,新加坡和印度尼西亚的货物贸易额将有所减少。预计泰国货物贸易额将增长1.3%,其中出口增长0.5%,进口增长2.2%;马来西亚增长2.7%,其中出口增长1.2%,进口增长4.4%;菲律宾增长16.2%,其中出口增长22.2%,进口增长11.8%;新加坡货物贸易额将下降6.0%,其中出口下降5.7%,进口下降6.3%;印度尼西亚下降4.7%,其中出口下降3.4%,进口下降6.1%

(三)通货膨胀率将继续下行

亚行预测,2015年东盟通货膨胀率将下降至3.1%,较上年回落1个百分点。分国别看,马来西亚和缅甸有所上升,文莱与去年持平,其他七个经济体的通货膨胀率都将有所回落。柬埔寨由2014年的3.9%回落至2015年的1.6%,印度尼西亚由2014年的6.4%回落至2015年的5.5%;

老挝由 2014 年的 4.2%回落至 2015 年的 3.5%，菲律宾由 2014 年的 4.1%回落至 2015 年的 2.8%，新加坡由 2014 年的 1.0%回落至 2015 年的 0.2%，泰国由 2014 年的 1.9%回落至 2015 年的 0.2%，越南由 2014 年的 4.1%回落至 2015 年的 2.5%。

(四)基础设施建设和资源能源开发成为重要经济增长点

东盟大部分国家基础设施落后，但个别国家资源能源丰富，大力加强基础设施建设和资源能源开发成为一些国家新的经济增长点。

泰国临时政府批准了一项为期 8 年、总额达 950 亿美元的基础设施投资项目，包括铁路、公路、港口和机场建设等。印度尼西亚政府着力加快基础设施建设，改善投资环境，降低物流成本，并简化基础设施建设的招标流程。老挝有超过 20 个在建电力项目，其电力项目投资将大力支撑未来两年的经济增长。文莱正在建设日产 16 万桶石油的大型炼油厂项目。

三、中国与东盟国家经贸联系更加紧密

随着“一带一路”和中国—东盟自贸区建设步伐的加快，中国和东盟的合作机制不断完善，合作形式更为多样，合作领域进一步拓宽，有力地推动了中国和东盟贸易投资的快速发展。

(一)双边贸易额继续增加

中国与东盟双边贸易一直保持强劲增长，2014 年双边货物贸易额为 4804 亿美元，同比增长 8.3%，大大高于我国与世界其他经济体的贸易增速。目前中国是东盟的第一大贸易伙伴，货物进出口额占东盟货物进出口总额的 19%，东盟是中国第三大贸易伙伴、第四大出口市场和第二大进口来源地。

2014 年，中国与马来西亚、越南、新加坡的货物贸易额分别为 1020 亿美元、836 亿美元和 797 亿美元，在东盟内居前三位，分别比上年下降 3.8%、增长 27.7%和 5.1%。中国与马来西亚货物贸易额有所降低，但仍然超过 1000 亿美元，马来西亚是继日本、韩国之后第三个与中国货物贸易额超过 1000 亿美元的亚洲国家，连续多年是中国在东盟的第一大贸易伙伴，中马货物贸易总额占中国与东盟货物贸易总额的 21.2%。中国与新加坡实现了两大里程碑式的跨越，中国连续两年成为新加坡最大的贸

易伙伴,新加坡是中国最大的外国投资者。中国对东盟国家货物出口总额位居前三位的是越南、新加坡和马来西亚,分别为 637. 4 亿美元、489. 1 亿美元和 463. 6 亿美元。中国对东盟国家货物进口总额位居前三位的是马来西亚、泰国和新加坡,分别为 556. 6 亿美元、383. 8 亿美元和 308. 3 亿美元。中国对马来西亚、泰国和缅甸贸易是逆差,对其它国家均是顺差。

2015 年 1 至 5 月,中国与马来西亚、越南、新加坡的货物贸易额分别为 395 亿美元、345 亿美元和 318. 5 亿美元,在东盟内居前三位,分别比上年同期下降 0. 1%、增长 14. 9%和 4. 4%。中国对东盟国家货物出口总额位居前三位的是越南、新加坡和马来西亚,分别为 259. 1 亿美元、205. 6 亿美元和 187. 3 亿美元;中国对东盟国家货物进口总额位居前三位的是马来西亚、泰国和新加坡,分别为 207. 8 亿美元、141 亿美元和 112. 9 亿美元。

(二)双边投资规模有所下降

2014 年世界外商直接投资低迷,投资总额比 2013 年下降 7%。受此影响,中国与东盟双边投资额达 121. 8 亿美元,比上年下降 14%。其中,中国对东盟投资 58. 8 亿美元,增长 2. 5%,东盟国家来华投资 63 亿美元,下降 24. 5%。目前东盟是中国对外直接投资的第四大经济体,东盟是中国第三大外资来源地。中国对东盟的投资领域正在从传统的建筑业、工程承包逐步向能源、制造业和商业服务领域转移。

2014 年,中国对东盟投资前三位的国家是新加坡、印度尼西亚和老挝。东盟对华投资前三位的国家是新加坡、马来西亚和菲律宾。2014 年新加坡对华投资达 58 亿美元,是当年我国最大的外资来源国;2015 年 1 至 5 月对华投资达 24 亿美元,继续位列我国外资来源国之首。2014 年马来西亚对华投资为 1. 6 亿美元,菲律宾对华投资为 1. 0 亿美元。

(三)合作机制日益完善

中国与东盟贸易和投资稳步发展,既体现了双方经贸互补性强的特点,也受益于中国与东盟合作机制的日益完善。中国与东盟先后签署了《货物贸易协议》、《争端解决机制协议》和《中国-东盟自由贸易区投资协议》,并在 2010 年建立了中国-东盟自由贸易区。此外,中国与东盟在“清迈倡议”的框架下,开展了金融合作,建立了双边货币互换安排网络。双方还签署了有关贸易技术壁垒以及知识产权方面合作的两个谅解备忘录。

随着经济发展和双边经贸合作交流的加深,东盟各国对基础设施投资的需求快速增加,与我国实现交通运输和信息通信互联互通的需求越来越大。东盟十国都是亚投行的意向创始成员国,除马来西亚、泰国和菲律宾外,都已正式签署《亚洲基础设施投资银行协定》。“一带一路”建设,既有助于改善东盟各国的基础设施,改善其投资环境,也有助于中国与东盟建设统一市场,形成互利共赢的经济合作格局。

(执笔:郭义民;成文于 2015 年 8 月)

3 国际比较研究

2015年全球外商直接投资概况

2015年,世界经济增长乏力,总体低迷,但全球外商直接投资(FDI)增长强劲,并出现一些新的特点。据联合国贸易与发展会议(UNCTAD)初步估算,2015年全球外商直接投资由2014年的1.26万亿美元增至约1.7万亿美元,增长幅度高达36%,创国际金融危机以来的最高水平。同时跨境并购异常活跃,流向重心向发达经济体倾斜趋势明显。

一、跨境并购异常活跃,绿地投资基本停滞

2015年全球外商直接投资同比大幅提升的主要原因是跨境并购活动异常火爆,净交易额超过6437亿美元,同比骤升61%,拉动全球外资强势增长。之所以形成以上增长格局,一是在现金流和全球流动性较充裕的背景下,跨国公司通过并购重组扩大营收并获取成本规模效益。此类并购主要发生在制造业领域,其跨境并购交易金额激增了132%,达3390亿美元。特别是非金属产品、机械和设备、电子零配件等行业的资产买入量增长最快。二是发展中经济体经济复苏表现欠佳,美国经济和美元则在走强,欧盟也保持复苏,这加速了FDI向发达国家的流入。2015年发达经济体并购额大幅增长106%至5668亿美元,其中流入北美、欧盟的跨境并购资金分别增长了449%和68%;而发展中经济体并购额大幅下跌44%至676亿美元,其中巴西企业的资产剥离交易大幅拉低了拉美及加勒比地区资产的净卖出量,亚洲发展中经济体的跨境并购交易量也下降了61%。三是出于避税等考虑,一些企业实行了反向并购策略。反向并购是跨国公司常用的避税手段,通过此举将公司注册地从高税率国家迁往低税率国家,以更好地达到避税目的。如美国药企艾尔建(Allergan)2015年以660亿美元反向收购了爱尔兰仿制药巨头阿特维斯(Actavis)。

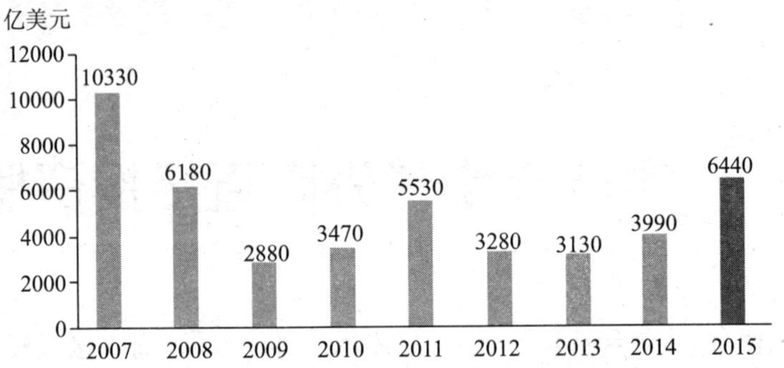

图 1　2007-2015 年全球跨境并购额(亿美元)

注:2015 年数据为初值。

资料来源:联合国贸发会议。

与跨境并购异常活跃形成鲜明对比的是,2015 年全球绿地投资 同比仅增长 0.9%,基本上陷入停滞。其中,转型经济体"绿地"投资项目金额同比增长 32%,表现最好;发达经济体增长 8%;而发展中经济体则下降了 4%,其在全球的占比也由上年的 64%下降到 61%。

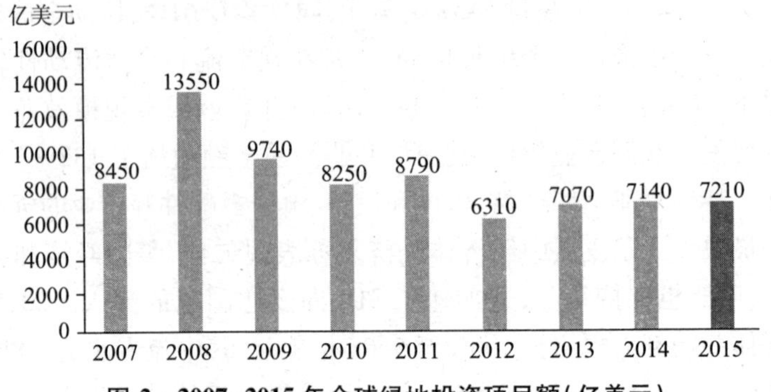

图 2　2007-2015 年全球绿地投资项目额(亿美元)

注:2015 年数据为初值。

资料来源:联合国贸发会议。

二、全球 FDI 流动重心向发达经济体倾斜,流入发展中经济体小幅增长,流入新兴经济体下降

报告显示,发达经济体成为 2015 年主要的 FDI 流入地,共计 9360 亿美元,为历史第二高。流入北美的 FDI 高达 4290 亿美元,其中流入美国

3840 亿美元,遥遥领先其他经济体。流入欧盟的 FDI 共计 4260 亿美元,其中荷兰增长 146%至 900 亿美元,英国增长 29%至 680 亿美元,法国则从 150 亿美元增至 440 亿美元,比利时从 2014 年的流入-87 亿美元 增至流入 327 亿美元,德国从 2014 年的流入-62 亿美元增至流入 110 亿美元。通过并购方式流入欧盟的 FDI 增长 68%,绿地投资增长 14%。

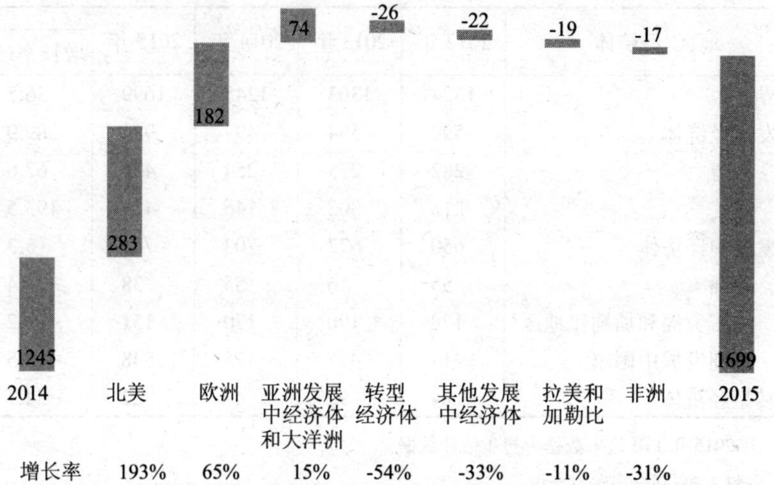

图 3　分地区 FDI 流入增速及对全球增长的贡献(十亿美元)

资料来源:联合国贸发会议。

2015 年流入发展中经济体的 FDI 约 7410 亿美元,较 2014 年小幅增长 5.3%。其中,亚洲发展中经济体 FDI 流入涨幅较大,而其他发展中地区不景气。2015 年,流入亚洲的 FDI 增长 15%至 5480 亿美元,创历史新高,约占全球 FDI 的三分之一;流入西亚的 FDI 增长 5% 至 450 亿美元,结束了连续 6 年的下降历程,主要是土耳其的 FDI 增长 30%至 160 亿美元;流入非洲的 FDI 降低 31% 至 380 亿美元,主要是因为大宗商品的周期性价格下调影响了资源型 FDI 流入,致使撒哈拉以南非洲的 FDI 急剧减少,如莫桑比克 FDI 流入减少 21%至 38 亿美元,尼日利亚减少 27%至 34 亿美元,南非减少 74%至 15 亿美元;流入拉美的 FDI 也减少了 11%至 1510 亿美元,主要原因是国内需求不振,大宗商品价格低迷导致投资减少,其中流入巴西的 FDI 减少 23%至 560 亿美元。不过,中美洲地区的经济增长和投资仍保持旺盛,如墨西哥 FDI 流入增长 14%至 29 亿美元。

转型经济体 FDI 流入下降 54%，只有约 220 亿美元。主要原因是转型经济体面临复杂的地缘政治，一些国家物价飞涨，投资机会锐减，市场信心不足。其中，俄罗斯和哈萨克斯坦 2015 年 FDI 流入分别下降 92% 和 66%。

表 1　2014-2015 年主要地区 FDI 流入（十亿美元）

地区/经济体	2012 年	2013 年	2014 年	2015 年	增长率（%）
世界	1324	1363	1245	1699	36.5
发达经济体	590	594	493	936	89.9
欧盟	282	235	254	426	67.6
北美	213	302	146	429	193.5
发展中经济体	650	677	703	741	5.3
非洲	55	56	55	38	-31.4
拉丁美洲和加勒比地区	178	190	170	151	-11.2
亚洲发展中国家	414	427	475	548	15.5
转型经济体	84	92	49	22	-54.1

注：2015 年 FDI 流入数据为初步估计数据。

资料来源：联合国贸发会议。

三、美国成全球 FDI 最大流入国，中国列第三位

2015 年美国外资流入量 3840 亿美元，激增了三倍以上，达到 2000 年以来的最高水平，重新成为"全球最大外国投资目的地"。美国外资流入量的增长主要得益于股权投资的激增和并购交易的飙升，美元升值也助推了部分并购交易活动。2015 年跨国公司对美国公司的并购交易净额达到 2280 亿美元，为 2000 年以来的最高水平。值得注意的是，2015 年对美国公司的并购交易存在较多以避税为目的的反向交易。

2015 年我国香港地区的外资流入量达 1630 亿美元，创下历史新高，使其超过我国内地跃居亚洲最大外资目的地和全球第二大外资目的地。李嘉诚旗下的长江实业及和记黄埔两大集团的企业内部重组是该地区外资增长的重要因素，但仅为企业资产负债表账面资产的调整，所涉实际资源的流动有限。

中国 FDI 流入 1360 亿美元，排名第三，虽然排名较 2014 年有所下

滑,但 FDI 流入量保持增长。从全球来看,中国仍是世界最有吸引力投资目的地之一。

位居全球第 4 至第 10 位的经济体分别是:荷兰 FDI 流入 900 亿美元,由上年的第九位跃居全球第四;英国 FDI 流入 680 亿美元,由上年的第六位上升至全球第五;新加坡 FDI 流入下降 4%至 650 亿美元,由第四位下滑至第六位;印度 FDI 流入翻倍,达 590 亿美元,排名全球第七位,一定程度上表明印度政府改善投资环境的举措有所见效;巴西 FDI 流入 560 亿美元,由上年的第五位下滑至全球第八;加拿大 FDI 流入 450 亿美元,由上年的第七位下滑至全球第九;法国 FDI 流入 440 亿美元,位居全球第十。

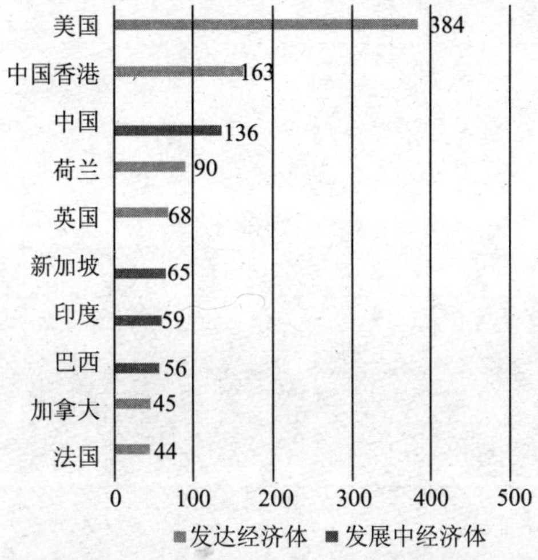

图 4　2015 年 FDI 流入排名前 10 位的国家及地区(十亿美元)

四、预计 2016 年全球 FDI 增速放缓

综上,2015 年的全球 FDI 实现大幅增长,但这一增长主要是由跨境并购带动的,其中,不少跨境并购是出于避税等因素进行的反向交易。客观上讲,这些 FDI 流入只是改变了企业的资本结构和金融账户,所引起的实际资源流动远低于表面数字。而全球绿地投资则基本停滞,发展中经济体还出现了下降。

展望 2016 年,全球经济复苏依然乏力,部分发展中经济体内需不振,金融市场波动有加大趋势，大宗商品颓势难改，国际贸易低迷，加上地缘政治风险有增无减，全球经济形势不容乐观。在这一背景下，全球绿地投资可能出现停滞或下滑，跨国并购能否保持2015年的活跃度存较大不确定性。因此，2016年全球FDI增速可能放缓。

（执笔：王磊；成文于2016年3月）

专栏

2015 年中国全球化指数居世界第 75 位

随着科技的高速发展，世界各国联系日益紧密。全球化发展淡化了人们的国界意识，使国与国之间在经济、文化、科技以及政治上都建立了复杂的相互依存关系。瑞士经济研究院（KOF）从 2006 年开始公布全球化指数，旨在评估和反映各国参与全球化的程度。

全球化指数由经济全球化、社会全球化和政治全球化三项分项指数构成。经济全球化是指商品、资本和服务以及伴随着市场交流的信息与观念在国际上的流动；政治全球化是指政府政策在国际上的扩散；社会全球化是指思想、信息、图像和人在国际的传播。该指数选取反映经济全球化、社会全球化和政治全球化的 23 个变量，对每一个变量进行标准化处理后的加权平均值，指数范围在 1～100 之间，指数越大全球化水平越高。

2015 年，KOF 根据 2012 年数据推算了各国最新的全球化指数。在被调查的 207 个国家中，全球化指数最高的国家同上年一样仍是爱尔兰，为 91.30；荷兰位居第二位，比上年上升一位，为 91.24；比利时位居第三位，为 91.00；第四位到第十位的国家分别是奥地利、新加坡、瑞典、丹麦、葡萄牙、瑞士和芬兰。全球化指数最低的五个国家分别是荷属安的列斯群岛、北马里亚纳群岛、波多黎各、圣马力诺和维尔京群岛（美国）。

表 1　2015 年中国全球化指数与世界前十位国家的比较

国家	全球化指数				2015 年全球化分项指数		
	2015		2014		经济全球化	社会全球化	政治全球化
	位次	指数	位次	指数			
爱尔兰	1	91.30	1	92.17	92.59	90.50	90.67
荷兰	2	91.24	3	91.33	90.33	90.53	93.52
比利时	3	91.00	2	91.61	87.99	90.05	96.51
奥地利	4	90.24	4	90.48	84.16	91.54	96.76
新加坡	5	87.49	5	88.63	95.69	90.83	71.37
瑞典	6	86.59	7	87.39	83.21	84.10	94.86
丹麦	7	86.30	6	87.43	81.77	86.79	91.84
葡萄牙	8	86.29	8	87.01	82.73	84.77	93.39
瑞士	9	86.04	11	85.74	75.72	90.80	93.40
芬兰	10	85.64	10	85.87	84.77	82.46	91.42
中国	75	60.15	72	60.50	49.80	52.61	85.32

经济全球化指数最高的国家是新加坡，为95.69；爱尔兰居第二位，为92.59；卢森堡居第三位，为91.12；第四位到第十位国家分别是荷兰、马耳他、比利时、阿联酋、爱沙尼亚、匈牙利和芬兰。排名后五位的分别是汤加、土库曼斯坦、乌兹别克斯坦、维尔京群岛（美国）、西岸和加沙地带。

社会全球化指数最高的国家是奥地利，为91.54；新加坡居第二位，为90.83；瑞士居第三位，为90.80；第四位到第十位国家分别是荷兰、爱尔兰、比利时、塞浦路斯、加拿大、丹麦、法国。排名后五位的分别是：英属马恩岛、朝鲜、马绍尔群岛、荷属安的列斯群岛和北马里亚纳群岛。

政治全球化指数最高的国家是意大利，为97.52；法国居第二位，为97.51；奥地利居第三位，为96.76；第四位至第十位国家分别为：比利时、西班牙、英国、瑞典、巴西、荷兰、埃及。排名后五位的国家分别是新喀里多尼亚、维尔京群岛（美国）、北马里亚纳群岛、英属马恩岛和海峡群岛。

表2　2015年中国全球化分项指数与世界前十位国家的比较

国家	经济全球化		社会全球化		政治全球化	
	国家	指数	国家	指数	国家	指数
1	新加坡	95.69	奥地利	91.54	意大利	97.52
2	爱尔兰	92.59	新加坡	90.83	法国	97.51
3	卢森堡	91.12	瑞士	90.80	奥地利	96.76
4	荷兰	90.33	荷兰	90.53	比利时	96.51
5	马耳他	90.31	爱尔兰	90.50	西班牙	96.17
6	比利时	87.99	比利时	90.05	英国	95.93
7	阿联酋	87.77	塞浦路斯	88.41	瑞典	94.86
8	爱沙尼亚	87.39	加拿大	88.36	巴西	94.23
9	匈牙利	86.35	丹麦	86.79	荷兰	93.52
10	芬兰	84.77	法国	86.50	埃及	93.46
	中国	49.80	中国	52.61	中国	85.32

KOF报告显示，世界主要经济体由于经济增长低速，外需疲弱，再加上全球大宗商品价格大幅下跌、经济下行等因素的作用下，进出口贸易减少，全球化指数的位次均有所下降。其中，美国排名退后了两位，中国退后了三位，德国退后了三位。2015年中国全球化指数为60.15，比上年降低了0.35，居世界第75位，被阿曼、马其顿、白俄罗斯三个国家超过。

从分项指数看，2015年中国经济全球化指数为49.80，居世界第120位，较上年退后四位。中国政治全球化指数为85.32，居43位，比上年后退三位，得分比上年减少了0.55；中国社会全球化指数为52.61，居90位，比上年上升两位，属于世界中等偏上水平。

（执笔：黄佩佩；成文于2016年1月）

2014 年世界 500 强企业排行分析

《财富》杂志近期发布的 2014 年世界 500 家最大企业（以下简称世界 500 强企业）排行榜显示，2014 年，世界 500 强企业的营业总额增速回落，利润总额大幅下降，增长格局也出现较大变化。

一、营业总额增速回落，利润总额大幅下降

2014 年，世界 500 强企业营业总额为 312121 亿美元，比上年增长 0.5%，增幅回落 2 个百分点。利润总额为 16674 亿美元，下降 14.8%。

2015 年是《财富》杂志第 21 次发布世界 500 强企业排名。与 1995 年相比，2014 年营业总额增长 1.7 倍，年均增长 5.5%；利润总额增长 4.2 倍，年均增长 9.0%。

表 1　1994-2014 年世界 500 强企业营业总额和利润总额及其增长情况

年份	营业总额（亿美元）	比上年增长（%）	利润总额（亿美元）	比上年增长（%）
1994 年	102460	—	—	—
1995 年	113784	11.1	3233	14.7
1996 年	114348	0.5	4044	25.1
1997 年	114535	0.2	4520	11.8
1998 年	114634	0.1	4403	-2.6
1999 年	126960	10.6	5540	25.7
2000 年	140650	10.8	6670	20.4
2001 年	140100	-0.4	3060	-54.1
2002 年	137290	-2.0	1330	-56.0
2003 年	148824	8.4	7291	4.5 倍
2004 年	167981	12.9	9295	27.5

表1续

年份	营业总额（亿美元）	比上年增长（%）	利润总额（亿美元）	比上年增长（%）
2005年	189294	12.7	12149	30.3
2006年	209003	10.4	15292	25.9
2007年	236185	13.0	15929	3.9
2008年	251755	6.6	8217	-48.3
2009年	230851	-8.3	9605	16.9
2010年	260206	12.7	15268	59.0
2011年	294885	13.2	16301	7.0
2012年	303049	2.8	15408	-5.5
2013年	310584	2.5	19562	27.0
2014年	312121	0.5	16674	-14.8

（一）超强企业继续领先，前十位企业与上年相同

排行榜显示，名列前三位的企业依次为沃尔玛、中国石油化工集团公司和荷兰皇家壳牌石油公司。零售巨头沃尔玛营业额为4857亿美元，比上年增长2.0%，仍居榜首。中国石油化工集团公司营业额为4468亿美元，超过荷兰皇家壳牌石油公司，排名比上年上升一位，居第二位。

前十强企业与上年相同，其中，有5家是石油公司，分别是中国石油化工集团公司、荷兰皇家壳牌石油公司、中国石油天然气集团公司、埃克森美孚公司和英国石油公司；一般商品零售、公用事业和能源各1家，分别是沃尔玛公司、国家电网公司和嘉能可公司；汽车公司2家，分别是大众公司和丰田汽车公司。

（二）石油精炼业居营业额排行首位，银行业居利润额排行首位

从营业额看，2014年世界500强企业营业额最高的行业是石油精炼业，38家上榜企业的营业额达47383亿美元，占世界500强企业营业总额的15.2%。排在第2位至第5位的行业依次是：银行业，营业额为28620亿美元，占世界500强企业营业总额的9.2%；汽车及零部件业，营业额为26496亿美元，占8.5%；人寿与健康保险业，营业额为14790亿美元，占4.7%；采矿及原油生产业，营业额为12421亿美元，占4.0%。

从利润额看，银行业位居各行业榜首。2014年银行业实现利润额3526亿美元，占世界500强企业利润总额的21.1%。排在第2位至第5

位的行业依次是:石油精炼业,利润额达 1448 亿美元,占世界 500 强企业利润总额的 8.7%;汽车及零部件业,利润额达 1189 亿美元,占 7.1%;电信业,利润额达 858 亿美元,占 5.1%;制药业,利润额达 819 亿美元,占 4.9%。

表 2　2014 年世界 500 强企业中营业额和利润额最高的十个行业

营业额前十位	企业数(家)	营业额(亿美元)	占 500 强企业(%)	利润额前十位	企业数(家)	营业额(亿美元)	占 500 强企业(%)
石油精炼	38	47383	15.2	银行	47	3526	21.1
银行	47	28620	9.2	石油精炼	38	1448	8.7
汽车及零部件	34	26496	8.5	汽车及零部件	34	1189	7.1
人寿与健康保险	23	14790	4.7	电信	18	858	5.1
采矿及原油生产	25	12421	4.0	制药	10	819	4.9
电信	18	12202	3.9	商业银行	8	792	4.8
食品杂货店	20	12129	3.9	财产与意外保险	16	673	4.0
公用设施	18	11317	3.6	人寿与健康保险	23	542	3.3
电子及电气设备	17	10782	3.5	电子及电气设备	17	491	2.9
财产与意外保险	16	9517	3.0	计算机及办公设备	7	491	2.9

二、发达经济体上榜企业数增加 2 家,新兴市场和发展中国家上榜企业相应减少 2 家

2014 年世界 500 强企业分布在 37 个国家和地区。其中,发达经济体企业上榜 374 家,比上年增加 2 家,企业营业额为 232148 亿美元,占世界 500 强企业营业总额的 74.4%,比上年下降 0.3 个百分点;利润额为 14820 亿美元,占 76.9%,提高 0.8 个百分点。而新兴市场和发展中国家上榜企业减少 2 家,营业额略有增长,但利润额大幅下降。

(一)美国上榜企业数仍居各国之首,但实现利润占比下降

2014 年美国上榜企业达 128 家,与上年持平,仍居各国之首。上榜企业实现营业额 86920 亿美元,比上年增长 1.6%,占世界 500 强企业的 27.8%,比上年提高 0.2 个百分点。实现利润额 6623 亿美元,比上年下降 17.1%,占世界 500 强企业的 39.7%,比上年下降 1.1 个百分点。美国企业在世界 500 强企业中仍占明显的优势。

(二)欧洲上榜企业减少3家,营业额和利润额占比双降

2014年欧洲上榜企业达147家,比上年减少3家。其上榜企业营业额为97802亿美元,比上年下降1.9%;利润总额为3735亿美元,下降24.7%。其营业额和利润额在世界500强企业的占比分别为31.3%和22.4%,比上年下降0.8和3.0个百分点。

分国别看,法国上榜企业有31家,与上年持平;营业额为20249亿美元,下降2.6%;利润额694亿美元,增长36.3%。德国上榜企业28家,与上年持平;营业额为20820亿美元,增长1.0%;利润额841亿美元,增长25.5%。

(三)日本上榜企业数继续减少,营业额占比进一步下降

2014年日本上榜企业54家,比上年减少3家,上榜企业数仍居世界第三位;营业额达28686亿美元,比上年下降7.0%,占世界500强企业的9.2%,比上年下降0.7个百分点;利润额1174亿美元,下降15.4%,占世界500强企业的7.0%,比上年下降0.1个百分点。日本上榜企业的营业额仅次于美国和中国,仍居世界第3位。

(四)新兴市场和发展中国家上榜企业减少2家,利润额占比下降

2014年新兴市场和发展中国家上榜企业达126家,比上年减少2家。实现营业额79973亿美元,比上年增长1.9%;利润额3854亿美元,下降17.7%。营业额占世界500强企业的25.6%,比上年提高0.3个百分点;利润额占比为23.1%,下降0.8个百分点。

表3 世界500强企业数前五个国家情况

位次(按企业数排列)		国家	企业数		营业额(亿美元)	占世界500强企业的比重(%)		利润额(亿美元)	占世界500强企业的比重(%)	
2014年	2013年		2014年	2013年		2014年	2013年		2014年	2013年
1	1	美国	128	128	86920	27.8	27.6	6623	39.7	40.8
2	2	中国	106	100	65154	20.9	19.7	3474	20.8	15.9
3	3	日本	54	57	28686	9.2	9.9	1174	7.0	7.1
4	4	法国	31	31	20249	6.5	6.7	694	4.2	2.6
5	5	德国	28	28	20820	6.7	6.6	841	5.0	3.6

注:中国包括中国香港和中国台湾。

金砖国家中，中国上榜企业 106 家（包括中国香港和中国台湾），居新兴市场和发展中国家之首，仅次于美国，居世界第二位；印度上榜企业有 7 家，比上年减少 1 家；巴西有 7 家，与上年相同；俄罗斯有 5 家，比上年减少 3 家。

三、中国上榜企业数再创新高，在增加 6 家企业中，中国内地增加 2 家，中国香港增加 1 家，中国台湾增加 3 家

2014 年中国上榜企业数为 106 家，比上年增加 6 家，再创新高。其中，中国内地上榜 93 家（比上年增加 2 家），中国香港 5 家（比上年增加 1 家），中国台湾 8 家（比上年增加 3 家）。中国内地有 5 家企业首次上榜，分别是陕西煤业化工集团、中国光大集团、中国航天科技集团、中国保利集团和海航集团。中国香港和中国台湾分别有 1 家和 3 家新上榜企业，分别是台积电和友邦保险、仁宝电脑、国泰人寿保险股份有限公司。

2014 年中国上榜企业（包括中国香港和中国台湾）营业总额达 65154 亿美元，比上年增长 8.4%；利润总额 3474 亿美元，增长 11.7%。营业额占世界 500 强企业的 20.9 %，比上年提高 1.2 个百分点；利润额占比为 20.8%，提高 4.9 个百分点。

2014 年中国上榜企业表现抢眼，再次刷新进入世界 500 强企业排行榜名单纪录，上榜企业数占世界 500 强企业总数的 21.2%，仅比美国的 25.6%低 4.4 个百分点。上榜企业数量稳居世界第二。

但是，在反映企业竞争力的关键数据上表现却不够理想，如部分企业盈利能力还不足，人均创造效益还不高，发展稳定性还不强等问题突出，中国企业还有不小的差距，大而不强、大而不优的问题很值得关注。

总之，中国上榜企业持续增多，说明中国企业在做“大”的方面继续保持着高歌猛进的良好势头。然而，面对经济下行压力，以及经济结构持续调整带来的阵痛，中国企业在做强做优方面，依然任重道远。

（执笔：王强；成文于 2015 年 12 月）

附表1　2014年世界500强企业中前100家企业排行榜

位次		企业名称	国家和地区	营业额		利润额	
2014	2013			亿美元	比上年增长%	亿美元	比上年增长%
1	1	沃尔玛	美国	4856.5	2.0	163.6	2.1
2	3	中国石油化工集团公司	中国	4468.1	-2.3	51.8	-42.0
3	2	荷兰皇家壳牌石油公司	荷兰	4313.4	-6.1	148.7	-9.1
4	4	中国石油天然气集团公司	中国	4286.2	-0.8	163.6	-11.6
5	5	埃克森美孚	美国	3826.0	-6.1	325.2	-0.2
6	6	英国石油公司	英国	3586.8	-9.5	37.8	-83.9
7	7	国家电网公司	中国	3394.3	1.8	98.0	22.7
8	8	大众公司	德国	2685.7	2.7	145.7	20.7
9	9	丰田汽车公司	日本	2477.0	-3.4	197.7	8.6
10	10	嘉能可	瑞士	2210.7	-5.0	23.1	–
11	11	道达尔公司	法国	2120.2	-7.0	42.4	-62.1
12	12	雪佛龙	美国	2037.8	-7.5	192.4	-10.2
13	13	三星电子	韩国	1958.5	-6.3	219.2	-19.5
14	14	伯克希尔哈撒韦	美国	1946.7	6.9	198.7	2.0
15	15	苹果公司	美国	1828.0	7.0	395.1	6.7
16	29	麦克森公司	美国	1812.4	31.3	14.8	16.9
17	20	戴姆勒股份公司	德国	1722.8	10.0	92.4	1.7
18	25	中国工商银行	中国	1631.7	9.7	447.6	4.8
19	24	Exor 集团	意大利	1621.6	7.4	4.3	-84.5
20	16	安盛集团	法国	1611.7	-2.8	66.6	12.0
21	21	通用汽车	美国	1559.3	0.3	39.5	-28.1
22	18	意昂集团	德国	1514.6	-6.8	-41.9	-247.4
23	19	菲利普斯 66	美国	1494.3	-7.3	47.6	27.8
24	27	通用电气	美国	1483.2	1.4	152.3	16.7
25	22	埃尼石油公司	意大利	1471.8	-4.5	17.1	-75.0
26	17	俄罗斯天然气工业公司	俄罗斯	1444.1	-12.5	41.2	-88.5
27	26	福特汽车	美国	1440.8	-1.9	31.9	-55.5
28	28	巴西国家石油公司	巴西	1436.6	1.6	-73.7	-166.4
29	38	中国建设银行	中国	1399.3	11.6	369.8	5.9
30	35	CVS Health 公司	美国	1393.7	9.9	46.4	1.1
31	32	鸿海精密工业股份有限公司	中国台湾	1390.4	4.4	43.1	19.8
32	31	安联保险集团	德国	1368.5	1.6	82.5	3.7
33	34	美国电话电报公司	美国	1324.5	2.9	62.2	-65.9
34	30	瓦莱罗能源公司	美国	1308.4	-5.0	36.3	33.5
35	39	联合健康集团	美国	1304.7	6.5	56.2	-0.1
36	47	中国农业银行	中国	1300.5	12.7	291.3	7.7
37	52	中国建筑工程总公司	中国	1298.9	17.2	20.8	12.2
38	23	日本邮政控股公司	日本	1296.9	-14.8	43.9	-8.2
39	41	委内瑞拉国家石油公司	委内瑞拉	1284.4	-4.4	73.9	-48.2
40	--	Trafigura Beheer 公司	荷兰	1276.1	-4.1	10.4	-48.8
41	42	威瑞森电信	美国	1270.8	5.4	96.3	-16.3
42	40	法国巴黎银行	法国	1243.3	2.0	2.1	-96.8
43	43	卢克石油公司	俄罗斯	1228.0	3.1	47.5	-39.4
44	45	本田汽车	日本	1212.2	-2.9	46.3	-25.7
45	59	中国银行	中国	1209.5	14.5	275.3	7.6
46	88	美源伯根公司	美国	1195.7	34.1	2.8	-36.3
47	36	墨西哥石油公司	墨西哥	1192.4	-5.3	-199.3	–
48	48	意大利忠利保险公司	意大利	1188.7	3.2	22.2	-12.9
49	33	法国兴业银行	法国	1182.3	-10.9	35.7	23.7
50	37	房利美	美国	1164.6	-7.3	142.1	-83.1

续表

位次		企业名称	国家和地区	营业额		利润额	
2014	2013			亿美元	比上年增长%	亿美元	比上年增长%
51	46	俄罗斯石油公司	俄罗斯	1136.6	-2.9	90.3	-47.2
52	60	好市多公司	美国	1126.4	7.1	20.6	0.9
53	50	惠普	美国	1114.5	-0.8	50.1	-2.0
54	74	克罗格	美国	1084.7	10.3	17.3	13.8
55	55	中国移动通信集团公司	中国	1075.3	-0.1	104.5	13.6
56	68	宝马集团	德国	1066.5	5.6	76.9	9.0
57	64	Sk 集团	韩国	1062.5	4.0	-5.1	-296.2
58	83	法国农业信贷银行	法国	1062.0	13.4	31.0	-6.7
59	61	日产汽车	日本	1034.6	-1.1	41.6	7.2
60	85	上海汽车集团股份有限公司	中国	1022.5	11.1	45.4	12.5
61	57	摩根大通	美国	1021.0	-3.9	217.6	21.4
62	63	乐购	英国	1015.8	-1.6	-93.2	-707.3
63	58	西门子	德国	1015.6	-4.3	72.9	29.7
64	65	家乐福	法国	1012.4	-0.5	16.6	-1.2
65	53	日本电报电话公司	日本	1009.1	-7.5	47.1	-19.4
66	62	美国快捷药方控股公司	美国	1008.9	-3.6	20.1	8.8
67	73	西班牙国家银行	西班牙	1007.1	2.2	77.2	33.0
68	69	马来西亚国家石油公司	马来西亚	1006.2	-0.1	113.2	-34.1
69	56	意大利国家电力公司	意大利	1005.4	-6.0	6.9	-84.0
70	72	雀巢	瑞士	1001.2	0.7	158.0	46.2
71	--	中国铁路工程总公司	中国	995.4	9.1	9.6	9.2
72	79	中国海洋石油总公司	中国	992.6	3.4	85.9	11.6
73	44	苏伊士集团	法国	990.7	-16.4	32.4	-
74	95	英国保诚集团	英国	989.8	20.9	36.5	73.4
75	54	挪威国家石油公司	挪威	988.0	-8.9	34.7	-48.8
76	75	巴斯夫公司	德国	986.0	0.4	68.4	6.4
77	76	来宝集团	中国	976.0	-0.3	1.3	-45.8
78	70	法国电力公司	法国	966.7	-3.7	49.1	5.1
79	80	中国铁道建筑总公司	中国	964.0	0.7	11.5	17.0
80	66	美国银行	美国	951.8	-6.4	48.3	-57.7
81	77	汇丰控股	英国	944.3	-3.2	136.9	-15.5
82	71	国际商用机器	美国	941.3	-5.6	120.2	-27.1
83	81	马拉松原油公司	美国	914.2	-2.7	25.2	19.5
84	67	卡地纳健康集团	美国	910.8	-9.9	11.7	249.1
85	90	波音	美国	907.6	4.8	54.5	18.8
86	82	花旗集团	美国	906.5	-3.2	73.1	-46.5
87	122	国家开发银行	中国	899.1	26.1	159.2	22.9
88	112	亚马逊	美国	889.9	19.5	-2.4	-188.0
89	78	日立	日本	887.9	-7.5	21.9	-17.0
90	89	美国富国银行	美国	883.7	0.3	230.6	5.4
91	49	荷兰国际集团	荷兰	879.9	-23.0	12.8	-79.0
92	51	Jx 控股公司	日本	877.8	-20.9	-25.2	-336.0
93	84	泰国国家石油有限公司	泰国	873.0	-5.7	17.2	-44.2
94	98	中国人寿保险(集团)公司	中国	872.5	7.8	16.9	183.7
95	104	微软	美国	868.3	11.5	220.7	1.0
96	128	中国平安保险(集团)公司	中国	860.2	25.6	63.7	39.2
97	91	麦德龙	德国	855.1	-1.0	1.7	-65.9
98	159	英国法通保险公司	英国	848.1	28.2	16.2	16.2
99	100	现代汽车	韩国	847.7	6.3	69.8	-10.6
100	92	宝洁公司	美国	845.4	0.4	116.4	2.9

附表 2　2014 年中国企业在世界 500 强企业中的排名情况

	企业数（家）	企业名称	位次		营业额		利润额	
			2014	2013	亿美元	比上年增长%	亿美元	比上年增长%
中国内地	93	中国石油化工集团公司	2	3	4468.1	-2.3	51.8	-42.0
		中国石油天然气集团公司	4	4	4286.2	-0.8	163.6	-11.6
		国家电网公司	7	7	3394.3	1.8	98.0	22.7
		中国工商银行	18	25	1631.7	9.7	447.6	4.8
		中国建设银行	29	38	1399.3	11.6	369.8	5.9
		中国农业银行	36	47	1300.5	12.7	291.3	7.7
		中国建筑股份有限公司	37	52	1298.9	17.2	20.8	12.2
		中国银行	45	59	1209.5	14.5	275.3	7.9
		中国移动通信集团公司	55	55	1075.3	-0.1	104.5	13.6
		上海汽车集团股份有限公司	60	85	1022.5	11.1	45.4	12.5
		中国铁路工程总公司	71	--	995.4	9.1	9.6	9.2
		中国海洋石油总公司	72	79	992.6	3.4	85.9	11.6
		中国铁道建筑总公司	79	80	964.0	0.7	11.5	17.0
		国家开发银行	87	122	899.1	26.1	159.2	22.9
		中国人寿保险(集团)公司	94	98	872.5	7.8	16.9	183.7
		中国平安保险(集团)股份有限公司	96	128	860.2	25.6	63.7	39.2
		中国中化集团公司	105	107	806.4	6.2	5.6	-25.5
		中国第一汽车集团公司	107	111	801.9	6.9	42.5	30.2
		东风汽车集团	109	113	789.8	6.7	16.0	10.5
		中国南方电网有限责任公司	113	115	766.6	5.5	17.0	29.5
		中国邮政集团公司	143	168	656.9	11.4	46.4	12.8
		中国兵器工业集团公司	144	152	656.2	4.7	7.3	1.7
		天津市物资集团总公司	146	185	653.0	18.8	1.8	-21.7
		太平洋建设集团	156	166	633.7	6.3	26.7	-3.8
		中国航空工业集团公司	159	178	622.9	10.3	7.6	1.8
		中国电信集团公司	160	154	621.5	0.2	20.4	31.0
		中国交通建设集团有限公司	165	187	601.2	10.1	14.7	9.8
		中国人民保险集团股份有限公司	174	208	570.5	15.1	21.3	61.1
		中国中信集团有限公司	186	160	553.3	-9.3	47.2	-23.4
		交通银行	190	217	544.6	12.7	106.9	5.5
		神华集团	196	165	527.3	-11.9	43.8	-26.3
		中国五矿集团公司	198	133	523.8	-22.3	-3.7	-193.1
		北京汽车集团	207	248	505.7	16.7	8.2	-10.7
		宝钢集团有限公司	218	211	483.2	-2.0	9.5	3.0
		中国华能集团公司	224	221	474.0	-0.6	4.2	-0.6

续表 1

企业数（家）	企业名称	位次 2014	位次 2013	营业额 亿美元	营业额 比上年增长%	利润额 亿美元	利润额 比上年增长%
中国内地	中国联合网络通信股份有限公司	227	210	468.3	-5.2	6.5	15.4
	华为投资控股有限公司	228	285	467.7	20.3	45.2	32.9
	联想集团	231	286	463.0	19.6	8.3	1.4
	山东魏桥创业集团有限公司	234	279	457.6	16.5	11.5	4.3
	招商银行	235	350	456.1	33.7	90.7	7.8
	河北钢铁集团	239	271	455.4	11.5	-1.9	-
	中国铝业公司	240	227	454.5	0.0	-17.6	-
	正威国际集团	247	295	436.1	14.7	9.6	14.9
	中国电力建设集团有限公司	253	313	430.1	16.9	10.7	28.7
	绿地控股集团有限公司	258	268	425.2	3.7	9.0	-32.1
	山西焦煤集团有限责任公司	264	290	418.3	8.9	0.7	-9.8
	中国化工集团公司	265	276	418.1	5.3	-1.9	-
	中国建筑材料集团有限公司	270	267	406.4	-0.9	4.8	9.8
	兴业银行	271	338	405.9	16.6	76.5	14.1
	中粮集团有限公司	272	401	405.2	31.8	1.2	197.3
	江苏沙钢集团	274	308	403.3	8.7	2.8	64.3
	中国医药集团	276	357	401.1	20.5	4.4	27.7
	中国民生银行	281	330	399.2	12.4	72.3	5.1
	中国机械工业集团有限公司	288	278	397.2	0.8	-2.9	-215.8
	上海浦东发展银行股份有限公司	296	383	386.8	22.8	76.3	14.7
	渤海钢铁集团	304	327	379.9	6.1	0.4	-40.1
	冀中能源集团	315	304	372.0	-0.5	-3.5	-
	中国航空油料集团公司	321	314	361.8	-1.5	0.9	-38.3
	中国冶金科工集团有限公司	326	354	358.1	6.3	2.8	-
	中国太平洋保险(集团)股份有限公司	328	384	356.7	13.6	17.9	19.1
	浙江物产集团	339	345	348.1	0.9	1.4	143.6
	大同煤矿集团有限责任公司	341	369	347.0	6.9	-4.5	-
	中国华信能源有限公司	342	349	347.0	1.7	5.6	62.4
	中国国电集团公司	343	297	346.3	-8.5	4.9	-14.5
	新兴际华集团	344	365	345.0	5.2	4.4	13.8
	中国华电集团公司	345	368	344.9	6.0	10.8	35.0
	江西铜业集团公司	354	381	337.8	6.8	0.5	-43.1
	潞安集团	358	372	332.9	3.0	-1.5	-
	广州汽车工业集团	362	366	332.4	1.4	2.8	36.7
	河南能源化工集团	364	328	331.6	-7.3	-4.2	-

续表 2

	企业数（家）	企业名称	位次		营业额		利润额	
			2014	2013	亿美元	比上年增长%	亿美元	比上年增长%
中国内地		中国电子信息产业集团有限公司	366	382	330.8	5.0	2.3	-19.0
		中国船舶重工集团公司	371	403	327.3	7.4	10.9	-6.1
		山东能源集团有限公司	373	305	325.5	-12.9	-1.7	-176.5
		山西晋城无烟煤矿业集团有限责任公司	379	386	315.0	0.6	1.0	-39.4
		陕西延长石油(集团)有限责任公司	380	432	313.9	11.5	10.9	-31.3
		晋能集团	382	309	313.2	-15.6	0.0	-
		中国有色矿业集团有限公司	390	398	304.6	-1.4	-0.1	-
		中国能源建设集团有限公司	391	465	303.2	17.7	3.9	51.7
		中国大唐集团公司	392	396	302.1	-2.5	0.1	-94.1
		开滦集团	400	394	297.3	-4.3	-4.8	-
		首钢集团	402	348	296.7	-13.5	0.0	-
		中国电力投资集团公司	403	393	295.8	-4.8	2.3	-49.8
		山西阳泉煤业(集团)有限责任公司	409	391	294.0	-5.8	-0.1	-
		陕西煤业化工集团	416	-	286.7	16.9	-3.0	-
		中国光大集团	420	-	281.6	19.7	14.8	392.1
		中国通用技术(集团)控股有限责任公司	426	469	276.7	7.7	4.8	6.5
		中国远洋运输(集团)总公司	432	451	274.8	2.5	5.4	-
		中国航天科技集团公司	437	-	271.9	17.5	14.3	5.6
		鞍钢集团公司	451	475	262.1	3.9	-13.0	-
		中国保利集团	457	-	260.5	21.5	10.2	-1.4
		海航集团	464	-	256.5	36.4	2.1	26.4
		浙江吉利控股集团	477	466	249.9	-3.0	2.8	133.2
		武汉钢铁(集团)公司	500	310	237.2	-35.8	0.5	347.2
中国香港	5	来宝集团	77	76	976.0	-0.3	1.3	-45.8
		中国华润总公司	115	143	748.9	13.5	24.5	20.8
		怡和集团	282	277	399.2	1.2	17.1	9.2
		和记黄埔有限公司	336	363	351.0	6.2	86.6	115.9
		友邦保险	467	-	254.3	16.0	34.5	22.3
中国台湾	8	鸿海精密工业股份有限公司	31	32	1390.4	4.4	43.1	19.8
		台湾中油股份有限公司	316	300	370.0	-1.8	-11.1	-1104.2
		和硕	355	375	336.5	5.2	4.8	50.3
		广达电脑	389	409	305.7	3.1	6.2	-0.6
		台塑石化股份有限公司	393	385	301.3	-4.0	3.0	-66.9
		仁宝电脑	423	-	279.1	19.6	2.3	179.3
		国泰人寿保险股份有限公司	471	-	253.2	12.9	10.5	101.4
		台积电	472	-	251.7	25.1	83.9	35.4

2014 年世界 1000 家最大银行排名分析

近期,英国《银行家》杂志公布了按照一级资本额排序的世界 1000 家最大银行资料。数据显示,2014 年世界 1000 家最大银行(以下简称 1000 家大银行)的一级资本、总资产、税前利润和一级资本回报率等指标均有不同幅度增长,但受世界经济形势不稳定影响,增长速度明显放缓。以中国为代表的新兴经济体银行业资本实力和盈利能力有较大提高,上榜银行家数继续增多。

一、总规模扩大,税前利润继续增长

在世界经济缓慢复苏的背景下,2014 年世界各国银行业都积极扩充资本,提高融资能力,1000 家大银行的税前利润继续增加,一级资本、总资产也均有不同幅度的增长。

表 1 1996-2014 年 1000 家大银行主要指标

单位:亿美元

年份	一级资本		总资产		税前利润		资本回报率(%)
	总计	比上年增长(%)	总计	比上年增长(%)	总计	比上年增长(%)	
1996 年	14956		327000		2161		14.44
1997 年	14881	-0.05	332000	1.52	2049	-5.18	13.77
1998 年	16758	12.61	355000	6.92	1744	-8.27	10.11
1999 年	17848	6.50	367000	3.38	3097	77.58	17.35
2000 年	17700	-0.83	379000	3.27	3170	2.36	17.91
2001 年	18314	3.47	396000	4.49	2228	-2.97	12.34
2002 年	19742	7.80	439000	10.86	2524	14.09	12.79

续表

年份	一级资本		总资产		税前利润		资本回报率（%）
	总计	比上年增长（%）	总计	比上年增长（%）	总计	比上年增长（%）	
2003 年	23773	20.42	524000	19.36	4174	65.37	17.56
2004 年	27395	15.24	605000	15.46	5441	30.35	19.86
2005 年	28413	3.71	638258	5.50	6451	18.56	22.70
2006 年	33651	18.40	742322	16.60	7863	21.90	23.37
2007 年	38994	15.90	902560	21.60	7808	-0.70	20.02
2008 年	42760	9.70	963950	6.80	1150	-85.30	2.69
2009 年	49150	14.94	955320	-0.90	4010	248.70	8.16
2010 年	54340	10.60	1016400	6.40	7090	77.00	13.10
2011 年	57460	5.70	1072330	5.50	7020	-1.00	12.23
2012 年	61630	7.26	1123910	4.80	7500	6.70	12.17
2013 年	66240	7.48	1130530	0.59	9200	22.67	13.89
2014 年	69080	4.29	1131890	0.12	9920	7.83	14.37

资料来源：英国《银行家》

（一）一级资本总额增长 4.29%

2014 年，1000 家大银行的一级资本总额为 69080 亿美元，比上年增长 4.29%，增速比上年回落 3.19 个百分点。按一级资本的排位总体稳定，前 25 名大银行分布格局基本未变，依旧是大多来自发达国家，部分来自中国。位列前五名的分别为中国工商银行、中国建设银行、摩根大通、中国银行和美洲银行。

（二）资本回报率为 14.37%

2014 年，1000 家大银行资本回报率（税前利润总额/一级资本总额）为 14.37%，比 2013 年的 13.89%提高 0.48 个百分点。埃塞俄比亚 CBE 银行的资本回报率高达 90.50%，居首位；哈萨克斯坦的 Forte 银行和委内瑞拉银行，分别以 90.12%和 80.70%的回报率居第二和第三位。

（三）税前利润增长 7.83%

2014 年，1000 家大银行税前利润总额为 9920 亿美元，比上年增长 7.83%，增速比上年回落 14.84 个百分点。新兴市场国家银行表现突出，按照利润额份额排名，亚太地区银行占 1000 家大银行利润总额的 50.81%，北美地区占 22.56%，西欧地区占 14.20%。

（四）贷款存款率下降

贷款存款率是衡量银行风险规避能力的重要指标，过高的贷款存款率（银行贷款总额与存款总额之比）表明银行投资过热，风险较大；而过低的贷款存款率则说明银行没有充分发放贷款，难以达到应有的盈利水平。近年来，世界银行业贷款存款率呈下降趋势，银行一方面在努力寻求资金平衡，另一方面贷款需求降低。2011 年 1000 家大银行的贷款存款率为 99%，2012、2013 年分别下降到 90.6%、88.1%，2014 年则下降到 87.24%。从 2014 年 1000 家大银行的统计数据来看，中、南美地区银行的贷款存款率高于世界其他地区，为 114.06%；其次分别是西欧（111.83%）和中东欧（110.67%）。亚太地区最低，为 73.91%。

二、1000 家大银行的地区特点显著

2014 年 1000 家大银行的地区分布结构基本稳定，但在不同地区呈现出不同的发展特点。

（一）美国银行业业绩明显改善

2014 年，美国经济温和复苏，其银行业总体上运行稳健。全行业资产规模持续上升，盈利能力不断增强，信贷质量继续提高。但与此同时，该行业所面临的经营环境更趋复杂，特别是美国金融监管更加严格。美国银行业经过 2008 年国际金融危机以来的重整、改革和转型，基本上建立起适应新的经济形势和监管环境的经营模式。2014 年美国上榜银行总资产、一级资本和税前利润都实现了平稳增长。按一级资本排序，摩根大通、美洲银行、花旗集团、富国银行和高盛集团分别排在美国上榜银行的前五位。这五家大型银行 2014 年利润总额超过 2006 年创下的历史最高水平，当时美国房价在经济迅猛扩张的背景下达到了峰值。在银行业业绩改善之际，美国银行业信贷质量持续改善，前五大银行不良贷款比率控制在 4%之内。

（二）西欧银行业一级资本下降

2014 年，西欧银行业一级资本额呈下降趋势，排名前五位的分别是汇丰控股（一级资本达 1527.39 亿美元，比上年下降 3.42%）、法国农业信贷银行（887.74 亿美元，增长 2.98%）、法国巴黎银行（854.10 亿美元，下降 13.87%）、巴克莱银行（812.20 亿美元，下降 11.68%）和西班牙国际银行（779.73 亿美元，下降 7.43%）。当前，欧元区经济复苏步伐持续放缓给银行业发展蒙上了一层阴影。

(三)日本银行业受经济负面拖累

2014年,日本银行业继续受到国内经济和市场低迷的冲击,以及长达20多年通货紧缩的影响,其一级资本和总资产均呈现下降趋势。此次排名日本前3位的大银行依次为:三菱日联金融集团,一级资本1176.45亿美元,比上年下降2.51%;总资产23823.98亿美元,下降5.61%;税前利润134.44亿美元,下降10.89%。日本三井住友金融集团,一级资本710.07亿美元,下降3.36%;总资产15272.88亿美元,下降3.30%;税前利润109.11亿美元,下降21.63%。瑞穗金融集团,一级资本624.45亿美元,下降6.70%;总资产15792.59亿美元,下降8.14%;税前利润82.48亿美元,下降14.40%。经测算,日本银行的一级资本回报率较高,平均增幅达20.72%,但其未来的经营发展将面临较大挑战。首先,日本经济复苏乏力将给银行经营带来较大的负面冲击。其次,日本量化宽松政策形成的市场存贷利差收窄的局面,将给以利息收入占比较高的日本银行业带来巨大冲击。最后,日本银行业面临转型压力,在人口老龄化严重的情况下,满足多元化的理财需求将是未来日本银行业新的发展方向。

(四)亚太地区银行业成绩和风险并存

2014年,亚太地区银行业利润总额比上年有所下降,但在1000家大银行中的占比仍然最高,达50.81%,上年为51.19%。中国上榜银行一级资本合计达14470亿美元,继续超过美国位居世界第一。亚太地区中产阶层消费群体的迅猛增长和区域内贸易投资联系的日趋紧密使该地区银行业发展潜力不断增强,但亚太银行业也面临着一些风险:一是经济增长的可持续性存在不确定性;二是部分经济体货币汇率剧烈波动影响银行业稳定发展;三是银行业管理的国际化水平亟待提高,尚不能满足巴塞尔协议新标准的要求。

三、中国银行业发展状况和方向

(一)四大商业银行再次同时跻身世界10大银行行列

2014年,中国内地进入1000家大银行排行榜的银行数达117家,比上年增加6家,四大商业银行再次同时跻身世界10大银行行列。按照一级资本额排位,中国工商银行为2486.08亿美元,继续列世界第1位;中国建设银行为2021.19亿美元,继续列世界第2位;中国银行为1842.31

亿美元，从上年的第7位升至第4位；中国农业银行为1676.99亿美元，从第9位升至第6位。

（二）中小型银行成长快速

在扩张最快的前25家银行中，中国占9席，比上年增加2席，且均为中小型银行。云南富滇银行、柳州银行和唐山银行，分别在攀升最快排名中列第8位、第13位、第14位。中小型银行的快速发展是中国银行业结构优化以及行业内部差距缩小的体现，说明中国银行业已呈现出不同规模的银行相互促进、共同发展的良好势头。

（三）新常态下银行业加快创新驱动

我国经济发展已进入新常态，从高速增长转为中高速增长，经济结构优化升级，从要素驱动、投资驱动转向创新驱动。我国银行业正由过去十余年规模高速扩张、利润高速增长的阶段逐步进入贷款增速回稳、存贷利差收窄、社会融资方式转变、不良贷款反弹、“宽进严管”的新阶段，必须把握国家战略调整、产业升级带来的新空间、新机遇，积极开拓新市场、新产品、新业务：既要抓住居民财富增长、金融需求多元化带来的良好发展机遇，不断拓宽业务品种和盈利渠道，也要把握金融信息科技化发展的契机，利用互联网和大数据等技术手段，在巩固实体经营渠道的同时，延伸虚拟经营空间，跟上大众创业、万众创新的时代步伐，让创新成为驱动发展新引擎，在融资多元化的潮流中赢得竞争新优势，不断把握发展主动权。

（四）推动银行业支持“一带一路”建设

“一带一路”建设是我国主动应对世界经济形势变化、统筹国际国内两个大局做出的重大战略决策，对深化改革开放、开启全新的国际合作格局具有重要意义。近年来中国银行业认真贯彻落实“一带一路”国家战略，不断强化在沿线国家和地区的金融服务。截至2015年6月末，共有11家中资银行在“一带一路”沿线23个国家设立了55家一级分支机构。从地域分布看，中资银行在东南亚和西亚地区设立分支机构相对集中，在中亚、独联体地区布局还有很大扩展空间。

（执笔：高析；成文于2015年11月）

附表 1　2014 年世界 1000 家最大银行排行榜前 25 家银行

排名	银行	国家	一级资本（亿美元）	增长率（%）	总资产（亿美元）	（%）	税前利润（亿美元）	增长率（%）	资本回报率（%）	资产回报率（%）	BIS 资本充足率①（%）	不良贷款比率（%）
1	中国工商银行	中国	2486.08	19.75	33681.90	8.64	590.97	6.52	23.77	1.75	14.53	1.13
2	中国建设银行	中国	2021.19	16.17	27364.16	8.69	488.78	6.59	24.18	1.79	14.87	1.19
3	摩根大通	美国	1866.32	12.66	25731.26	6.52	305.47	17.88	16.37	1.19	15.05	2.64
4	中国银行	中国	1842.31	23.04	24924.63	9.62	378.29	8.49	20.53	1.52	13.87	1.18
5	美洲银行	美国	1689.73	4.66	21067.96	0.09	68.13	−57.90	4.03	0.32	16.54	3.24
6	中国农业银行	中国	1676.99	22.04	26105.82	9.39	379.57	8.14	22.63	1.45	12.82	1.54
7	花旗集团	美国	1665.19	11.16	18425.30	−2.03	135.38	−31.13	8.13	0.73	18.14	1.95
8	美国富国银行	美国	1546.66	9.90	16871.55	10.49	338.35	4.81	21.88	2.01	15.53	3.92
9	汇丰控股	英国	1527.39	−3.42	26341.39	−1.39	186.80	−17.22	12.23	0.71	15.60	2.67
10	三菱日联金融集团	日本	1176.45	−2.51	23823.98	−5.61	134.44	−10.89	11.43	0.56	15.68	1.16
11	法国农业信贷银行	法国	887.74	2.98	21392.75	−9.10	94.13	−10.85	10.60	0.44	18.37	3.30
12	法国巴黎银行	法国	854.10	−13.87	25215.52	1.55	38.22	−66.17	4.47	0.15	12.60	4.20
13	英国巴克莱银行	英国	812.20	−11.68	21184.18	−2.01	38.32	−18.91	4.72	0.18	16.50	2.00
14	高盛集团	美国	748.33	8.23	8563.01	−6.07	123.58	5.29	15.76	1.44	20.02	3.30
15	西班牙国际银行	西班牙	779.73	−7.43	15367.67	−0.13	129.28	22.73	16.58	0.84	12.00	5.20
16	德意志银行	德国	775.46	10.85	20736.69	−6.70	37.82	88.30	4.88	0.18	17.20	2.69
17	交通银行	中国	768.86	12.52	10243.99	4.86	138.79	5.98	18.05	1.35	14.04	1.25
18	苏格兰皇家银行	英国	735.05	−11.63	16392.56	−3.20	−895	93.86	−1.22	−0.05	17.10	6.43
19	日本三井住友金融集团	日本	710.07	−3.36	15272.88	−3.30	109.01	−21.63	15.35	0.71	16.58	1.39
20	摩根士丹利	美国	669.62	9.76	8013.82	−3.76	63.70	70.82	9.51	0.79	20.07	2.20
21	瑞穗金融集团	日本	624.45	−6.70	15792.59	−8.14	82.48	−14.40	13.21	0.52	14.58	1.20
22	劳埃德银行集团	英国	617.13	−1.74	13336.91	−4.42	27.49	302.06	4.45	0.21	22.00	3.28
23	法国 BPCE 集团	法国	606.42	−7.03	14845.85	−4.20	64.07	−5.00	10.56	0.43	15.40	3.70
24	法国兴业银行	法国	575.02	1.96	15875.85	−6.82	53.09	25.88	9.23	0.33	15.04	6.00
25	意大利联合信贷银行	意大利	552.18	−6.33	10245.36	−12.18	42.89	L->P	7.77	0.42	13.41	9.90

注 1 资本充足率是指资本总额与加权风险资产总额的比例。资本充足率反映商业银行在存款人和债权人的资产遭到损失之后，该银行能以自有资本承担损失的程度。BIS 资本充足率指按照国际清算银行标准计算的资本充足率。

资料来源：英国《银行家》。

附表 2 2014 年世界 1000 家大银行中排名前 20 位的中国内地银行

序号	银行名称	2014 年 世界排名	一级资本 (亿美元)	一级资本增长率 (%)
1	中国工商银行	1	2486. 08	19. 75
2	中国建设银行	2	2021. 19	16. 17
3	中国银行	4	1842. 31	23. 04
4	中国农业银行	6	1676. 99	22. 04
5	交通银行	17	768. 86	12. 52
6	招商银行	28	493. 51	18. 38
7	中信银行	33	432. 39	15. 53
8	上海浦东发展银行	35	428. 15	25. 77
9	兴业银行	36	423. 00	28. 32
10	中国民生银行	38	402. 00	20. 97
11	中国邮政储蓄银行	54	305. 57	32. 96
12	中国光大银行	57	289. 72	16. 98
13	平安银行	72	194. 87	18. 72
14	华夏银行	81	166. 71	18. 52
15	北京银行	87	156. 98	22. 40
16	广发银行	92	141. 14	18. 92
17	上海银行	108	120. 81	31. 63
18	江苏银行	136	91. 47	17. 19
19	恒丰银行	170	68. 61	32. 40
20	重庆农村商业银行	171	68. 40	15. 00

资料来源:英国《银行家》。

专栏

2015年中国创新指数居世界第29位

2015年9月17日世界知识产权组织、美国康奈尔大学以及欧洲商业管理学院共同编纂并发布了《2015年全球创新指数报告》,报告通过79项指标评估了全球141个经济体的创新能力和创新成果。报告显示,高收入经济体继续占居本年度排行榜的前25位,其中瑞士、英国、瑞典、荷兰、美国、芬兰、新加坡、爱尔兰、卢森堡和丹麦是世界上最具创新力的十个国家(见表)。中国以47.47名列第29名,虽与去年排名持平,但创新指数却比去年提高了0.9,在中等收入国家中排名首位,与高收入经济体的差距进一步缩小,中国在人力资本开发和研发资金投入等方面的创新表现已经非常接近于排名前25强的高收入经济体。

《2015年全球创新指数报告》的主题是"促进发展的有效创新政策",旨在探讨以创新为导向的政策对经济增长和发展的影响。报告指出,对于处在各个发展阶段的经济体来说,创新在刺激经济增长方面会产生深远的积极影响,促进创新既是发展规划和战略的核心,同时也对解决污染、卫生、贫困和失业等社会问题至关重要。

全球创新指数由创新投入指数和创新产出指数二个分项指数构成。创新投入指数反映的是创新活动的经济要素,包含五个支柱指标:制度、人力资本与研究、基础设施、市场成熟度和企业成熟度;创新产出指数反映的是创新成果,包含二个支柱指标:知识与技术产出和创意产出。全球创新指数是创新投入指数和创新产出指数的简单平均值。

全球创新指数的领先国家构建了密切联系的创新生态系统,在这个系统中,对人力资本的投资与强大的创新基础设施相结合,带来了高度创造力,全球创新指数排名前25位的国家在多项指标上历来得分很高,并在信息和通讯技术及包括科技人才、创新联系和创新吸收的企业成熟度方面具有很大优势,他们能够创造包括创意产品和服务在内的高水平的创新成果。

从创新投入指数来看:新加坡、瑞士、芬兰、中国香港、美国、英国、瑞典、丹麦、加拿大、澳大利亚是创新投入最多的前十个国家。中国以48.36位居第41名,比去年提升了4位,得分比去年提高了2.57。在创新投入的五个支柱指标中除了市场成熟度指数比去年下降了5位,位居第59名以外,其它四个支柱指数都有不同程度的提高,其中制度指数位居第91名;人力资本与研究指数位居第31名,比去年提升了1位；基础设施指数居第32位，比去年提升了7位；企业成熟度指数居第31名，比去年提升了1位。

从创新产出指数来看：瑞士、卢森堡、荷兰、瑞典、英国、冰岛、爱尔兰、德国、美国、芬兰是创新产出最多的前十个国家。中国以46.57位居第21位，比去年下降了5位，其中知识与技术产出指数位居第3名，比去年下降了1位；创意产出位居第54名，比去年提升了5位。

在依据大学表现、学术论文的影响力和专利申请的国际维度来衡量的创新质量方面，美国在高收入经济体中位居第一，其次是英国、日本、德国和瑞士。中国创新质量排名为第18位，居中等收入经济体首位，巴西和印度紧随其后，与高收入经济体的差距进一步缩小。

表　2015年全球创新指数位居前十位的国家或地区

排名	国家或地　区	全球创新指数	国家或地　区	创新投入分指数	国家或地　区	创新产出分指数
1	瑞士	68.30	新加坡	72.12	瑞士	68.63
2	英国	62.42	瑞士	67.96	卢森堡	59.02
3	瑞典	62.40	芬兰	67.91	荷兰	58.93
4	荷兰	61.58	中国香港	67.61	瑞典	57.78
5	美国	60.10	美国	67.31	英国	57.70
6	芬兰	59.97	英国	67.15	冰岛	56.56
7	新加坡	59.36	瑞典	67.01	爱尔兰	55.37
8	爱尔兰	59.13	丹麦	65.87	德国	53.11
9	卢森堡	59.02	加拿大	65.05	美国	52.89
10	丹麦	57.70	澳大利亚	64.84	芬兰	52.04
	中国(29)	47.47	中国(41)	48.36	中国(21)	46.57

注：括号内为中国的排名。

（执笔：任小燕；成文于2016年1月）

4 热点问题探索

金砖国家经济形势分化进一步扩大

近年来，金砖国家总体经济增长持续放缓，走势出现分化，预计 2015 年这一趋势仍将延续。

一、金砖国家在世界的地位继续上升

最新统计资料显示，包括中国、巴西、印度、俄罗斯和南非的金砖国家，国土面积合计占世界的 30%，人口占 43%，经济总量、货物贸易额、外商直接投资流入占比扩大，金砖国家在世界的地位继续上升。

(一)经济规模继续扩大

据国际货币基金组织近期按汇率测算，2014 年，金砖国家经济总量依次为：中国，103804 亿美元；巴西，23530 亿美元；印度，20495 亿美元；俄罗斯，18575 亿美元；南非，3501 亿美元。金砖国家经济总量合计为 17 万亿美元，占世界的 22%，比上年提高 0.5 个百分点，比 2001 年金砖国家概念第一次由高盛经济学家提出时提高了 13.5 个百分点。

据世界贸易组织测算，2014 年，金砖国家货物贸易额依次为：中国，43030 亿美元；俄罗斯，8047 亿美元；印度，7778 亿美元；巴西，4926 亿美元；南非，2130 亿美元。五国合计占世界的 17.3%，与上年持平。

2014 年，金砖国家外商直接投资流入依次为：中国，1196 亿美元；巴西，625 亿美元；印度，378 亿美元；俄罗斯，210 亿美元；南非，57 亿美元。五国合计占世界的 20.1%，比上年提高 2.9 个百分点。2014 年，金砖国家对外直接投资依次为：中国，1160 亿美元[①]；俄罗斯，564 亿美元；印度，98 亿美元；南非，65 亿美元；巴西，35 亿美元。五国合计占世界

---

① 数据来自联合国贸发会议。

的 14.2%。

(二)对世界经济增长贡献进一步提高

2014 年,金砖国家 GDP 整体增长[1] 5.6 %,较上年回落 0.5 个百分点,比当年世界经济增速高 2.2 个百分点。

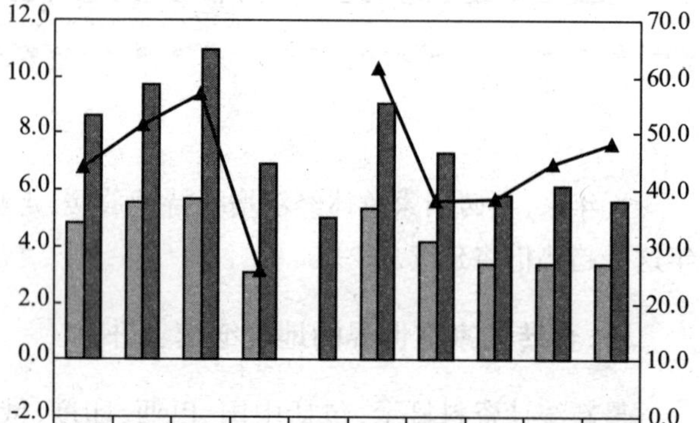

	2005	2006	2007	2008	2009	2010	2011	2012	2013	2014
世界经济增长率(左轴)	4.9	5.5	5.7	3.1	0.0	5.4	4.2	3.4	3.4	3.4
金砖国家经济增长率(左轴)	8.6	9.7	11.0	6.9	5.0	9.1	7.3	5.8	6.1	5.6
金砖国家对世界经济增长的贡献率(右轴)	44.1	51.3	57.0	25.7		61.6	38.0	38.3	44.7	48.2

图 1　2005–2014 年金砖国家总体及世界 GDP 增长率(%)

注:金砖国家整体及世界经济增速根据 IMF 公布的上年购买力平价美元 GDP 加权汇总得出。

据国际货币基金组织测算[2],金砖国家对 2014 年世界经济增长的贡献率达到 48.2%,比 2013 年提高了 3.5 个百分点。

二、经济状况分化扩大

受世界经济增长乏力、其他发展中经济体经济增长持续放缓以及自身结构性矛盾的影响,近年来金砖国家经济状况分化扩大。

(一)经济增速差异加大

依据近期经济增速及其变化趋势,金砖国家可分为四种类型:一是经济增速较高且有所加快的印度,2014 财政年度[3] GDP 增长 7.3%,比上年

① 以 IMF 发布的各国上年购买力平价法 GDP(美元)为权数汇总。

② 国际货币基金组织 2015 年 4 月份发布的预计数,根据购买力平价法 GDP 加权。

③ 印度财政年度,指当年 4 月至次年 3 月。

加快 0.4 个百分点,连续两年加快;今年第一季度增长 7.5%。二是经济增速较高但有所放缓的中国,2014 年 GDP 增长 7.4%,比上年回落 0.3 个百分点;今年第一季度增长 7%。三是经济保持低速增长的南非,2014 年 GDP 增长 1.5%,比上年回落 0.7 个百分点;今年第一季度增长 2.1%。四是经济下滑或接近停滞的巴西和俄罗斯,2014 年经济增速分别为 0.1%和 0.6%,比上年放缓 2.6 和 0.7 个百分点。今年第一季度,巴西经济同比下降 0.2%,俄罗斯同比下降 2.2%。

金砖国家 GDP 增速变异系数①呈扩大之势,从 2010 年的 0.44 持续扩大到 2014 年的 1.08,2015 年第一季度继续扩大至 1.79。

表 1 2010 年以来金砖国家 GDP 增长率及变异系数

	中国	巴西	俄罗斯	印度	南非	变异系数
2010 年	10.4	7.5	4.5	8.9	3.1	0.44
2011 年	9.3	2.7	4.3	6.7	3.2	0.52
2012 年	7.7	1.0	3.4	5.1	2.2	0.67
2013 年	7.7	2.7	1.3	6.9	2.2	0.70
2014 年	7.4	0.1	0.6	7.3	1.5	1.08
2015 年第一季度	7.0	-1.6	-2.2	7.5	2.1	1.79

资料来源:各国官方统计网站。

(二)通胀形势迥异

俄罗斯和巴西通胀压力加大。俄罗斯 2014 年 CPI 上涨 7.9%,比上年扩大 1.1 个百分点,今年前 5 个月同比涨幅进一步扩大到 16.2%。巴西 2014 年 CPI 上涨 6.4%,比上年扩大 0.2 个百分点,今年前 5 个月同比涨幅扩大至 7.9%。

印度和南非通胀压力减轻。2014 年,印度 CPI 上涨 6%,涨幅比上年回落 2.5 个百分点,今年前 4 个月上涨 5.2%。2014 年南非 CPI 上涨 6.1%,今年前 5 个月回落至 4.3%。

中国通胀压力最小。2014 年 CPI 上涨 2.0%,今年前 5 个月回落至 1.3%。

① 表示数据离散程度的统计指标,为标准差除以均值。

表 2　2010 年以来金砖国家 CPI 同比上涨率(%)

	中国	巴西	俄罗斯	印度	南非
2010 年	3.3	5.9	8.8	10.4	4.3
2011 年	5.4	6.5	8.4	8.3	5.0
2012 年	2.6	6.0	5.1	10.2	5.6
2013 年	2.6	6.2	6.8	9.5	5.7
2014 年	2.0	6.4	7.9	6.0	6.1
2015 年					
1-5 月累计	1.3	7.9	16.2	5.2①	4.3
1 月	0.8	7.1	15.0	5.2	4.4
2 月	1.4	7.7	16.7	5.4	3.9
3 月	1.4	8.1	16.9	5.3	4.0
4 月	1.5	8.2	16.4	4.9	4.5
5 月	1.2	8.5	15.8		4.6

注:①为 1-4 月累计。

资料来源:各国官方统计网站。

(三)就业形势差别较大

南非失业率在高位继续攀升。2014 年达 25.1%,比上年提高 0.4 个百分点,今年第一季度升至 26.4%。

俄罗斯和巴西失业率由降转升。2014 年,两国失业率分别为 5.2% 和 4.8%,比上年回落 0.3 和 0.7 个百分点。今年 4 月分别上升至 5.8% 和 6.4%。

中国城镇登记失业率维持低位。2014 年为 4.1%,与上年持平,2015 年第一季度继续持平于 4.1%。

(四)对外货物贸易收支状况各异

2014 年,中国出口额和进口额分别增长 6.0% 和 0.4%,贸易顺差 3829.5 亿美元,比上年扩大 47.8%;今年前 5 个月累计出口同比增长 0.7%,进口同比下降 17.3%,贸易顺差同比扩大 2.05 倍。

2014 年,巴西出口额和进口额分别下降 7.0% 和 4.6%,贸易逆差 85.3 亿美元,比上年扩大 63.9%;今年前 5 个月,出口额和进口额同比分别下降 21.4% 和 22.2%,逆差减少近三成。

2014 年,印度出口增长 0.8%,进口下降 1.1%,逆差 143 亿美元,比上年减少 5%;今年前 5 个月出口和进口同比分别下降 15.9% 和 11.1%,

贸易逆差缩小5%。

2014年,俄罗斯出口和进口分别下降5.1%和9.8%,贸易顺差1887亿美元,扩大3.7%;今年前4个月出口和进口同比分别大幅下降29.3%和38.3%,顺差同比缩小17%。

2014年,南非出口和进口分别下降5.1%和3.5%,贸易逆差309亿美元,扩大1.6%;今年前4个月出口和进口同比分别下降8.8%和9.7%,逆差同比缩小17%。

(五)汇率走势继续分化

人民币和印度卢比对美元汇率相对稳定。2014年,人民币对美元累计贬值2.4%;今年前5个月累计小幅升值0.1%。2014年及今年前5个月,印度卢比对美元分别累计小幅贬值1.8%和1.5%。

巴西、俄罗斯和南非本币对美元贬值明显。2014年及今年前5个月,巴西雷亚尔对美元分别累计贬值11.1%和16.6%;南非兰特对美元分别累计贬值9.2%和4.9%。2014年,俄罗斯卢布对美元累计大幅贬值44.4%,今年前5个月累计升值8.4%。

(六)货币政策取向不同

巴西和南非央行提升政策利率。巴西在2014年5次升息,累计提高175个基点;今年以来两次升息,累计100个基点。南非在2014年两次升息,累计75个基点;今年以来维持政策利率不变。

中国和印度央行降低政策利率。中国在2014年降息一次,幅度为40个基点;今年以来降息三次,累计75个基点。2014年,印度在年初小幅升息25个基点后一直维持政策利率水平不变;今年3次降息,累计75个基点。

2014年,俄罗斯6次升息,累计1150个基点,其中12月15日升幅高达650个基点。今年以来,俄罗斯共4次降息,累计550个基点。

三、2015年金砖国家经济发展展望

受全球经济复苏乏力、国际市场初级产品价格维持低位、地缘政治动荡有所加剧以及美联储年内可能升息等因素影响,今年金砖国家整体经济增长将继续有所放缓,通胀形势和对外贸易继续分化,失业率总体上将有所上升。

（一）金砖国家经济整体增速回落，分化扩大

IMF 预计 2015 年金砖国家整体将增长 4.9%[①]，比 2014 年放缓 0.7 个百分点。其中，印度（指财年）和南非分别增长 7.5%和 2%，各加快 0.2 和 0.5 个百分点；俄罗斯将由 2014 年的增长 0.6%转为下降 3.8%，巴西由增长 0.1%转为下降 1%。

（二）通胀形势继续分化

IMF 预计，2015 年俄罗斯和巴西 CPI 将分别上涨 17.9%和 7.8%，涨幅比 2014 年扩大 10 和 1.4 个百分点；2015 年中国、印度和南非 CPI 将分别上涨 1.2%、6.1%和 4.5%，涨幅比 2014 年回落 0.8、0.2 和 1.6 个百分点。

（三）失业率总体上略有上升

IMF 预计，2015 年俄罗斯和巴西失业率分别为 6.5%和 5.9%，比 2014 年升高 1.3 和 1.1 个百分点；中国（城镇登记失业率）和南非分别为 4.1%和 25.1%，均与 2014 年持平。

（四）对外贸易继续分化

从英国共识公司最新预测结果看，印度和中国形势较好，但严重依赖初级产品出口的俄罗斯和巴西形势恶化。2015 财年，印度出口 3250 亿美元，增长 4.7%；进口 4610 亿美元，增长 3%。2015 年，中国出口 24560 亿美元，增长 4.8%；进口 19230 亿美元，下降 1.9%。俄罗斯出口 3790 亿美元，减少 23%；进口 2311 亿美元，减少 25%。巴西出口 2199 亿美元，减少 2.3%；进口 2163 亿美元，减少 5.6%。

（执笔：刘冰；成文于 2015 年 7 月）

---

① 根据国际货币基金组织 2015 年 4 月对金砖各国 GDP 增长率的预测数据，依据上年各国购买力平价法 GDP 加权汇总。

专栏

国际贫困线和全球贫困现状

消除贫困、共享发展繁荣是世界各国政府和国际社会长期追求的共同目标和共同使命。2015年联合国发展峰会通过了可持续发展目标(SDG),提出到2030年基本消除全球极端贫困,即基于国际贫困线的全球、区域、国家一级贫困发生率降到3%以下。为此,全球贫困测度又引起了国际社会的关注。世界银行近日根据2011年购买力平价(PPP)数据,调整了国际贫困线,更新了全球贫困人口数据,作为监测2015年后全球贫困状况的统计依据。

一、国际贫困线从每人每天1.25美元上调到1.90美元

国际贫困线是用来跟踪监测全球极端贫困状况,评估全球发展目标如千年发展目标(MDG)和可持续发展目标(SDG)的完成进度。国际贫困线不仅影响全球、区域和国家贫困统计,而且对全球治理政策、全球发展援助的流向将产生重大影响,并最终影响整个人类福祉。1990年,世界银行将全球最贫穷的15个国家①国内贫困线,按购买力平价转换成美元,取其平均值,大约为每人每天1美元,确定为全球贫困线。作为收入型的贫困标准,国际贫困线受各参照国价格变化和购买力平价变化两个因素的影响。随着时间推移,各国价格会出现不同幅度的上涨,各国之间价格变化差异不同,其购买力平价也会出现变化。国际贫困线需要根据各参照国的平均通胀率和购买力平价进行定期调整,以保持国际贫困线在各国的实际购买力不变。2005年,世界银行在考虑各国通胀因素和2005年PPP数据的基础上,将国际贫困线从每人每天1美元上调到1.25美元。也就是说,2005年1.25美元购买力相当于1990年1美元的购买力。

2015年既是千年发展目标收官之年,又是可持续发展目标开启之年。为了使国际贫困线更准确地反映实际变化情况,世界银行按照惯例,根据各国通胀数据和新发布的2011年购买力平价数据,将国际贫困线从每人每天1.25美元,上调到1.90美元,以维持贫困人群货币购买力不变。2011年我国居民消费项目的购买力平价为1美元等于3.6961元人民币,据此推算,国际贫困线每人每天1.9美元相

---

① 15个国家是乍得、埃塞俄比亚、冈比亚、加纳、几内亚比绍、马拉维、马里、莫桑比克、尼泊尔、尼日尔、卢旺达、塞拉里昂、塔吉克斯坦、坦桑尼亚、乌干达。

当于我国7.0226元人民币，据此换算的人均年消费支出为2563元。我国新确定的2010年农村扶贫标准为2300元。

二、全球贫困人口主要集中在南亚和非洲撒哈拉以南地区

世界银行根据新的国际贫困线，更新了全球贫困人口数据。2012年全球贫困人口为9亿人，预计2015年为7亿人；2012年全球贫困发生率为12.7%，预计2015年为9.6%。数据显示，联合国千年发展目标关于贫困人口减半的目标已经实现。1999年到2012年，全球贫困人口减少了8.5亿人，减少了49%，预计2015年比1999年减少了60%。分地区看，全球贫困人口主要集中在非洲撒哈拉以南地区和南亚地区，贫困发生率分别为42.7%和18.8%。目前这两地区的贫困人口占全球贫困人口的78%。在全球5大主要贫困人口分布地区中，东亚和太平洋地区减贫速度最快，贫困发生率从1999年的37.6%下降到2012年的7.2%，13年间该地区贫困人口减少了5.4亿，占全球脱贫总人数的63%，对全球减贫事业做出了巨大贡献。南亚地区基本完成了贫困人口减半的目标，13年间贫困人口减少了2.6亿，贫困发生率从1999年的41.8%下降到2012年的18.8%，预计2015年降到13.5%。1999年到2012年，非洲撒哈拉以南地区贫困人口不仅没有减少，反而增加了1400多万人。过去15年，该地区贫困人口仅减少了2750万，只完成贫困减半目标的7.3%，是全球唯一没有完成千年发展目标减贫任务的地区。

表1　全球贫困人口地区分布（基于每人每天1.9美元国际贫困线）

	1990	1999	2011	2012	2015预计
贫困发生率（%）					
东亚和太平洋地区	60.6	37.5	8.5	72	4.1
欧洲和中亚地区	1.9	7.8	2.4	2.1	1.7
拉丁美洲和加勒比地区	17.8	13.9	5.9	5.6	5.6
南亚地区	50.6	41.8	22.2	18.8	13.5
非洲撒哈拉以南地区	56.8	58.0	44.4	42.7	35.2
世界	37.1	29.1	14.1	12.7	9.6
贫困人口（万人）					
东亚和太平洋地区	99550	68940	17310	14720	8260
欧洲和中亚地区	880	3680	1140	1010	440
拉丁美洲和加勒比地区	7820	7110	3530	3370	2970
南亚地区	57460	56800	36170	30920	23130
非洲撒哈拉以南地区	28760	37460	39360	38880	34710
世界	195860	175150	98330	89670	70210

资料来源：世界银行“Global Monitoring Report 2015”

分国家看,2012 年,全球贫困人数最多的前 10 个国家分别是印度、中国、孟加拉国、刚果(金)、埃塞俄比亚、坦桑尼亚、马达加斯加、菲律宾、卢干达、马拉维。它们贫困人口总数达 6 亿多,约占全球贫困总人数的 71%。全球贫困发生率最高的前 10 个国家分别是马达加斯加、布隆迪、刚果(金)、马拉维、利比里亚、几内亚比绍、中非、赞比亚、卢旺达、莱索托。这些国家贫困发生率在 60%以上。

表 2 全球贫困人口和贫困发生率前 10 个国家

(2010-2012 年)

位次	贫困人口规模		贫困发生率	
	国家	万人	国家	%
1	印度	25952	马达加斯加	81.76
2	中国	14956	布隆迪	77.65
3	孟加拉国	6618	刚果(金)	77.18
4	刚果(金)	5425	马拉维	70.91
5	埃塞俄比亚	2937	利比里亚	68.64
6	坦桑尼亚	2196	几内亚比绍	67.08
7	马达加斯加	1723	中非	66.27
8	菲律宾	1259	赞比亚	64.43
9	卢干达	1177	卢旺达	60.25
10	马拉维	1047	莱索托	59.65

资料来源:世界银行 WDI 数据库

据世界银行测算,过去 10 多年来,我国减贫事业取得显著成就,贫困人口剧减,贫困发生率陡降。按新的国际贫困线计算,我国贫困人口从 1999 年的 5.1 亿减少到 2010 年的 1.5 亿,减少了 3.6 亿人;贫困发生率从 40.5%下降到 11.2%,是实现全球贫困人口减半目标的最大贡献者。但是,与高收入国家相比,目前我国贫困发生率仍然较高,贫困人口规模依然较大。2012 年,基于每人每天 1.9 美元国际贫困线,我国农村贫困人口为 12.98%;按国内贫困标准计算,我国农村贫困发生率为 10.2%。

三、消除全球极端贫困面临严峻挑战

经过 15 年的发展,全球贫困发生率从两位数降到一位数,这是全人类社会的巨大进步。联合国可持续发展目标进一步确立了到 2030 年消除全球极端贫困的新目标,为减少全球贫困、促进共享繁荣、共同发展树立了信心和决心。但是,与前 15 年相比,未来 15 年全球减贫任务将更为艰难,挑战将更为严峻。

1. 非洲撒哈拉以南地区将是实现消除全球极端贫困的难点。过去15年全球贫困人口减半目标的实现主要得益于世界经济特别是发展中国家经济的快速增长。据国际货币基金组织统计,2000-2015年,世界经济年均增长3.9%,其中发展中国家增长5.9%,亚洲发展中国家则增长7.9%。保持经济快速增长是减少贫困人口的重要动力源泉。相比较而言,非洲撒哈拉以南地区经济增长缓慢,过去15年经济只增长了5.5%,贫困人口减少速度相对滞缓。未来15年,世界经济潜在增长率下降,发展中国家经济面临深度的结构性调整,各地区经济增长速度可能普遍低于过去15年,经济增长对全球减贫的推动作用有所减弱。保持较高的经济增长速度是消除贫困的必要条件。据世界银行估算,每年保持4%的经济增长,将使贫困发生率下降1个百分点。依照当前全球贫困人口规模、去过15年全球减贫速度以及世界各地区经济增长速度推测,到2030年东亚和太平洋地区、欧洲和中亚地区、拉美和加勒比地区、南亚地区将完全有可能消除本地区贫困人口,实现到2030年可持续发展目标的减贫任务。未来5年我国大幅增加扶贫投入,到2020年将全面消除贫困人口,成为全球减贫脱贫的范例。但是,非洲撒哈拉以南地区要实现消除极端贫困目标将极为困难。该地区不仅经济发展条件脆弱,经济增长缓慢,而且社会动荡不稳、战争冲突不断。按过去15年减贫速度推算,到2030年非洲撒哈拉以南地区仍将有3.2亿贫困人口,该地区贫困发生率仍将在20%以上。依据联合国可持续发展目标测算,预测2030年全球总人口为90亿,全球贫困人数在3%以下意味着贫困绝对人数要在2.7亿人以下。因此,非洲撒哈拉以南地区是未来15年消除全球极端贫困人口的重点地区和难点地区。

2. 收入分配不平等成为消除全球极端贫困的一大阻碍。随着世界经济发展和人类社会同共进步,全球各国之间贫富差距有所缩小,但低收入国家内部贫富差距依然较大。据估算,收入分配的平等程度与国家经济发展水平具有较高的正相关关系。经济越不发达地区,其收入分配不平等程度越高。贫困落后国家收入分配不平等问题比较严重,基尼系数持续较高,贫富差距大,从而加大了减少贫困人口的难度。据世界银行统计,贫困人口规模大、贫困发生率高的非洲国家如莱索托、卢旺达,基尼系数在0.5以上,收入分配严重不平等。这些国家贫困程度深,分布面广。据世界银行调查,刚果(金)、汤加、卢旺达、坦桑尼亚、塞内加尔、埃塞俄比亚、卢干达等国家占人口40%的最低收入人群生活极其贫困,其日均消费支出不到1.5美元,印度仅为1.8美元。因此,解决收入分配不平等问题,是消除极端贫困的政策条件。

3. 消除各种形式的全球贫困任重而道远。贫困除了收入不足以外,还表现为缺乏必要的教育、医疗、住房、社会保障等,它是多维的现象。联合国可持续发展目标提出到2030年消除一切形式的全球贫困目标。世界银行研究提出了多维贫困指数(MPI),它由教育、医疗、生活水平三个方面10个指标(即儿童死亡率和营养不良比例,受教育年限和中学入学率,水、电、燃料、卫生设施、住房、基本家用电器拥有等)组成。世界银行基于多维贫困方法测算,2015年全球贫困人数达15.6亿,相当于基于国际贫困线的2.2倍。多数国家按多维贫困概念计算的贫困发生率远高于按国际贫困线计算的结果,而且多维贫困指数有上升的趋势。可以想见,即使实现到2030年消除全球极端贫困,但是教育、医疗、住房、社会保障等方面的贫困现象将依然存在并持续下去,成为未来15年消除全球贫困的主要任务。

消除全球贫困是艰难而复杂的任务,需要各国政府和国际社会共同努力,共谋良策,共促世界发展繁荣。一是世界经济特别是低收入国家经济必须保持较快增长,这是实现消除全球贫困目标的前提。二是必须维持非洲地区政局和社会的稳定,推广和应用发展中国家已有的减贫脱贫经验,充分利用当地优势,大力发展经济,走上富裕道路。如果任凭非洲地区政局动荡、社会不稳、战争不断而造成的民不聊生和流离失所现状持续下去,消除该地区的贫困现象无从谈起,消除全球贫困的目标也无法实现。三是中低收入国家在发展经济的同时,在国内政策上,必须注重收入分配的平等,防止贫富差距进一步扩大;必须注重改善贫困人群的教育、医疗、社会保障问题,以全面彻底消除贫困现象。四是国际社会必须加大对贫困落后国家的援助力度,包括财力支持、技术援助、经验传授等,为实现联合国可持续发展目标做出应有的贡献。

(执笔:余芳东;成文于2015年11月)

对当前世界贸易形势的再判断

今年以来,依据世界银行及 WTO 公布的世界贸易额数据,各方对世界贸易形势的判断大多持悲观态度,并认为当前世界贸易形势恶化。本文通过对有关基础数据进行深入剖析后发现,如果去除汇率因素影响,世界主要国家的进出口贸易总体是保持增长的,直接使用 WTO 公布的以美元计价的贸易额夸大了当前贸易低迷程度。

一、多数分析认为当前世界贸易形势恶化

世界银行公布的数据显示,2015 年 1-8 月,全球进出口额同比增速持续下降,进口额同比下降 12.9%,出口额下降 11.8%。WTO 公布的数据显示,2015 年 1-8 月,全球进口额同比下降 12.9%,出口额下降 11.1%,降幅与世界银行的数据很接近(见表 1)。以上述数据为分析基础,做出当前世界贸易形势恶化的判断不无道理。

表 1　全球进出口贸易额增长率(%)

	出口增长		进口增长	
	世界银行口径	WTO 口径	世界银行口径	WTO 口径
2015 年 1 月	-11.1	-10.4	-13.4	-13.8
2 月	-7.4	-7.7	-13.1	-13.5
3 月	-13.4	-11.9	-11.5	-11.2
4 月	-13.7	-13	-14.4	-14.2
5 月	-13.6	-13.3	-15.4	-15.7
6 月	-8.1	-7.3	-9.1	-8.7
7 月	-13.7	-12.5	-13.2	-13.1
8 月	-13.3	-12.3	-12.7	-12.6

注:WTO 口径只包括 43 个经济体。

资料来源:世界银行数据库、WTO 数据库。

表 2 发达国家进出口贸易额增长率(%)

	出口增长			进口增长		
	世界银行口径	WTO 口径	差异	世界银行口径	WTO 口径	差异
2015年1月	-12.9	-10.0	-2.9	-13.2	-12.1	-1.2
2月	-13.6	-10.4	-3.1	-13.1	-11.7	-1.4
3月	-13.8	-10.6	-3.2	-12.5	-11.0	-1.5
4月	-15.3	-12.1	-3.2	-15.2	-13.0	-2.1
5月	-15.4	-12.7	-2.8	-15.5	-13.9	-1.5
6月	-9.9	-9.1	-0.8	-10.4	-10.4	-0.1
7月	-14.9	-13.0	-1.9	-14.7	-15.0	0.3
8月	-14.8	-15.3	0.6	-12.1	-14.7	2.7

资料来源:世界银行数据库、WTO 数据库。

二、汇率变动夸大了一国贸易的实际增长或下降幅度

目前,世界贸易特别是月度贸易的数据主要来自世界银行和 WTO 数据库。世界银行全球经济监测(GEM)数据库定期公布全球及主要经济体月度贸易数据;WTO 通过跟踪多个主要经济体官方统计机构的数据,也定期公布全球及主要经济体月度贸易数据。如果经济体公布的数据没有转换成美元,WTO 按照 IMF《国际金融统计》公布的期间平均汇率进行换算。所以,两大权威机构公布的全球及主要经济体月度贸易数据均是以美元计价的。

以美元计价的贸易额所反映的同比增速实际上包含了三部分变动因素,一是由贸易量波动引起的变动;二是由汇率波动引起的变动;三是由价格水平波动引起的变动。如果不考虑价格波动影响,则一国以美元计价的贸易额的增长能否反映真实贸易量的增长主要取决于汇率(以美元为基准货币,下同)的稳定性。一国汇率稳定,则以美元计价的贸易额的增长能大体反映真实贸易量的增长。否则,就有可能因汇率的变动而夸大一国贸易的真实增长或下降幅度,甚至会做出与事实相反的判断。

今年以来,美元单边上涨,而其他主要货币汇率大多贬值。1-8 月,欧元、日元和英镑兑美元月均汇率分别贬值 22%、17%和 9%左右。

表 3　主要货币汇率贬值情况(与上年同月相比)

	欧元/美元		日元/美元		英镑/美元	
	月平均汇　率	贬值(%)	月平均汇　率	贬值(%)	月平均汇　率	贬值(%)
2015 年1 月	0. 86	17. 3	118. 31	13. 8	0. 66	8. 8
2 月	0. 88	20. 4	118. 56	16. 1	0. 65	7. 9
3 月	0. 92	27. 5	120. 39	17. 7	0. 67	11. 0
4 月	0. 93	28. 1	119. 55	16. 6	0. 67	12. 0
5 月	0. 90	23. 1	120. 69	18. 6	0. 65	8. 9
6 月	0. 89	21. 2	123. 75	21. 3	0. 64	8. 7
7 月	0. 91	23. 2	123. 24	21. 2	0. 64	9. 7
8 月	0. 90	19. 5	123. 23	19. 7	0. 64	7. 0
9 月	0. 89	14. 8	120. 29	12. 2	0. 65	6. 1

资料来源:IMF 数据库。

在汇率如此大幅波动的情况下,如果以美元计价,本币的大幅度贬值将大幅低估各经济体的贸易额增长速度。表 4-8 列示了美国、日本、德国、英国、法国等主要国家以本币及美元计价的贸易额同比增速及差异。可以发现,由于美国不存在汇率问题,两者差异很小(见表 4);其余国家本币口径的贸易增速却均显著高于美元口径的贸易增速,且二者的差异与汇率贬值幅度趋同(见表 5-8)。

表 4　美国进出口贸易额增长率(%)

	出口增长			进口增长		
	本币口径	WTO 口径	差异	本币口径	WTO 口径	差异
1 月	-2. 0	-2. 3	0. 3	0. 1	-1. 5	1. 7
2 月	-1. 9	-1. 7	-0. 2	-3. 4	-3. 2	-0. 2
3 月	-4. 1	-3. 8	-0. 4	0. 4	2. 4	-1. 9
4 月	-3. 0	-2. 6	-0. 4	-3. 3	-4. 2	0. 9
5 月	-4. 8	-5. 0	0. 2	-3. 7	-5. 7	2. 0
6 月	-4. 0	-3. 3	-0. 7	-2. 1	-0. 3	-1. 9
7 月	-4. 1	-3. 7	-0. 4	-3. 2	-4. 0	0. 8
8 月	-6. 2	-6. 6	0. 4	-2. 2	-1. 7	-0. 5

注:本国数据用国际收支平衡表(BOP)的货物与服务贸易数据。WTO 用海关货物贸易数据与 BOP 服务贸易数据。

资料来源:本国统计网站、WTO 数据库。

表 5 日本进出口贸易额增长率(%)

	出口增长			本币兑	进口增长		
	本币口径	WTO 口径	差异	美元贬值	本币口径	WTO 口径	差异
1月	17.0	2.7	14.3	13.8	-9.0	-17.1	8.1
2月	2.4	-9.6	12.0	16.1	-3.6	-15.2	11.6
3月	8.5	-5.5	14.0	17.7	-14.5	-23.8	9.3
4月	8.0	-6.0	14.0	16.6	-4.2	-15.8	11.6
5月	2.4	-11.6	14.0	18.6	-8.7	-20.6	11.9
6月	9.5	-9.2	18.7	21.3	-2.9	-18.0	15.1
7月	7.6	-8.5	16.1	21.2	-3.2	-18.8	15.6
8月	3.1	-10.1	13.2	19.7	-3.1	-18.2	15.1

注:本国数据为海关货物贸易数据,服务贸易数据暂未找到。WTO 用海关货物贸易数据与 BOP 服务贸易数据。

资料来源:本国统计网站、WTO 数据库。

表 6 德国进出口贸易额增长率(%)

	出口增长			本币兑	进口增长		
	本币口径	WTO 口径	差异	美元贬值	本币口径	WTO 口径	差异
1月	-0.4	-14.3	13.9	17.3	-2.2	-15.8	13.6
2月	3.9	-13.7	17.6	20.4	0.5	-16.5	17.0
3月	12.5	-12.2	24.7	27.5	7.2	-15.7	22.9
4月	7.7	-16.1	23.8	28.1	3.2	-18.8	22.0
5月	4.5	-15.2	19.7	23.1	2.9	-16.2	19.1
6月	13.6	-6.6	20.2	21.2	6.0	-12.1	18.1
7月	6.3	-13.1	19.4	23.2	6.2	-13.1	19.3
8月	5.0	-11.5	16.5	19.5	4.0	-12.6	16.6

注:本国数据为海关货物贸易数据,欧元区国家服务贸易数据约滞后 3 个月。WTO 用海关货物贸易数据与 BOP 服务贸易数据。

资料来源:本国统计网站、WTO 数据库。

表 7 英国进出口贸易额增长率(%)

	出口增长			本币兑	进口增长		
	本币口径	WTO 口径	差异	美元贬值	本币口径	WTO 口径	差异
1月	2.0	-14.0	16.0	8.8	-0.1	-11.8	11.7
2月	-0.6	-13.4	12.9	7.9	-0.3	-4.9	4.6
3月	-2.0	-7.7	5.7	11.0	1.0	-8.3	9.3
4月	1.1	-6.6	7.7	12.0	0.6	-12.4	13.0
5月	0.3	-7.0	7.2	8.9	-1.7	-10.8	9.0
6月	3.8	-4.4	8.2	8.7	0.9	-5.7	6.6
7月	-2.3	-8.5	6.2	9.7	-0.7	-13.8	13.2
8月	2.3	0.2	2.1	7.0	1.9	-10.5	12.4

注:本国数据为海关货物贸易数据,服务贸易数据暂未找到。WTO 用海关货物贸易数据与 BOP 服务贸易数据。

资料来源:本国统计网站、WTO 数据库。

表 8　法国进出口贸易额增长率(%)

	出口增长			本币兑	进口增长		
	本币口径	WTO 口径	差异	美元贬值	本币口径	WTO 口径	差异
1月	-1.3	-14.3	13.0	17.3	-7.8	-18.4	10.6
2月	2.3	-13.1	15.4	20.4	-0.4	-14.5	14.1
3月	6.7	-16.9	23.6	27.5	6.5	-16.1	22.6
4月	6.1	-17.9	24.0	28.1	1.4	-19.2	20.6
5月	-0.4	-18.0	17.6	23.1	-1.2	-19.2	18.0
6月	16.8	-8.8	25.6	21.2	6.3	-12.9	19.2
7月	3.3	-17.0	20.3	23.2	-2.5	-18.6	16.1
8月	6.1	-12.2	18.3	19.5	0.8	-13.9	14.7

注:本国数据为海关货物贸易数据,欧元区国家服务贸易数据约滞后 3 个月。WTO 用海关货物贸易数据与 BOP 服务贸易数据。

资料来源:本国统计网站、WTO 数据库。

三、对当前世界贸易形势的新认识

综上可见,由于本币相对于美元的大幅贬值,造成了世界银行及 WTO 以美元计价的贸易额增速与本币贸易额增速差异显著。如果剔除汇率因素影响,可以发现主要国家进出口贸易实际上总体是保持增长的。世界银行及 WTO 口径的数据显示其贸易额大幅下降,是因汇率因素夸大了对当前贸易低迷程度的估计。

鉴此,对当前贸易形势的判断不应单纯以世界银行及 WTO 以美元计价的月度贸易额增速为基础,而要更多地结合 WTO 给出的季度贸易量增速数据以及各国本币口径的贸易额增速,才能对世界贸易的总体形势做出准确判断。

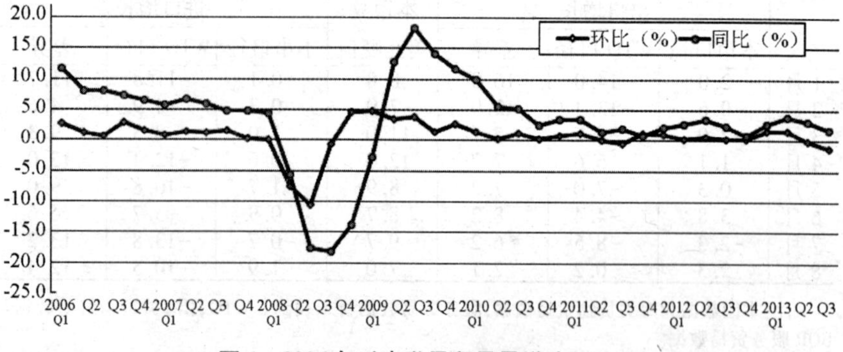

图 1　2006 年以来世界贸易量增速(%)

从上图来看,近10年来,世界贸易量同比增速大体分为四个阶段:从2006年一季度的11.7%回落至2008年三季度的4.5%;随后,受国际金融危机影响,从2008年四季度开始连续五个季度下降;2010-2011年一季度,以两位数的增速强势反弹;2011年二季度开始回落,世界贸易量基本维持4%以下的低速增长,今年二季度降至1.8%,世界贸易持续处于低速状态。

表9 世界和中国货物贸易量增速(%)

	世界贸易量		出口贸易量同比增速		进口贸易量同比增速	
	环比(%)	同比(%)	世界	中国	世界	中国
2006年1季度	2.8	11.7	11.9	25.7	11.4	25.6
2季度	1.2	8.0	8.1	20.7	8.0	17.4
3季度	0.6	8.1	8.4	24.4	7.8	14.2
4季度	2.9	7.2	7.4	25.1	7.0	8.6
2007年1季度	1.6	6.5	6.2	21.6	6.7	12.9
2季度	0.9	5.8	5.8	20.4	5.9	10.7
3季度	1.4	6.7	6.6	21.0	6.8	13.9
4季度	1.3	6.0	6.0	14.9	6.0	15.5
2008年1季度	1.7	4.8	5.3	11.5	4.3	10.1
2季度	0.2	4.9	5.5	10.8	4.3	9.3
3季度	0.0	4.5	4.7	13.3	4.4	4.4
4季度	-7.5	-5.7	-7.0	-1.8	-4.3	-9.7
2009年1季度	-10.7	-17.7	-18.5	-18.1	-16.9	-17.9
2季度	-0.7	-18.3	-18.5	-17.7	-18.0	-2.4
3季度	4.7	-13.8	-13.8	-13.0	-13.8	6.7
4季度	4.8	-2.9	-1.2	7.3	-4.5	25.6
2010年1季度	3.5	12.9	14.0	32.7	11.8	42.2
2季度	3.9	18.3	18.5	38.5	18.1	21.1
3季度	1.3	14.2	13.7	25.8	14.6	14.8
4季度	2.6	11.6	11.6	18.0	11.6	18.3
2011年1季度	1.3	9.9	9.9	15.1	9.9	15.9
2季度	0.2	5.5	5.8	10.6	5.2	7.0
3季度	1.2	5.2	5.7	9.9	4.8	8.5
4季度	0.2	2.5	2.4	3.3	2.7	8.3

续表

	世界贸易量		出口贸易量同比增速		进口贸易量同比增速	
	环比(%)	同比(%)	世界	中国	世界	中国
2012年1季度	0.9	3.5	3.4	2.9	3.7	2.9
2季度	1.2	3.5	3.6	6.9	3.4	6.5
3季度	0.1	1.5	1.2	4.0	1.8	4.8
4季度	-0.5	2.0	1.7	9.2	2.4	5.3
2013年1季度	1.3	0.8	0.9	18.4	0.7	12.5
2季度	1.1	2.1	2.4	4.2	1.9	7.6
3季度	0.3	2.7	3.1	5.1	2.4	9.8
4季度	0.5	3.5	4.0	8.1	2.9	10.7
2014年1季度	0.3	2.3	2.1	-1.6	2.5	6.6
2季度	0.2	0.7	0.7	7.1	0.8	2.5
3季度	1.5	2.6	2.9	12.4	2.4	2.6
4季度	1.7	3.9	3.5	8.1	4.2	3.9
2015年1季度	-0.1	3.1	3.3	5.3	3.0	-12.2
2季度	-1.3	1.8	1.3	-1.5	2.3	-2.2

数据来源:世界贸易组织数据库。

(执笔:郑泽香　王磊　陈璇璇;成文于2015年12月)

当前世界贸易形势恶化及我国的对策

今年以来,发达经济体进口大幅减少,导致新兴经济体的出口受到阻碍,从而也使得全球贸易增长形势趋向恶化。

一、全球贸易恶化,增长预测下调

(一)世界进出口贸易额大幅下降

截至今年2月,全球贸易额已连续5个月同比下降。据世界贸易组织(WTO)统计,2月份世界进出口贸易额同比下降10.7%。其中,出口额下降7.7%,连续5个月下降;进口额下降13.5%,连续6个月下降。

另据世界银行统计,2月份世界进出口贸易额同比下降10.2%。其中,出口额下降5.5%,连续5个月下降;进口额下降14.6%,连续7个月下降。

在世界主要经济体中,2月份,日本、法国、德国、意大利、英国、巴西、俄罗斯、南非、印度等国的出口额同比降幅均在两位数以上。其中,巴西下降24.1%,俄罗斯下降19.9%,英国下降19.7%。

2月份,日本、法国、德国、意大利、巴西、俄罗斯、印度等国的进口额同比均以两位数速度下降。其中,俄罗斯下降35.4%,巴西下降17.4%,日本下降17.0%。

表1　2015年1–3月世界主要经济体出口情况

单位:亿美元

	2015年1月		2015年2月		2015年3月	
	出口额	增长率(%)	出口额	增长率(%)	出口额	增长率(%)
世界	12430.0	-10.4	11820.0	-7.7		
北美	1826.6	-4.6	1798.4	-5.3	2033.5	-5.9
美国	1214.0	-4.8	1183.5	-4.3	1333.3	-6.0
中南美						
巴西	137.0	-14.5	120.9	-24.1	169.8	-3.7

续表

	2015 年 1 月		2015 年 2 月		2015 年 3 月	
	出口额	增长率(%)	出口额	增长率(%)	出口额	增长率(%)
欧洲	4621.2	-16.6	4743.5	-14.8		
欧盟	4217.0	-16.8	4348.4	-15.0		
法国	405.2	-15.5	422.0	-14.6		
德国	1046.9	-15.0	1088.7	-13.5		
意大利	334.7	-18.2	374.4	-13.8		
英国	347.4	-20.6	347.1	-19.7		
独联体						
俄罗斯	275.1	-30.5	291.6	-19.9		
非洲						
南非	57.8	-19.7	66.1	-12.5	75.7	2.4
亚洲	5065.3	-3.1	4372.0	5.6	4622.5	-10.6
印度	237.8	-11.6	215.5	-15.0	239.5	-21.1
日本	519.3	2.8	501.1	-11.7	575.4	-7.8

资料来源:世界贸易组织

表 2 2015 年 1-3 月世界主要经济体进口情况

单位:亿美元

	2015 年 1 月		2015 年 2 月		2015 年 3 月	
	进口额	增长率(%)	进口额	增长率(%)	进口额	增长率(%)
世界	12630.0	-13.8	11620.0	-13.5		
北美	2494.2	-2.4	2294.5	-4.2	2755.7	1.8
美国	1855.7	-2.3	1673.2	-4.1	2038.0	2.6
中南美						
巴西	176.3	-16.2	156.1	-17.4	172.7	-5.9
欧洲	4719.6	-17.2	4699.5	-14.1		
欧盟	4344.1	-17.4	4309.3	-14.6		
法国	471.4	-21.1	467.9	-16.6		
德国	859.5	-16.4	867.7	-16.1		
意大利	332.2	-18.2	334.2	-16.1		
英国	503.0	-11.3	515.2	-2.8		
独联体						
俄罗斯	124.6	-40.7	155.6	-35.4		
非洲						
南非	78.9	-9.3	73.7	-1.4	75.3	-11.4
亚洲	4520.9	-14.3	3753.0	-16.2	4530.5	-13.8
印度	321.5	-11.5	283.9	-15.7	357.4	-13.4
日本	618.5	-20.1	537.0	-17.0	556.4	-27.4

资料来源:世界贸易组织

(二)2015 年世界贸易量增长率预测值下调

据 4 月份 WTO 预测,2015 年世界货物贸易量增长 3.3%,低于去年 9 月份 4.0%的预测值,也远低于国际金融危机之前 6.0%的平均增长率。如果排除贸易量下降的年份,目前的增幅是 1981 年来全球贸易增长率仅次于 2009 年的第二低增速。

同时,发达经济体货物贸易量出口预计增长 3.2%,下调 0.6 个百分点;新兴经济体出口预计增长 3.6%,下调 0.9 个百分点。发达经济体进口量预计增长 3.2%,下调 0.5 个百分点;新兴经济体预计增长 3.7%,下调 0.8 个百分点。

表 3 2011-2016 年世界货物贸易量增长率

单位:%

	2011 年	2012 年	2013 年	2014 年	预测值		与上次预测值的差(百分点)
					2015 年	2016 年	2015 年
世界货物贸易量	5.4	2.2	2.4	2.8	3.3	4.0	-0.7
出口							
发达经济体	5.2	1.1	1.6	2.2	3.2	4.4	-0.6
新兴经济体	5.8	3.7	3.9	3.3	3.6	4.1	-0.9
按地区							
北美	6.6	4.5	2.8	4.3	4.5	4.9	
中南美	6.6	0.8	1.5	-2.5	0.2	1.6	
欧洲	5.6	0.8	1.6	1.9	3.0	3.7	
亚洲	6.4	2.7	5.0	4.9	5.0	5.4	
其他地区	2.0	4.0	0.7	0.1	-0.6	0.3	
进口							
发达经济体	3.4	-0.1	-0.2	3.2	3.2	3.5	-0.5
新兴经济体	7.8	4.9	5.3	2.0	3.7	5.0	-0.8
按地区							
北美	4.4	3.2	1.1	4.4	4.9	5.1	
中南美	12.6	2.3	3.2	-3.0	-0.5	3.1	
欧洲	3.2	-1.8	-0.3	2.8	2.7	3.1	
亚洲	6.5	3.6	4.8	3.6	5.1	5.1	
其他地区	7.9	9.9	3.9	0.0	-2.4	1.0	

注:1. 上次预测为 2014 年 9 月;

2. 其他地区包括非洲、独联体国家和中东地区。

资料来源:世界贸易组织

二、全球贸易恶化的原因分析

(一)浅层次原因

1. 美元升值造成的价格效应

美元作为国际贸易额标价货币,其汇率升值或贬值直接影响贸易额的变化。在市场对美联储不断升温的升息预期和外汇市场套利交易的助推下,美元进入了一个明显的升值周期,综合反映美元在国际外汇市场汇率情况的美元指数从今年初的90左右升至4月中旬的100左右,为2006年3月以来的近9年新高,导致以美元计价的国际贸易额减少,增速下降。

2. 大宗商品价格下跌的不利影响

2015年第一季度,能源价格比上年四季度下跌28.2%,非能源价格下跌6.4%;能源价格比上年同期下跌47.6%,非能源价格下跌12.5%。尽管近期国际市场原油价格环比有所回升,但同比跌幅仍较大。4月份,欧佩克一揽子原油现货价格和纽约期货市场轻质原油价格分别为57.3美元/桶和54.63美元/桶,同比分别下降45.0%和46.5%。

以石油为代表的国际大宗商品价格持续下跌,不仅导致大宗商品进出口贸易额减少,也使石油出口国和其他大宗商品出口国出口收入减少,抑制了进口需求。

3. 全球特别是发达国家实行逆周期的保护主义政策

在当前经济疲软的背景下,全球特别是发达国家频频出台新的贸易限制措施,具体表现有:第一,发达国家根据国际贸易最优化策略理论,在经济处于衰退时期,采用逆周期的贸易保护政策,如当前美国和欧洲对俄罗斯的经济制裁恰逢全球经济复苏仍具有不确定性的时期,也是全球贸易摩擦的高峰期之一;第二,贸易摩擦手段多元化。发达经济体针对贸易伙伴采用了一些新型的贸易保护措施,如“绿色贸易壁垒”、“蓝色贸易壁垒”、“特保条款”、“非市场经济条款”、“337调查”、“301调查”、“碳关税”等。这些新型的贸易壁垒主要是由发达国家设置的。与传统的关税等贸易保护措施相比,这些贸易保护措施低调而隐秘,后果则更严重;第三,贸易保护主要针对新兴经济体尤其是对中国的贸易措施急剧上升;第四,技术障碍成为新贸易摩擦的主力军,主要是发达国家或地区提高新兴经济体进入本地市场的技术标准。

4. 地缘政治动荡抑制了贸易增长

不断升级的乌克兰危机不仅直接影响了俄罗斯和乌克兰两国的对外贸易,而且其外部效应还不断向中亚和独联体地区扩散,欧盟的对外贸易也受到影响。

5. 发展中国家内需持续下降

国际金融危机以来,多数新兴经济体结构性矛盾愈发突出,加上原有问题,经济增长持续放缓,进口需求减弱。

(二)深层次原因

1. 世界主要经济体潜在增长率普遍下降

人口老龄化加快,技术进步减缓和企业投资减弱,加上国际金融危机对经济产生的持久冲击等因素,拉低了发达经济体和新兴经济体的潜在产出,导致潜在增长率下滑。发达国家这一进程稍早于 2008 年,国际金融危机期间进一步加剧。而在发展中国家,潜在增长率在国际金融危机后才开始下降。

随着与金融危机相关的一些因素逐渐消退,发达国家的潜在增长率预计会有所提高,但从中期看仍会低于危机前水平。国际货币基金组织(IMF)预计发达国家的潜在增长率从 2008-2014 年的大约 1.3%提高至 2015-2020 年的 1.6%,但仍低于危机前 2001-2007 年 2.25%的平均水平。相反,由于受人口老龄化、投资疲弱以及全要素生产率增长较低等因素拖累,发展中国家的潜在增长率预计会进一步下降。IMF 预计发展中国家的潜在增长率由 2008-2014 年的 6.5%下降至 2015-2020 年的 5.2%。

2. 全球价值链分工模式造成的影响

首先,垂直分工的扩展和延伸,特别是前苏联东欧加入全球经济体系,使得全球贸易加速扩张。目前垂直分工受到限制,世界经济全球化也遭遇瓶颈,1990-2007 年间推动全球贸易迅速扩张的因素不复存在。

其次,在全球价值链分工模式下,产品的不同生产环节位于不同的国家,会对贸易增长或下降起到放大效应。如一旦美国对中国产品最终需求下降,不仅导致中国出口下降,也会导致中国进口中间品的下降,还会导致不同生产环节国家的进出口均会受到影响,其结果是贸易增速下滑比国内生产总值(GDP)下滑更加严重。反之,如果GDP增速提升,贸易增速提升幅度往往也会更大,但前提是全球价值链得到有效修复。金融危机之后的全球贸易一度出现恢复性反弹,但随即陷入低迷,至今仍然无法摆脱困境,在某种程度上是全球价值链尚未完全修复的结果。时至今日,全球价值链已发展到足够深的程度,边际深化程度有限,后继深化确实有较大难度,因此这一提升贸易增速的动力不复存在,从而造成现在的贸易低迷,并且这种低迷有可能长期存在。

再次,全球价值链分工模式出现新变化。典型的例子是中国和美国这两个经济大国家和贸易大国。据世界银行估计,中国进口零部件在进口总额中的比重从1990年代中期的60%下降至目前的35%左右,这意味着越来越多的中间产品依赖中国国内市场供给,相应减少了进口需求。另一方面,从1985年至2000年,美国制成品进口在货物进口总额中的所占比重增加了一倍,而2000年以来基本保持稳定。

3. 发达国家再工业化等导致全球贸易竞争日趋激烈

国际金融危机后,发达经济体为扭转本土工业尤其是制造业衰退局面,着力调整更新产业结构、实现工业水平升级,表现为政府支持本土制造业的振兴和本国海外制造业的回归,其实质是期望通过技术创新来引导工业技术水平提高,用技术优势占领高端制造业市场和产业链条高利润段,从而在激烈的国际市场竞争和新兴市场国家的挑战面前继续保持优势。此外,美国还推出了“出口倍增计划”与再工业化战略相呼应。目前,发达国家再工业化政策效应逐步显现,贸易逆差不断降低,对长期依赖出口的新兴经济体出口贸易产生替代效应,全球贸易竞争更加激烈。

三、今明两年世界贸易发展展望

(一)不利因素

1. 美国升息不利于世界经济稳定和贸易复苏

美元升息预期将推高美元汇率,此前流入新兴经济体的大量外资或将大量撤离,这可能会导致多国货币贬值。如果利率的上升速度超过预期,那么市场风险情绪以及风险溢价水平都将上升,继而威胁全球金融市场的稳定,全球经济将重新面临中期停滞的风险,这将阻碍2015年世界经济的顺利复苏,进而影响世界贸易复苏。

2. 强势升值的美元不利于世界经济稳定和贸易复苏

美元升值不仅会降低全球贸易名义增速，还会带来金融市场动荡甚至经济危机。一旦市场形成美元步入升值通道的预期，强势美元将诱致美元回流美国，大量的短期资本外流迫使本国货币大幅度贬值，并冲击金融市场，进一步强化本币贬值的预期，最终导致金融危机。强势美元还会加重以美元计价的外部债务的负担。当前，对于发行过多美元债务（如保加利亚、乌克兰等）或短期美元债务比例较高（如马来西亚、泰国等）、实行盯住美元汇率制度的国家和地区来说，外汇市场动荡甚至出现危机的风险骤然提升，不利于世界经济稳定和贸易复苏。

3. 欧洲货币政策的不平衡性或将影响全球贸易复苏进程

作为世界重要经济体，欧盟经济增长前景的好坏直接影响全球贸易复苏的动能。虽然欧盟正推出各种刺激计划，包括欧洲版的量化宽松政策，但由于货币政策传导机制不畅，成员国经济形势分化对于货币政策需求不同，将削弱现有政策效果，导致欧洲经济恢复依然缓慢。加上地缘政治风险不明等其他不利因素的不断显现，给 2015 年全球贸易增长带来更大的不确定性。例如，法国和意大利改革措施迟迟得不到落实且财政赤字都较高，货币刺激政策的效果将会继续受到抑制。在需求低迷和企业杠杆率过高的环境下，量化宽松政策可能难以见效。

4. 日本结构性困境及经济政策难以起效将增加全球贸易复苏的不确定性。

在日本经济内生性结构困局下，日本扩张性货币政策的有效性将是影响 2015 年世界经济增长的重要变量。当前日本经济的再度萧条主要缘自其经济内生性的结构困局，即巨大的政府债务束缚其财政政策的实施。虽然目前日本已经实施了宽松的货币政策，但政策效果的发挥必须辅以积极财政政策，而高企的政府债务水平又挤压了日本政府的财政空间，削弱了宽松货币政策的有效性。目前来看，日本经济恢复难言乐观，恐怕成为影响 2015 年全球贸易增长的不利因素。

（二）有利因素

1. 全球经济失衡风险有所减弱

发达国家去杠杆化取得进展，加上石油等大宗商品价格维持低位的利好，发达国家经济动力有望增强。去年 11 月以来，为遏制经济放缓，发展中国家纷纷出台刺激性货币政策，有望对经济增长产生积极影响。IMF 春季报告预测，预计今明两年世界经济将分别增长 3.5%和 3.8%。2015 年，发达国家经济预计增长 2.4%，比上年加快 0.6 个百分点，2016 年维持在 2.4%；2015 年，发展中国家经济预计增长 4.3%，比上年回落 0.3 个百分点，已经连续 5 年减速，预计 2016 年将加快至 4.7%。

2. 亚洲经济一体化有利于世界经济和贸易复苏

中国对外经济、投资的空间布局重心在亚洲，影响在世界。无论是对中国还是对世界而言，亚洲经济一体化均具有极为重要的意义，可以带动世界经济的复苏和更为持续的发展，有利于世界经济新秩序的构建。APEC 北京峰会与亚太自贸区（FTAAP）进程的启动有利于亚太地区贸易便利化，也有利于促进世界贸易发展。“推动区域经济一体化”是 APEC 北京峰会的 3 项重点议题之一，强调其是亚太地区长期保持强劲增长的动力源，并最终迈出实质性一步。中国发起成立金砖国家开发银行，筹建亚洲基础设施投资银行并宣布出资 400 亿美元设立丝路基金，利用自身资金实力加强互联互通、加快“一带一路”建设，努力消除误解和赢得亚洲邻国信任，担当起亚洲经济一体化发展的建设性领导者的责任，这些都成为世界经济和贸易增长的重要推动力量。

（三）初步预测

WTO 预测，2015 年世界货物贸易量增长 3.3%。其中，发达经济体货物贸易量出口增长 3.2%，新兴经济体增长 3.6%；发达经济体进口量增长 3.2%，新兴经济体增长 3.7%。

IMF 预测，2015 年世界货物贸易量增长 3.7%。其中，发达经济体货物贸易量出口增长 3.2%，新兴经济体增长 5.3%；发达经济体进口量增长 3.3%，新兴经济体增长 3.5%。

四、政策建议

近期我国外贸发展仍然面临着一些困难。据海关统计，2015 年第一季度我国外贸进出口总额 5.54 万亿元，比去年同期下降 6%。其中出口 3.15 万亿元，增长 4.9%；进口 2.39 万亿元，下降 17.3%，贸易顺差 7553.3 亿元，扩大 6.1 倍。从单月情况来看，3 月份我国进出口总额同比下降 15.9%，其中出口下降 4.4%，进口下降 25.1%。此外，3 月份，中国外贸出口先导指数为38.2,较2月份下滑1.4个点,这表明今年二季度我国出口向好仍存在不确定性。这些困难和问题都值得我们高度关注,必须采取有效措施加以应对。

(一)增强我国在全球价值链中的竞争力

全球价值链的分享使全球分工和贸易模式发生根本变革。根据联合国贸发会议数据库,几乎所有发展中经济体,包括最贫穷的经济体,都在越来越多地参与全球价值链。根据WTO最新报告,在过去20年里,那些设法提高在全球价值链里的参与程度和提高出口产品里的国内增加值的国家,人均GDP平均增长3.4%,明显高于全球经济增速。因此,新兴经济体只有提升技术并参与区域分工合作,才能在全球价值链中获得有利位置。当前,发达国家再工业化进程将会进一步加快,这对我国部分产品的出口会产生一定消极影响,但也会促进我国有关产业发展,形成既竞争又合作的关系。在当前形势下,我国应积极参与国际分工,促进国内产业结构升级,培育向全球价值链中高端延伸的国际竞争新优势。

(二)采取积极的政策加强进口

要积极支持数字化、智能化等先进技术设备、关键零部件进口,扩大国内短缺资源进口,合理增加与群众生活密切相关、必要的一般消费品进口。同时,还要结合淘汰落后产能,稳定资源性产品进口。完善国家储备体系,支持企业建立重要资源能源商业储备。支持海外投资,鼓励战略性资源回运,适度扩大再生资源进口。

(三)加强贸易摩擦应对措施

要积极支持企业应对反倾销、反补贴调查,加强贸易摩擦应对工作队伍建设,充分发挥经济贸易和国际法律专家的作用。加强贸易摩擦应对工作总体协调和部门合作,努力减轻贸易摩擦对我国出口的消极影响。完善贸易救济立法,依法开展贸易救济调查。

(四)进一步完善人民币汇率市场化形成机制

进一步发挥市场在人民币汇率形成中的作用,增强人民币汇率双向浮动弹性,保持人民币汇率在合理均衡水平上的基本稳定。鼓励金融机构开发适应实体经济发展需要的避险产品,帮助外贸企业有效规避汇率风险。

（五）落实“一带一路”倡议助推外贸增长

“一带一路”正从倡议逐步走向落实。“一带一路”建设将以政策沟通、设施联通、贸易畅通、资金融通、民心相通为主要内容，为沿线国家发展和世界经济注入新动力。贸易合作是“一带一路”建设的重点内容，要着力研究解决投资贸易便利化问题，消除投资和贸易壁垒，构建区域内良好的营商环境，积极同沿线国家和地区共同商建自由贸易区，激发释放合作潜力，让合作成果尽早惠及沿线各国人民。

（执笔：高析；成文于 2015 年 5 月）

专栏

2015 年中国信息化发展指数居世界第 82 位

国际电信联盟(ITU)公布的最新版《衡量信息社会发展报告 2015》显示,2010-2015 年,全球的信息化水平持续发展,167 个经济体的信息化发展指数(IDI)均有所提高。2015 年,中国信息化发展指数为 5.05,居世界第 82 位,比 2010 年增加 1.36,排名上升 5 位。

信息化发展指数(IDI)是由国际电信联盟(ITU)发布的全面反映信息化发展水平的复合指标,通过对世界各个国家(地区)的信息化水平进行测算和比较,来衡量和跟踪各国的信息通信技术(ICT)进程和发展。IDI 是一个包括接入、使用和技能三个分指数的综合指数,通过信息化基础设施、信息化使用、知识水平、发展环境与效果和信息消费等方面的 11 个具体指标(数值用 0 至 10 表示)加权计算得到。

《衡量信息社会发展报告 2015》对近五年来世界各国的信息化水平的测算结果显示,参加测评的所有国家 2015 年信息化发展指数均高于 2010 年,世界 IDI 指数平均值从 2010 年的 4.14 提高到 2015 年的 5.03;发达国家从 6.48 提高到 7.41,发展中国家从 3.24 提高到 4.12。

表 1　2010-2015 年按发展水平划分的 IDI 变化

	2015 年 IDI			2010 年 IDI			2010-2015 年平均值变化
	平均值	最小	最大	平均值	最小	最大	
世界	5.03	1.17	8.93	4.14	0.88	8.64	0.89
发达国家	7.41	4.73	8.88	6.48	3.65	8.43	0.93
发展中国家	4.12	1.17	8.93	3.24	0.88	8.64	0.88

2015 年,世界各国的信息化发展水平依然存在较大差距。韩国的信息化发展指数为 8.93,继续排名世界第 1 位。乍得的 IDI 为 1.17,排名最后,与韩国的差距为 7.76。值得注意的是,2010 年韩国与乍得同样是排名首位和末位,而且信息化指数的差距也与 2015 年相同。报告指出,2015 年,最不发达国家不断推进信息化进程,6.7%的家庭实现了互联网连接,但与世界平均水平的 46%和发达国家的 80%仍有较大差距。

表 2 2010-2015 年世界各国的信息化发展指数比较

国家或地区	2015 年排名	IDI 总指数		接入分指数		使用分指数		技能分指数	
		2015	2010	2015	2010	2015	2010	2015	2010
世界		5. 03	4. 14	5. 53	4. 83	3. 64	2. 21	6. 81	6. 61
韩国	1	8. 93	8. 64	9. 00	8. 64	8. 42	8. 02	9. 82	9. 87
丹麦	2	8. 88	8. 18	8. 72	8. 70	8. 83	7. 20	9. 29	9. 09
冰岛	3	8. 86	8. 19	9. 37	9. 32	8. 11	6. 54	9. 35	9. 25
瑞士	4	8. 75	7. 62	8. 90	8. 99	8. 32	7. 57	8. 91	9. 06
英国	5	8. 67	8. 43	9. 24	8. 75	8. 42	5. 99	8. 42	8. 65
卢森堡	6	8. 59	7. 82	9. 49	9. 40	8. 34	6. 53	7. 29	7. 24
瑞典	7	8. 56	7. 60	9. 20	9. 02	8. 01	5. 87	8. 35	8. 25
荷兰	8	8. 53	7. 82	9. 04	8. 77	7. 69	6. 41	9. 21	8. 78
中国香港	9	8. 52	7. 41	9. 32	9. 06	7. 55	5. 40	8. 84	8. 13
挪威	10	8. 49	8. 16	8. 24	8. 33	8. 43	7. 55	9. 10	9. 06
中国	82	5. 05	3. 69	5. 25	4. 08	3. 84	1. 77	7. 07	6. 72

2010-2015 年我国信息化发展总指数和分指数与 2010 年相比均有很大提高，但与世界先进水平仍有较大差距。2015 年中国的 IDI 达到 5. 05，首次超过世界平均水平（5. 03），显著高于亚洲国家平均水平（4. 70）和发展中国家平均水平（4. 12），世界排名第 82 位。在三个分指数中，只有接入分指数（5. 25）低于世界平均水平（5. 53），使用和技能分指数都高于世界平均水平。但是，我国 IDI 总指数比世界最高水平低 43%，比发达国家水平低 32%。其中，接入分指数比世界最高水平低 45%，比发达国家水平低 33%；使用分指数比世界最高水平低 57%，比发达国家水平低 39%；技能分指数比世界最高水平低 29%，比发达国家水平低 19%。

从 IDI 包含的具体指标来看，我国有 3 个指标差距较大、排名靠后：一是移动电话普及率，2015 年该指标排名为 112 位，低于我国综合排名 30 位；二是人均国际互联网带宽，2015 年该指标排名 138 位，低于我国综合排名 56 位；三是高等教育毛入学率，2015 年该指标排名为 91 位，低于我国综合排名 9 位。

IDI 指数能够反映 ICT 发展水平，是指导各经济体信息化发展的重要参考指标。我国应强化信息基础设施建设，推动信息通信技术应用普及：一是实施网络强国战略，加快构建高速、移动、安全、泛在的新一代信息基础设施；二是完善农村及偏远地区宽带电信普遍服务补偿机制，缩小城乡数字鸿沟；三是加强 ICT 应用引导，促进信息通信技术在各领域的推广和应用，通过应用带动普及水平提升。

（执笔：杨红军；成文于 2016 年 1 月）

当前发达经济体逆周期贸易政策及我国的对策分析

近期,世界经济持续低速增长,风险因素增多,形势更加错综复杂。在此国际背景下,发达经济体为保护国内就业,实施了一系列贸易保护主义政策,全球贸易由此进入了逆周期的贸易政策时期。世界贸易组织(WTO)在2014年《全球贸易检测报告》中指出,2013年全球新增407项贸易限制措施,比2012年的308项新增加100多项;全球其他贸易限制措施(主要是进口关税措施和海关程序措施)由2012年的164项增至2013年的190项;贸易救济措施以及其他贸易限制措施也呈增长的趋势。与此同时,全球新的贸易便利化措施却不断减少,从2012年的162项降至2013年的107项。另据WTO统计,截至2014年10月中旬,20国集团(G20)正在实施的贸易限制措施达962件,比一年前增长了12.4%,受影响的进口金额达7570亿美元。

一、当前逆周期贸易政策的主要特点

一是贸易摩擦手段多元化。发达经济体针对贸易伙伴采用了一些新型的贸易保护措施,如"绿色贸易壁垒"、"蓝色贸易壁垒"、"特保条款"、"非市场经济条款"、"337调查"、"301调查"、"碳关税"等等。这些新型的贸易壁垒主要是由发达经济体设置的。与传统的关税等贸易保护措施相比,这些贸易保护措施低调而隐秘。

二是贸易保护涉及的领域不断扩大。传统的贸易保护对象主要是幼稚工业和落后工业,而当前的新贸易保护主义正在逐步向新兴产业、高新技术产业领域扩展。发达经济体企图凭借技术和经济优势,抢占未来新兴产业发展的制高点,挤压其他经济体的发展空间,对新兴产业领域的贸易保护由此兴起。

三是针对发展中国家，尤其是中国的贸易摩擦数量急剧上升。中国已成为世界货物贸易第一大国，也是贸易保护主义最大的受害者。据商务部统计，中国已经连续 18 年成为遭遇反倾销调查最多的国家、连续 8 年遭遇反补贴调查最多的国家。全球每年新发起的反倾销案件中的 30%以上直接针对中国，反补贴调查中的 70%针对中国。

四是技术障碍成为新贸易摩擦的主力军。主要是发达经济体用更高的技术标准障碍来提高发展中国家进入市场的标准。这也是现在看到的发达经济体不喜欢自由贸易，而发展中国家推崇自由贸易的真实表现。

五是“全球治理”、“国家安全”成为实施贸易保护的新借口。气候变化、粮食和食品安全、能源资源安全等问题成为国际社会关注的焦点。很多国家，特别是发达经济体常常以全球治理为借口，行贸易保护之实，它们以节能减排为口号，推出了碳关税、碳标签、碳认证等绿色门槛。

二、实施逆周期贸易政策的原因

发达经济体以邻为壑的贸易保护具有周期性，这是基于经济周期和政治周期的双重原因。尽管自由贸易的必然趋势不可逆转，政治周期和经济周期交织在一起形成的贸易保护主义阴霾不会轻易散去，一旦经济出现下降或衰退，又会卷土重来。

从经济周期看，发达经济体国内经济增长及结构调整直接影响其贸易政策导向。发达经济体遵循的国际贸易理论认为，国际商品流动在某种程度上就是要素的流动，国际贸易的背后是就业机会的国家间转移，在经济萧条时，国际贸易将导致就业机会的流出，因此，发达经济体更倾向于通过贸易保护来保护国内就业。根据 WTO 统计，1995-2008 年这 14 年间，1998 年爆发的亚洲金融危机和 2008 年爆发的国际金融危机成为全球货物贸易中的两个反倾销高峰，1999 年、2008 年发起的反倾销案件数量分别达到 358 起和 209 起。两次金融危机也形成了全球货物贸易中的两个反补贴高峰，1999 年、2009 年全球发起的反补贴案件数量分别达到 41 起和 28 起。

从政治周期看，政府换届、中期选举都直接影响发达经济体的贸易保护程度，贸易保护的周期即为政府的任期。为了赢得选举，不同党派往往会满足某些利益集团的贸易保护要求;选举过后,贸易保护力度则有所下降,但是到选举年时又会加强。中美贸易关系受政治周期的影响十分明显:每次大选前,候选人与争取连任的现任总统或其他竞争对手,都会在对华贸易政策问题上指责对手来为利益集团换取经济利益;在每四年的大选前和大选后初期,美国总会出台一些强硬的对华贸易政策措施,而大选之后,美国对华贸易政策便会逐渐向务实的方向回归;在中期选举前夕,美国政府往往会以更大的力度向中国政府施压,频繁地使用反倾销措施、保障条款、301 条款等,从而配合其中期选举的总体战略。

三、我国的应对建议

2014 年,中国遭遇的贸易保护主义继续升温,一些贸易大国强化贸易救济调查执法,加大对国内产业保护力度,针对中国的调查数量依然较多,中国已成为发达经济体滥用贸易救济措施的最大受害者。中国商务部数据显示,2014 年共有 22 个国家和地区对中国出口产品发起贸易救济调查 97 起。其中,反倾销 61 起,反补贴 14 起,保障措施 22 起,涉案金额 104.9 亿美元。另外,中国遭受美国 337 调查 12 起,欧盟发起的反规避和反吸收调查各 1 起。高科技产品成为摩擦的新热点,中国输出光伏产品、风力发电机组、手机等高科技产品相继遭到贸易救济调查,美国、加拿大、澳大利亚都对中国光伏产品发起了“双反”调查。2014 年,我国受贸易摩擦影响的产业范围很广,五金矿产、化工、机电、轻工、纺织、医药保健、食品土畜类产品遭受调查的案件分别为 38 起、23 起、17 起、13 起、3 起、2 起和 1 起。

(一)要提高反周期贸易政策影响的应对自觉

任何一国的经济政策,包括贸易政策都是为本国的经济利益服务的,在当前全球经济环境下,各国出台贸易保护措施有一定的必然性。尽管自由贸易可以使资源配置达到最优,但自由贸易影响到收入分配和就业机会,进而对一国不同的利益阶层和利益集团产生影响,因此政府对经济和贸易的干预是必然的。此外,贸易摩擦多发高发也是中国成为第一货物贸易大国和第二大经济体后的伴生现象。

(二)主动加强贸易政策的国际协调

贸易保护政策影响收入分配和不同利益集团的利益,都会有支持者和反对者，这为贸易政策的国际协调提供了可能。我们应充分利用 G20、中美战略对话、中欧高层论坛等平台，与相关国家及国际货币基金组织、世界银行、WTO 等国际组织保持密切接触，协调立场，主动承担发展中大国的国际责任，积极参与全球援助行动，在主要贸易伙伴贸易政策制定过程中，传递出合理、有力的声音，有效化解贸易摩擦，共同抵制贸易保护主义。

（三）应用大数据技术构建贸易保护主义预警体系

可以通过重要宏观经济指标（经济增长率、就业率、消费者信心指数、主要公司对经济前景的预期和对公司利润的预期等），利用当代大数据技术和历史经济贸易数据，努力构建一个监测国外经济发展的指标体系和贸易保护主义预警体系，提高应对贸易保护主义的主动性。

（四）坚决实施自贸区战略，增进域内贸易合作

面对 WTO 多哈回合谈判受挫，经济全球化进程遇阻，国内需求不足、外需乏力的困境，越来越多的国家选择通过不同形式、不同深度的区域经济合作，避开贸易保护主义，开拓外需市场，自由贸易区发展方兴未艾。建立自由贸易区，我们一方面要跟踪研究美欧等发达经济体的区域一体化战略，认真分析其对中国宏观经济和不同行业的影响；另一方面要坚定不移地推进自贸区建设，主动参与更多的自贸区谈判并力争成为主导力量，充分发挥自贸区作为多边贸易体系的有效补充作用，大力发展域内贸易。

（五）推动企业重视研究国际贸易规则，有力维护自身利益

当前，许多国际贸易保护主义的做法，有些是对 WTO 规则的滥用，有些则完全违背了国际准则，而中国很多出口企业都存在着对国际通用的贸易规则不熟悉、对可能出现的贸易纠纷不敏感等问题，在遇到贸易纠纷时，往往会茫然不知所措。中国出口企业更加需要重视研究国际贸易规则，学会运用 WTO 规则，了解国际贸易新变化，及时采取应对之策，维护自身利益。同时，还要学习研究国外法规和国际商法，把握国际竞争的主动权，提升企业在国际贸易中的应对能力。

（执笔：高析；成文于 2015 年 5 月）

美国加息及其影响

近期,美联储可能启动2007年以来的首次加息,预计加息幅度为25个基点。若美国启动升息进程,将对国际金融市场和投资产生直接影响,也会对我国经济稳定发展产生一定冲击。

一、美联储年底加息几无悬念

2015年以来,美联储何时加息引发世人高度关注,并波及世界经济稳定。此前,受世界经济动荡以及本国国内经济形势不稳定影响,美联储加息预期被一再推迟。近期,美国实体经济运行趋稳,加息的前置条件已基本具备:一是就业市场继续稳步改善。2015年11月失业率稳定保持在5.0%,是2008年5月以来最低值。今年以来,新增非农雇员人数,除个别月份出现波动外,基本保持在20万人以上,11月份美国非农部门新增就业21.1万人。随着美国就业市场的持续稳定改善,美联储调整利率的参照已从之前的就业和通胀两大标准转向更加关心通胀水平;二是通胀水平接近加息标准。美国消费价格(CPI)同比涨幅虽连续6个月在0-0.2%的区间低位徘徊,但核心CPI整体上涨,9、10月涨幅已达1.9%,逼近美联储2%的通胀目标。核心PCE物价指数同比涨幅今年以来也一直持稳于1.3%;三是经济总体稳定,加息综合条件趋于成熟。美国经济稳定复苏,也给货币政策带来调整空间。2015年三季度,美国GDP环比折年率从初值的1.5%上调至2.1%;零售额同比保持2%左右的增速;股市持续走高,标准普尔500指数已升至2100点;房地产市场强劲反弹,现房销售和新房开工已经基本恢复至国际金融危机前的水平;居民财富不断积累,居民储蓄趋稳,有效购买能力逐渐增强。

从今年前七次政策会议要点看,美联储加息意愿愈来愈强(见表1)。

12月2日，美联储再次透露加息信号，其主席耶伦讲话进一步支持了美联储12月加息预期。讲话发表后，芝加哥商品交易调查显示，联邦基金交易市场交易员将12月的加息几率预期从此前的68%上调至75%。美元指数一度触及100.51的高位，创2003年以来最高位，黄金、原油等大宗商品价格也大幅走低。

表1　2015年美联储历次货币政策会议时间及要点

时间	日期	议息会议声明要点
1月	27-28日	保持货币政策不变，保持了"对加息保持耐心"，删去"在相当长时间内保持低利率"。
3月	17-18日	保持利率区间0-0.25%不变，删除此前"对于货币政策恢复正常化应保持耐心"的措辞。
4月	28-29日	一季度经济增速大幅放缓是暂时的，美国经济不可能显示出足够的强劲足以保证美联储在6月份会议上采取行动。
6月	16-17日	风险因素提示：希腊是否能与债权人达成协议；海外经济增长情况如何，特别是中国和其他新兴市场的状况。
7月	28-29日	维持利率不变，劳动力市场继续改善、对通胀有合理信心时，会选择加息。
9月	16-17日	近期全球经济及金融发展状况将在一定程度限制美国经济活动，短期内对通胀造成下行压力。并表示，直至劳动力市场进一步提升且有理由相信通胀率在中期回升至2%目标，才适于提高利率目标区间。
10月	27-28日	对之前关心的"全球经济和金融形势可能限制美国经济"表述变成"关注国际形势发展"。
12月	15-16日	-

资料来源：美国联邦储备委员会。

二、预期加息节奏和力度将循序渐进

综合各方判断并考虑美国经济基本面，预计此次美联储将会加息25基点，即联邦基金利率从0-0.25%提升至0.25-0.5%。相对于加息时点，美国加息的节奏和力度更值得关注。

预计美国首次加息后，加息速度会较缓，进程将逐步推进：

(一)谨防就业市场大幅回调

虽然美国失业率已经降至5%,非农就业人数稳定增长,但衡量就业市场活跃程度的劳动参与率依然没有明显改善,11月份仍保持在62.5%的低位;同时,工资上涨速度趋缓,11月份平均每小时工资环比仅增长0.2%。可见,美国就业市场虽已明显复苏,但就业形势并不稳固,下调风险仍不容忽视,只有缓慢推进加息节奏才能抵消强势美元对国内就业市场的影响。

(二)避免通胀水平过快上升

从美国历次加息周期及核心CPI变动看,美国加息后核心CPI均会出现不同程度的上涨,其中第一次加息的22个月内,涨幅累计扩大了0.9个百分点;第二次加息的15个月内,扩大了0.2个百分点;第三、第四次加息的12个月内,分别扩大了0.2和0.3个百分点;第五次加息的25个月内,扩大了0.7个百分点。因此,美国加息若步伐过快,可能导致物价过快上涨并给实体经济带来冲击。

表2 美国加息周期及主要指标变动

时间	利率变动区间	基准利率	核心CPI	失业率
1982年12月-1984年9月	8.95%-11.3%	上调240基点	4.5%-5.4%	10.8%-7.3%
1988年3月-1989年5月	6.58%-9.81%	上调323基点	4.4%-4.6%	5.7%-5.2%
1994年2月-1995年2月	3%-6%	上调300基点	2.8%-3.0%	6.6%-5.4%
1999年6月-2000年5月	4.75%-6.5%	上调175基点	2.1%-2.4%	4.3%-4.0%
2004年6月-2006年6月	1%-5.25%	上调425基点	1.9%-2.6%	5.6%-4.6%

资料来源:美国联邦储备委员会。美国劳工统计局。

三、美国加息对世界经济的影响

(一)加剧金融市场动荡

美国加息将导致国际资本流向发生逆转,从部分新兴经济体流回美国,并进一步推高美国的资产价格。而美国的资产价格上升,又将进一步刺激国际资本流向美国,使美元继续升值,其他主要国家货币被迫面临贬值压力,引发汇市剧烈波动,同时,各类资产组合将会重新平衡,进一步加剧全球金融市场动荡。

(二)国际大宗商品价格将面临进一步下行风险

国际市场超过70%的大宗商品均以美元进行结算,美国加息会使美元升值,美元升值又会使以美元计价的大宗商品价格下降。今年以来,大宗商品价格波动走低,特别是三季度出现大幅回落。11月份,国际大宗商品价格仍在下跌。其中,国际能源价格指数环比下跌7.5%,非能源价格环比下跌2.6%,农产品价格下跌1.3%,矿产原材料价格下跌0.9%,金属和矿产价格下跌6.9%。这与今年以来美元持续走强直接相关。

四、美国加息将从多方面影响中国经济稳定

(一)会加大我国流动性风险

美国加息将引发国际资本流出我国,减少外汇储备,产生流动性紧缩效应。在经济下行压力未得到明显缓解之前,会对我国宏观经济平稳运行产生较大冲击。应保证市场流动性和降低外部脆弱性,确保企业和银行有足够抵御外部风险的能力,加强对流动性的监管从而避免资产市场受到过大冲击。

(二)美元升值导致大宗商品价格下降,会加大我国输入型通缩风险

我国是全球重要的能源资源消费国和进口国。如果国际大宗商品价格进一步下跌,我国输入性通缩风险则会加剧,不仅将加大我国国内生产领域价格下跌压力,还会通过价格传导机制加大国内消费价格下行压力。

(三)加重我国政府和企业债务负担

美元升值将会使人民币被动贬值,政府和企业的美元债务负担不断加重,会抑制实体经济复苏。

(四)资本回流美国将会影响我国吸引外资水平

随着美国经济复苏基础日益稳固、"再工业化"战略的不断推进以及"页岩气革命"等带来的成本相对优势,未来流向美国的长期资本将进一步增加,并极大地分流全球的外商直接投资。

(执笔:陈璇璇;成文于2015年12月)

专栏

2014 年中国人文发展指数居世界第 90 位

为了对世界各国社会发展和进步进行全面综合度量，联合国开发计划署(UNDP)在 1990 年首次发布的《人文发展报告》中，提出了人文发展指数(HDI)的概念。HDI 是由健康、教育和生活质量三个维度构成的综合评价指标。其中健康指数使用“预期寿命”指标测算，教育指数使用“25 岁以上人口平均受教育年限”和“学龄儿童预期受教育年限”指标测算，生活质量指数使用“人均 GNI”指标测算。HDI 在考虑了经济增长因素的同时，还考虑了教育、卫生等对社会发展的影响。

2015 年《人文发展报告》测算了 188 个国家的 2014 年 HDI 值，挪威排名榜首，澳大利亚、瑞士分列二、三位，亚洲国家均未进入前十名。新加坡、中国香港、韩国和日本分别排在第 11、12、17 和 20 位，在亚洲排名靠前。排名倒数三位的国家均来自非洲地区，排名最末的是尼日尔，其次是中非共和国和厄立特里亚。

从分项指数看，发达国家(地区)在健康、教育和居民生活质量方面整体水平较高。在健康方面，中国香港排名榜首，2014 年预期寿命为 84 岁，日本居民的预期寿命为 83.5 岁，排名第二。在排名第三到第十名的八个国家中，有五个来自欧洲，反映出欧洲国家整体较高的医疗卫生水平。在教育方面，德国成人平均受教育年限为 13.1 年，位列第一，而排名居末位的三个非洲国家(乍得、布基纳法索、尼日尔)的平均受教育年限仅为 19 个月，相当于德国的八分之一。在收入方面，中东石油出口国富裕程度较高，卡塔尔、科威特和阿联酋均排在前十位以内，其中卡塔尔以人均国民总收入 123124 美元位居第一，其收入水平是美国的 2.3 倍、全球平均水平的 8.6 倍。

2014 年，中国人文发展指数值为 0.727，在世界排名第 90 位，比 2013 年上升 3 位，位于高等人文发展水平国家行列。从分项指数来说，健康指数和收入指数获得较大提升，其中 2014 年中国预期寿命为 75.8 岁，在世界排名第 58 位，比 2013 年上升 2 位，2014 年中国按 2011 年不变价 PPP 法计算的人均 GNI 为 12547 美元，在世界排名第 83 位，比 2013 年增长 9.3%，排名上升 5 位。

表 2014年世界主要国家人文发展指数和分项指数比较情况

人文发展指数			健康指数			教育指数				收入指数		
排名	国家或地区	数值	排名	国家或地区	预期寿命（岁）	排名	国家或地区	25岁以上成人平均受教育年限（年）	学龄儿童预期受教育年限（年）	排名	国家或地区	人均GNI（2011年PPP美元）
1	挪威	0.944	1	中国香港	84.0	1	德国	13.1	16.5	1	卡塔尔	123124
2	澳大利亚	0.935	2	日本	83.5	2	英国	13.1	16.2	2	科威特	83961
3	瑞士	0.930	3	意大利	83.1	3	加拿大	13.0	15.9	3	列支敦士登	79851
4	丹麦	0.923	4	瑞士	83.0	4	澳大利亚	13.0	20.2	4	新加坡	76628
5	荷兰	0.922	5	新加坡	83.0	5	美国	12.9	16.5	5	文莱	72570
6	德国	0.916	6	冰岛	82.6	6	瑞士	12.8	15.8	6	挪威	64992
7	爱尔兰	0.916	7	西班牙	82.6	7	丹麦	12.7	18.7	7	阿联酋	60868
8	美国	0.915	8	澳大利亚	82.4	8	挪威	12.6	17.5	8	卢森堡	58711
9	加拿大	0.913	9	以色列	82.4	9	以色列	12.5	16.0	9	瑞士	56431
10	新西兰	0.913	10	瑞典	82.2	10	新西兰	12.5	19.2	10	中国香港	53959
90	中国	0.727	58	中国	75.8	115	中国	7.5	13.1	83	中国	12547

（执笔：郭义民；成文于2015年12月）

当前国际市场大宗商品价格运行状况及走势分析

2012 年,国际市场大宗商品价格开启了新一轮下跌,至今仍在震荡波动中下行。综合各方判断和成因分析,预计今后一段时期仍将低位运行。

一、当前大宗商品价格继续下跌

2009 年,国际市场大宗商品价格曾出现过暴跌,能源和非能源价格分别比上年下跌 38.2%和 21.3%;此后呈现恢复性上涨,2011 年已经基本恢复至 2008 的价格水平。但 2012 年大宗商品价格又开启了新一轮下跌,至今已持续近四年时间。

表 1 2008 年以来国际市场初级产品价格走势

商品	2008	2009	2010	2011	2012	2013	2014	2015 年				
								一季度	二季度	三季度	10 月	11 月
名义价格指数(2010 年=100)												
能源	129.1	79.7	100.0	128.7	127.6	127.4	118.3	67.3	75.5	62.7	59.7	55.2
非能源	105.8	83.3	100.0	119.8	109.5	101.7	97.0	86.7	84.8	80.6	79.3	77.2
农产品	102.2	89.3	100.0	121.6	114.5	106.3	102.7	92.9	90.2	88.0	86.9	85.8
饮料	83.7	86.1	100.0	116.0	92.6	83.3	101.8	93.4	93.6	94.0	92.9	93.6
食品	111.1	92.7	100.0	122.5	124.5	115.6	107.4	96.5	91.6	88.8	87.6	86.1
油类	113.8	90.5	100.0	120.5	126.1	115.9	109.0	91.3	86.7	83.1	81.8	78.3
谷物	130.7	98.9	100.0	138.2	141.3	128.2	103.9	95.4	89.9	85.7	84.6	83.6
其他食品	89.9	89.9	100.0	111.1	107.1	103.9	108.4	104.3	99.7	99.2	98.0	98.4
原材料	90.0	82.8	100.0	122.0	101.3	95.4	91.9	84.0	85.1	83.1	82.0	81.3
木材	104.9	96.8	100.0	117.3	109.1	102.6	104.9	95.7	96.2	96.9	96.5	95.4
其他原材料	73.8	67.5	100.0	127.2	92.8	87.6	77.8	71.1	73.1	67.9	66.1	65.8
肥料	202.4	105.3	100.0	142.6	137.6	113.7	100.5	99.3	95.6	94.4	93.1	93.2
金属和矿产	102.2	68.4	100.0	113.5	96.1	90.8	84.8	72.7	72.4	63.9	62.2	57.9
有色金属	72.7	78.0	100.0	136.3	138.5	115.1	101.1	95.6	93.5	87.4	90.5	84.4

续表

商品	2008	2009	2010	2011	2012	2013	2014	2015年				
								一季度	二季度	三季度	10月	11月
环比上涨率:%												
能源	38.5	-38.2	25.4	28.7	-0.9	-0.1	-7.2	-28.2	12.2	-16.9	0.0	-7.5
非能源	17.8	-21.3	20.1	19.8	-8.6	-7.2	-4.6	-6.4	-2.3	-4.9	0.4	-2.6
农产品	26.0	-12.6	12.0	21.6	-5.8	-7.1	-3.4	-4.9	-2.9	-2.5	1.3	-1.3
饮料	21.8	2.9	16.1	16.0	-20.1	-10.1	22.2	-8.9	0.3	0.5	1.2	0.8
食品	32.9	-16.6	7.9	22.5	1.6	-7.1	-7.1	-5.1	-5.0	-3.1	1.6	-1.7
油类	33.5	-20.5	10.5	20.5	4.6	-8.1	-5.9	-6.3	-5.0	-4.2	2.4	-4.3
谷物	46.9	-24.3	1.1	38.2	2.3	-9.3	-19.0	-1.5	-5.8	-4.7	2.8	-1.2
其他食品	17.2	0.0	11.3	11.1	-3.5	-3.0	4.3	-6.7	-4.4	-0.5	-0.1	0.4
原材料	10.8	-8.0	20.8	22.0	-17.0	-5.9	-3.6	-1.7	1.4	-2.4	0.4	-0.9
木材	10.0	-7.7	3.3	17.3	-7.0	-6.0	2.2	-4.2	0.5	0.8	0.0	-1.1
其他原材料	11.9	-8.5	48.2	27.2	-27.0	-5.7	-11.2	2.1	2.7	-7.0	0.9	-0.5
肥料	137.0	-48.0	-5.0	42.6	-3.5	-17.4	-11.6	-2.7	-3.7	-1.3	-0.3	0.1
金属和矿产	-5.5	-33.1	46.2	13.5	-15.3	-5.5	-6.6	-10.8	-0.4	-11.7	-1.9	-6.9
有色金属	22.1	7.4	28.2	36.3	1.6	-16.9	-12.1	1.5	-2.2	-6.5	3.7	-6.7

在前两个季度累计下跌近20%的基础上，今年第三季度，国际能源价格又比二季度下跌17%，特别是10月份“伊核协议”正式生效，由于伊朗原油出口有望增加，导致原油价格继续走弱。第三季度，非能源价格比二季度下跌4.9%，与2011年2月份的历史最高点相比下跌37.2%。在需求疲弱和早期大量投资引发供应增加的情况下，第三季度金属和矿产价格暴跌，比二季度下跌11.7%，仅为2011年2月份历史次高位的一半。第三季度，农产品价格环比下跌2.4%，有色金属价格环比下跌6.5%，肥料价格环比下跌1.3%，比2008年8月份的历史最高位大幅下跌65.3%。11月份，能源和非能源价格环比继续下跌7.5%和2.6%。

二、大宗商品价格持续下跌的主要原因

世界经济复苏迟缓、需求不足是主要因素，供应持续过剩、美元持续大幅升值等因素也都不同程度导致大宗商品价格承压。

(一)世界经济复苏迟缓

近期，虽然发达经济体经济增速有所加快，但新兴经济体经济增速持

续放慢,世界经济增长总体进一步放缓。据10月份国际货币基金组织(IMF)最新预测,2015年,世界经济将增长3.1%,比上年放缓0.3个百分点。其中,新兴经济体将增长4%,比上年大幅回落0.6个百分点,增速连续5年放缓,使疲弱的世界经济雪上加霜。世界经济复苏迟缓,特别是新兴经济体增速再度明显回落,导致大宗商品的需求大幅下降,是大宗商品价格持续走软的主要原因。

(二)大宗商品供应持续过剩

一方面全球经济增速放缓、需求不振;另一方面,大宗商品出口国的供应削减却十分有限。供应过剩是导致大宗商品价格持续低迷的重要因素。其中,原油过剩主要是因为美国页岩油技术带来的原油产量猛增,2015年美国原油月均产量约为2.84亿桶,比上年提高10%,比2011年大幅提高65.9%。而近期欧佩克成员国不仅未达成减产协议,反而提高产量以争夺市场份额,对油价形成持续打压。此外,全球粮食市场库存也处于高位,2015/2016年度全球谷物库存利用比有望达到24.8%,虽低于上年度的25.4%,但仍处于历史较高水平。

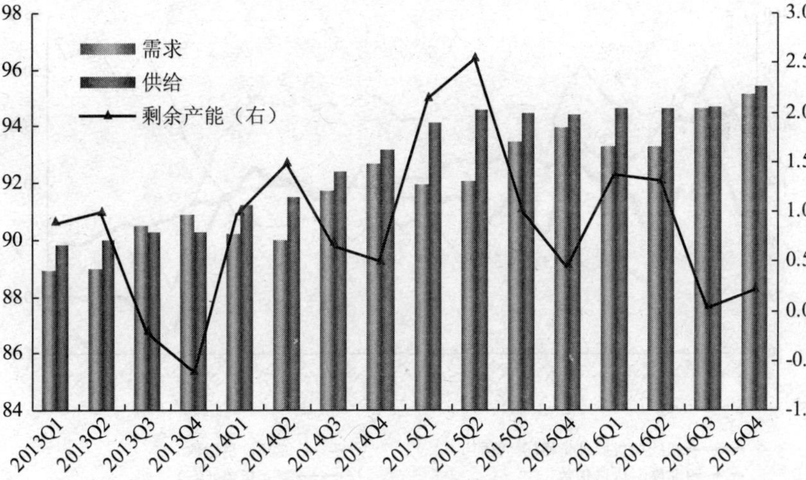

图1 国际原油市场供需情况(百万桶/天)

注:2016年原油供给的预测中假定OPEC原油产量维持在2015年三季度的3157万桶/天。

数据来源:OPEC月度报告。

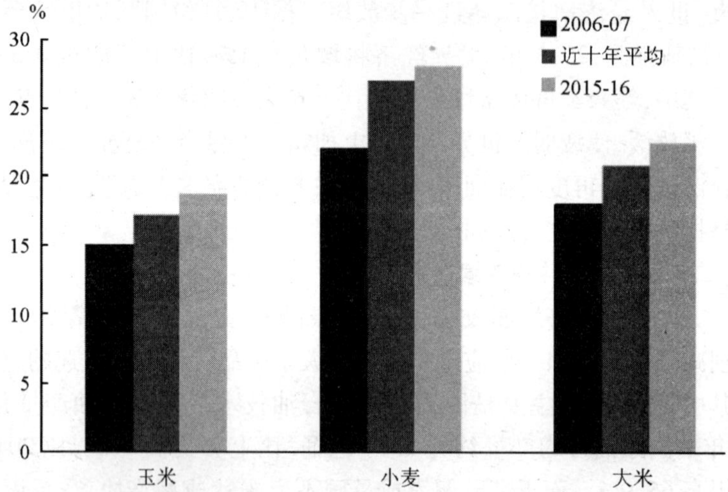

图 2　全球玉米、小麦和大米的库存量和利用量之比

数据来源：世界银行。

(三)美元持续大幅升值

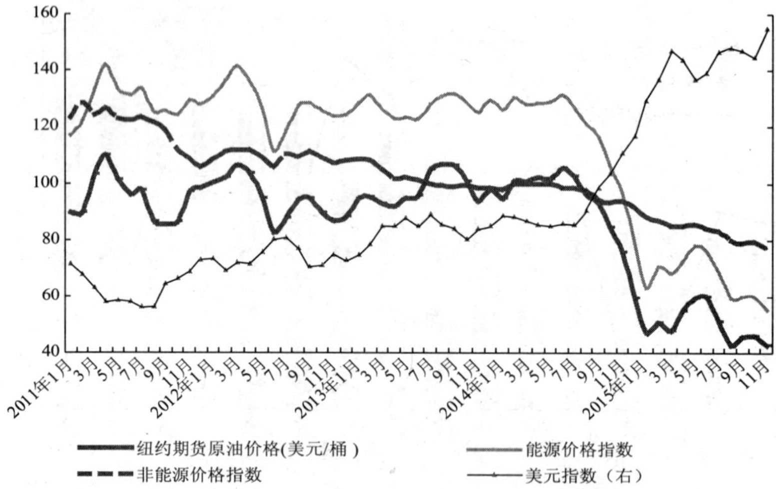

图 3　大宗商品价格和美元指数走势图

注：能源和非能源价格指数为名义美元计价，以 2010 年为基期；美元指数为兑主要货币名义汇率指数，以 1973 年 3 月为基期。

数据来源：世界银行。

国际市场超过70%的大宗商品以美元计价和结算。由于美国经济持续稳定复苏，美国加息预期不断发酵和升温，美元随之震荡走强。11月份，美元兑主要货币名义汇率指数（1973年3月=100）升至93.9，累计比上年底升值11.6%，比2011年的低谷大幅升值36.1%。美元持续升值，欧元、日元、新兴经济体主要币种对美元全线贬值，致使原油、黄金、金属和矿产等大宗商品价格进一步下跌。

（四）我国对初级产品的需求下降

目前，我国是全球最大的能源、金属以及谷物消费国，尤其是煤炭，消费量占到世界总消费量的一半，金属消费量占比也基本维持在40%-50%。过去十多年，我国经济高速发展，快速工业化导致我国对初级产品的需求旺盛，大幅提振了国际市场初级产品的价格。2011年，国际非能源价格创历史最高纪录，能源价格仅次于2008年的历史最高位，两者均相当于十年前价格水平的3倍左右，特别是有色金属，价格是十年前的6倍多。国际金融危机以来全球经济步入长波下行期，与我国经济“三期叠加”阶段相重合，加剧了我国产能过剩状况，从而导致我国对初级产品特别是金属的需求削减。今年11月份，铁矿石价格指数仅为47，比2008年3月份的历史最高点暴跌76.2%，煤炭价格也比历史最高位下跌70%，铜、铝、铅、锡和锌等大部分金属价格基本跌至历史最高点的一半，镍的跌幅超过80%。

表2 我国大宗商品消费量占世界消费总量的比重（%）

	煤炭	原油	铜	铝	铅	镍	锌	锡
1980年	16.5	27.9	3.0	3.6	2.2	2.5	27.9	5.8
1990年	23.5	25.5	4.7	4.5	4.6	3.3	5.6	10.9
2000年	29.5	25.6	12.4	13.4	10.2	5.0	15.8	17.7
2005年	42.2	—	21.7	22.4	25.4	15.0	29.2	32.2
2010年	48.2	21.8	38.2	39.0	43.0	34.3	42.7	41.7
2011年	50.2	21.2	40.3	41.0	45.1	42.3	43.4	46.7
2012年	50.6	20.6	44.2	43.8	44.8	46.6	44.4	49.2
2013年	50.7	20.8	46.8	47.0	42.0	50.6	46.1	47.5
2014年	50.5	20.7	49.8	47.9	41.0	44.9	46.9	50.9

数据来源：世界银行。

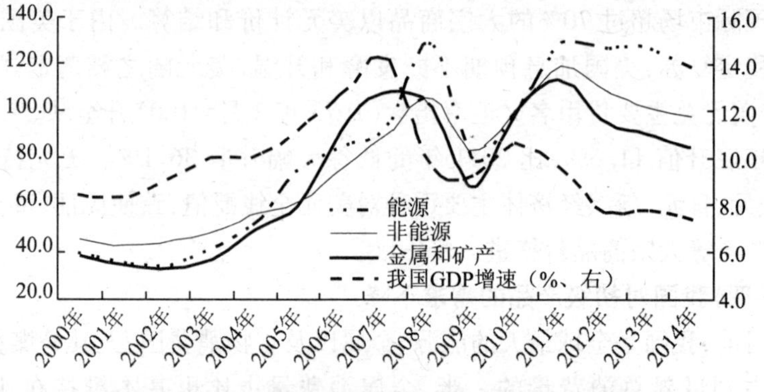

图4 大宗商品价格和我国 GDP 季度增速走势图

注：能源、非能源、金属和矿产价格指数为名义美元计价，以 2010 年为基期。

数据来源：世界银行。

三、2016 年国际大宗商品价格仍将维持低位

由于大宗商品供应充足，新兴经济体需求放缓，预计 2016 年国际大宗商品价格仍将维持低位。

2015 年大宗商品价格继续下跌。据世界银行 2015 年 10 月份最新预测，2015 年能源价格将下跌 43.3%。其中原油价格平均为 52 元/桶，比 2014 年大幅下跌 45.5%，已经跌至 2005 年的水平；天然气价格平均下跌 35% 左右；煤炭价格下跌约 17%。2015 年非能源价格预计下跌 14.4%，其中农产品、肥料、金属和矿产预计分别下跌 13%、5%和 19.2%。

2016 年大宗商品价格仍将低位徘徊。据世界银行 2015 年 10 月份最新预测，2016 年能源价格将比 2015 年下跌 1.7%，非能源价格上涨 1.2%。其中，农产品价格上涨 1.3%，金属和矿产价格上涨 1.1%，而肥料和有色金属价格仍然保持跌势，分别下跌 0.5%和 1.1%。

（执笔：邹丽婷；成文于 2015 年 12 月）

5 统计数据

1.01 国际货币基金组织对世界及主要国家经济预测

单位:%

	2011年	2012年	2013年	2014年	2015年	2016年	2017年
世 界	**3.9**	**3.1**	**3.3**	**3.3**	**3.1**	**3.2**	**3.5**
发达国家	1.6	1.4	1.3	1.8	1.9	1.9	2.0
美 国	1.8	2.8	2.2	2.4	2.4	2.4	2.5
欧元区	1.4	−0.7	−0.5	0.8	1.6	1.5	1.6
日 本	−0.6	1.4	1.6	0.1	0.5	0.5	−0.1
发展中国家	6.3	4.9	4.7	4.4	4.0	4.1	4.6
印 度	6.7	5.1	6.9	7.3	7.3	7.5	7.5
俄罗斯	4.3	3.5	1.3	0.6	−3.7	−1.8	0.8
巴 西	2.7	1.0	2.5	0.1	−3.8	−3.8	0.0

注:本表数据按照购买力评价方法进行汇总。2015和2016年年度数据为2016年4月份预测值。

1.02 世界银行对世界及主要国家经济预测

单位:%

	2011年	2012年	2013年	2014年	2015年	2016年	2017年
世 界	**2.7**	**2.4**	**2.5**	**2.6**	**2.4**	**2.9**	**3.1**
发达国家	1.6	1.4	1.4	1.7	1.6	2.1	2.1
发展中国家	5.9	4.8	4.9	4.9	4.3	4.8	5.3

注:本表数据按照汇率法进行汇总。2015和2016年年度数据为2016年1月份预测值。

1.03 英国共识公司对世界及主要国家经济预测

单位:%

	2011年	2012年	2013年	2014年	2015年	2016年	2017年
世 界	**3.1**	**2.4**	**2.5**	**2.8**	**2.6**	**2.4**	**2.8**
美 国	1.8	2.8	1.9	2.4	2.4	2.0	2.4
欧元区	1.4	−0.7	−0.4	0.9	1.5	1.5	1.6
日 本	−0.6	1.4	1.5	−0.1	0.4	0.6	0.5
印 度	6.7	5.1	6.9	7.3	7.5	7.6	7.7

注:本表数据按照汇率法进行汇总。2015和2016年年度数据为2016年4月份预测值。

1.04 国际货币基金组织对世界及主要国家贸易预测

单位:%

	2011 年	2012 年	2013 年	2014 年	2015 年	2016 年	2017 年
世　界	**5.9**	**2.7**	**3.4**	**3.4**	**2.8**	**3.1**	**3.8**
发达国家							
出　口	5.6	2.0	2.4	3.4	3.4	2.5	3.5
进　口	4.6	1.0	2.0	3.4	4.3	3.4	4.1
发展中国家							
出　口	6.6	4.6	4.4	2.9	1.7	3.8	3.9
进　口	8.4	5.7	5.5	3.7	0.5	3.0	3.7

注:包括货物和服务。2014 和 2015 年年度数据为 2016 年 4 月份预测值。

1.05 国际货币基金组织对世界及主要国家 CPI 预测

单位:%

	2011 年	2012 年	2013 年	2014 年	2015 年	2016 年	2017 年
发达国家	**2.7**	**2.0**	**1.4**	**1.4**	**0.3**	**1.1**	**1.7**
发展中国家	**3.1**	**2.1**	**5.9**	**5.1**	**5.5**	**5.6**	**5.9**

注:2016 和 2017 年年度数据为预测值。

1.06 英国共识公司对世界及主要国家 CPI 预测

单位:%

	2011 年	2012 年	2013 年	2014 年	2015 年	2016 年	2017 年
世　界	**3.8**	**3.0**	**2.8**	**2.6**	**2.1**	**2.4**	**2.7**
美　国	3.2	2.1	1.5	1.6	0.1	1.3	2.2
欧元区	2.7	2.5	1.4	0.4	0.0	0.5	1.5
日　本	-0.3	0.0	0.4	2.7	0.8	0.3	1.8
印　度	8.8	10.2	9.5	6.0	5.0	5.3	5.3

注:2016 和 2017 年年度数据为预测值。

1.07 全球消费者价格

年份	月份	世界	发达国家	发展中国家
2009 年		**1.4**	**0.7**	**3.5**
2010 年		**2.8**	**1.9**	**5.1**
2011 年		**4.0**	**3.0**	**6.5**
2012 年		**3.1**	**2.3**	**5.3**
2013 年		**3.0**	**2.1**	**5.1**
2014 年		**2.5**	**1.6**	**4.5**
	1 月	2.5	1.5	4.8
	2 月	2.2	1.3	4.5
	3 月	2.4	1.5	4.7
	4 月	2.7	1.9	4.6
	5 月	2.8	2.0	4.9
	6 月	2.7	1.9	4.7
	7 月	2.6	1.8	4.8
	8 月	2.5	1.7	4.7
	9 月	2.5	1.7	4.4
	10 月	2.4	1.7	4.2
	11 月	2.2	1.4	4.0
	12 月	2.0	1.1	4.1
2015 年		**1.9**	**0.9**	**4.3**
	1 月	1.7	0.8	3.8
	2 月	1.9	0.9	4.1
	3 月	2.0	1.0	4.2
	4 月	1.8	0.8	4.3
	5 月	1.9	0.9	4.3
	6 月	1.9	0.9	4.3
	7 月	1.9	0.9	4.1
	8 月	1.9	0.9	4.3
	9 月	1.8	0.7	4.3
	10 月	1.9	0.9	4.3
	11 月	2.1	1.0	4.6
	12 月	2.2	1.1	4.8

资料来源：世界银行数据库。

1.08 世界工业生产

年份	月份	世界	发达国家	发展中国家
2009 年		**−8.1**	**−13.0**	**1.2**
2010 年		**8.9**	**8.0**	**10.8**
2011 年		**4.7**	**2.8**	**7.9**
2012 年		**2.8**	**0.9**	**6.3**
2013 年		**2.7**	**0.9**	**5.5**
2014 年		**3.4**	**2.1**	**5.2**
	1 月	3.3	2.7	4.8
	2 月	3.9	2.9	5.1
	3 月	3.9	2.8	4.9
	4 月	3.9	2.4	5.1
	5 月	3.9	1.9	5.6
	6 月	3.9	2.1	5.4
	7 月	3.2	2.3	5.0
	8 月	2.6	1.1	4.9
	9 月	3.9	1.5	6.0
	10 月	2.6	1.7	5.1
	11 月	2.5	1.3	4.9
	12 月	3.2	1.9	5.4
2015 年		**2.3**	**1.0**	**3.8**
	1 月	3.2	1.7	4.1
	2 月	2.5	1.4	4.1
	3 月	2.5	1.5	4.1
	4 月	1.9	1.1	4.1
	5 月	1.9	0.7	3.7
	6 月	2.5	1.3	4.5
	7 月	2.5	0.8	3.7
	8 月	2.5	1.4	4.2
	9 月	1.9	1.0	3.2
	10 月	2.5	1.1	3.8
	11 月	1.9	0.6	3.3
	12 月	1.2	−0.8	3.3

注：为经季节调整数据。

资料来源：世界银行数据库。

1.09 国际市场初级产品价格指数

（2010 年=100）

年份	月份	能　源	非能源	农产品	肥　料	金属矿
2007 年		**93.3**	**89.8**	**81.1**	**85.4**	**108.1**
2008 年		**129.1**	**105.8**	**102.2**	**202.4**	**102.2**
2009 年		**79.7**	**83.3**	**89.3**	**105.3**	**68.4**
2010 年		**100.0**	**100.0**	**100.0**	**100.0**	**100.0**
2011 年		**128.7**	**119.8**	**121.6**	**142.6**	**113.5**
2012 年		**127.6**	**109.5**	**114.5**	**137.6**	**96.1**
2013 年		**127.4**	**101.7**	**106.3**	**113.7**	**90.8**
2014 年		**118.3**	**97.0**	**102.7**	**100.5**	**84.8**
	1 月	126.4	97.8	102.3	102.4	88.1
	2 月	130.6	99.7	106.1	104.2	86.2
	3 月	127.9	99.8	108.0	100.8	83.0
	4 月	128.4	99.9	107.3	95.0	85.5
	5 月	129.0	99.8	107.2	96.2	84.8
	6 月	131.5	98.3	105.2	96.2	84.4
	7 月	126.9	98.3	103.2	99.1	88.2
	8 月	121.2	97.6	102.1	102.3	88.0
	9 月	116.6	94.3	98.4	103.1	85.1
	10 月	106.2	93.3	98.0	102.7	82.6
	11 月	96.4	93.5	98.3	101.9	82.9
	12 月	78.6	91.3	96.8	101.8	78.8
2015 年		**64.9**	**82.4**	**89.3**	**95.4**	**66.9**
	1 月	63.1	88.4	94.7	102.7	73.8
	2 月	70.4	86.9	93.3	99.5	72.4
	3 月	68.3	84.9	90.7	95.8	71.8
	4 月	72.2	84.7	90.4	93.0	72.1
	5 月	77.8	85.4	90.1	96.1	74.6
	6 月	76.3	84.2	90.2	97.8	70.4
	7 月	68.8	83.0	90.8	94.9	65.7
	8 月	59.5	79.9	87.5	94.8	62.6
	9 月	59.7	79.0	85.8	93.4	63.4
	10 月	59.7	79.2	86.7	93.1	62.2
	11 月	55.2	77.2	85.7	93.2	57.9
	12 月	47.8	76.2	85.1	90.6	56.4

资料来源：世界银行数据库。

1.10 国际市场初级产品年平均价格预测(现价美元)

	单位	2014 年	2015 年	2016 年	2017 年	2018 年	2019 年	2020 年	2025 年
能源									
煤炭(澳大利亚)	美元/吨	70.1	57.5	50.0	51.9	53.9	55.9	58.1	70.0
原油(平均现货价)	美元/桶	96.2	50.8	37.0	48.0	51.4	54.9	58.8	82.6
天然气(欧洲)	美元/百万英国热值单位	7.3	6.0	6.2	6.4	6.6	6.8	7.0	8.0
天然气(美国)	美元/百万英国热值单位	4.4	2.6	2.5	3.0	3.5	3.7	3.9	5.0
天然气(日本)	美元/百万英国热值单位	16.0	10.4	8.5	8.7	9.0	9.3	9.5	11.0
非能源初级品									
农产品									
饮品									
可可	美元/千克	3.06	3.14	3.20	3.10	3.00	2.91	2.82	2.40
咖啡(阿拉比卡)	美元/千克	4.42	3.53	3.40	3.41	3.42	3.43	3.44	3.50
咖啡(罗巴斯塔)	美元/千克	2.22	1.94	1.80	1.81	1.82	1.83	1.84	1.90
茶(平均)	美元/千克	2.72	2.71	2.75	2.79	2.82	2.86	2.90	3.10
食品									
植物油及油品									
椰子油	美元/吨	1280	1110	1100	1088	1077	1066	1054	1000
花生油	美元/吨	1313	1337	1300	1339	1380	1422	1465	1700
棕榈油	美元/吨	821	622	600	619	640	660	682	800
豆粕	美元/吨	528	395	370	381	392	404	415	480
豆油	美元/吨	909	757	775	797	820	844	868	1000

1.10 续表 1

	单位	2014 年	2015 年	2016 年	2017 年	2018 年	2019 年	2020 年	2025 年
大豆	美元/吨	492	391	400	412	424	437	449	520
谷物									
高粱	美元/吨	137.6	194.3	194.9	195.5	196.0	196.6	197.1	200.0
玉米	美元/吨	192.9	169.8	170.0	174.9	180.0	185.3	190.6	220.0
稻米(泰国,5%碎粒)	美元/吨	422.8	386.0	370.0	374.2	378.5	382.9	387.3	410.0
小麦(美国硬红冬小麦)	美元/吨	284.9	203.2	185.0	192.9	201.2	209.8	218.8	270.0
其他食品									
香蕉(欧盟)	美元/千克	0.93	0.96	0.95	0.95	0.94	0.94	0.94	0.92
牛肉	美元/千克	4.95	4.42	3.90	3.93	3.96	4.00	4.03	4.20
鸡肉	美元/千克	2.43	2.53	2.50	2.46	2.43	2.40	2.36	2.20
柑橘	美元/千克	0.78	0.68	0.75	0.77	0.79	0.81	0.83	0.95
虾(墨西哥)	美元/千克	17.25	14.36	12.00	12.11	12.22	12.32	12.43	13.00
糖(ISA 世界平均)	美元/千克	0.37	0.30	0.35	0.35	0.36	0.36	0.36	0.38
原材料									
木材									
原木(喀麦隆)	美元/立方米	465.2	388.6	398.5	408.7	419.1	429.8	440.8	500.0
原木(马来西亚)	美元/立方米	282.0	246.0	250.0	258.7	267.7	277.0	286.6	340.0
锯材(马来西亚)	美元/立方米	897.9	833.3	830.0	847.4	865.1	883.2	901.7	1000.0
其他原材料									
棉花	美元/千克	1.83	1.56	1.60	1.66	1.72	1.78	1.84	2.20

1.10　续表 2

	单位	2014 年	2015 年	2016 年	2017 年	2018 年	2019 年	2020 年	2025 年
橡胶(马亚西亚)	美元/千克	1.96	1.56	1.40	1.48	1.56	1.65	1.75	2.30
烟草	美元/吨	4991	4941	5000	4942	4884	4827	4771	4500
肥料									
磷酸二铵	美元/吨	472.5	458.8	456.9	455.0	453.1	451.2	449.3	440.0
磷酸盐矿石	美元/吨	110.2	117.5	120.0	118.8	117.7	116.6	115.4	110.0
氯化钾	美元/吨	297.2	302.9	295.0	296.6	298.3	299.9	301.6	310.0
磷酸三钠	美元/吨	388.3	385.0	380.0	377.7	375.5	373.2	371.0	360.0
尿素(东欧,袋装)	美元/吨	316.2	272.9	250.0	253.2	256.4	259.6	262.9	280.0
金属和金属矿									
铝	美元/吨	1867	1665	1550	1612	1675	1742	1811	2200
铜	美元/吨	6863	5510	5000	5190	5388	5593	5807	7000
铁矿石	美元/千吨	97	56	42	44	46	49	51	65
铅	美元/吨	2095	1788	1775	1818	1862	1907	1953	2200
镍	美元/吨	16893	11863	10000	10801	11665	12599	13608	20000
锡	美元/吨	21899	16067	15000	15730	16495	17297	18138	23000
锌	美元/吨	2161	1932	1800	1858	1919	1981	2046	2400
贵金属									
金	美元/盎司	1265	1160	1075	1066	1058	1049	1041	1000
银	美元/盎司	19.1	15.7	14.0	14.2	14.4	14.6	14.9	16.0
铂金	美元/盎司	1384	1053	950	999	1051	1106	1164	1500

资料来源:世界银行。

1.11 国际市场初级产品价格指数预测

（2010＝100）

产　品	2013 年	2014 年	2015 年	2016 年	2017 年	2018 年	2019 年	2020 年	2025 年
按不变价美元计算									
能源	120.1	111.7	61.4	45.4	56.2	59.4	62.2	65.2	82.7
非能源商品	95.9	91.6	78.0	73.7	74.1	74.5	75.0	75.5	78.3
农产品	100.2	97.0	84.5	81.8	81.8	81.8	81.9	81.9	82.5
饮料	78.5	96.1	88.5	86.1	84.0	82.0	80.0	78.2	69.6
食品	109.0	101.4	86.0	82.9	83.2	83.4	83.7	84.0	85.7
植物油及油品	109.3	103.0	80.6	77.4	78.4	79.3	80.3	81.4	86.4
谷物	120.9	98.1	83.9	79.6	80.4	81.2	82.0	82.9	87.3
其他食品	98.0	102.3	94.9	93.2	92.0	90.8	89.7	88.6	83.2
原材料	90.0	86.8	78.9	76.9	77.3	77.8	78.2	78.8	81.6
木材	96.7	99.0	90.9	89.3	89.9	90.6	91.3	92.0	95.3
其他	82.6	73.5	65.7	63.4	63.5	63.7	64.0	64.3	66.5
肥料	107.2	94.9	90.3	85.2	84.1	83.0	81.9	80.9	75.7
金属和金属矿	85.6	80.1	63.4	55.8	57.2	58.7	60.2	61.7	70.0
贱金属	85.2	84.1	69.7	62.6	64.1	65.7	67.3	69.0	77.9
贵金属	108.5	95.5	85.7	77.5	76.0	74.6	73.2	71.9	65.4

资料来源：世界银行。

1.12 国际市场石油平均价格

单位:美元/桶

年份 月份	石油现货价格		石油期货价格
	OPEC 一揽子原油	北海布伦特	纽约期货市场轻质原油
2007年	**69.08**	**72.44**	**72.41**
2008年	**94.45**	**96.94**	**99.75**
2009年	**61.06**	**61.74**	**62.09**
2010年	**77.45**	**79.61**	**79.61**
2011年	**107.46**	**111.26**	**95.11**
2012年	**109.45**	**111.63**	**94.15**
2013年	**105.87**	**108.56**	**98.05**
2014年	**96.29**	**98.97**	**92.91**
1月	104.71	108.12	94.86
2月	105.38	108.90	100.68
3月	104.15	107.48	100.51
4月	104.27	107.76	102.04
5月	105.44	109.54	101.80
6月	107.89	111.80	105.15
7月	105.61	106.77	102.39
8月	100.75	101.61	96.08
9月	95.98	97.09	93.03
10月	85.06	87.43	84.34
11月	75.57	79.44	75.65
12月	59.46	62.34	59.29
2015年	**49.49**	**52.32**	**48.79**
1月	44.38	47.76	47.33
2月	54.06	58.10	50.72
3月	52.46	55.89	47.85
4月	57.30	59.52	54.63
5月	62.16	64.08	59.37
6月	60.21	61.48	59.83
7月	54.19	56.56	50.93
8月	45.46	46.52	42.89
9月	44.83	47.62	45.47
10月	45.02	48.43	46.25
11月	40.50	44.27	42.92
12月	33.64	38.01	37.33

资料来源:OPEC 及美国能源部数据库。

1.13 全球主要股票指数

年份 月份	美国		欧元区	日本
	道琼斯 30 种股票平均价格（美元）	纳斯达克指数	德国 DAX 股票指数	日经 225 种股票平均价格（日元）
2007 年	**13264.82**	**2652.28**	**8067.32**	**15307.78**
2008 年	**8776.39**	**1577.03**	**4810.20**	**8859.56**
2009 年	**10428.05**	**2269.15**	**5957.43**	**10546.44**
2010 年	**11577.51**	**2652.87**	**6914.19**	**10228.92**
2011 年	**12217.56**	**2605.15**	**5898.35**	**8455.35**
2012 年	**13104.14**	**3019.51**	**7612.39**	**10395.18**
2014 年	**17823.07**	**4736.05**	**9843.50**	**17450.77**
1 月	15698.85	4103.88	9306.48	14914.53
2 月	16321.71	4308.12	9692.08	14841.07
3 月	16457.66	4198.99	9555.91	14827.83
4 月	16580.84	4114.56	9603.23	14304.11
5 月	16717.17	4242.62	9943.27	14632.38
6 月	16826.60	4408.18	9833.07	15162.10
7 月	16563.30	4369.77	9407.48	15620.77
8 月	17098.45	4580.27	9440.50	15424.59
9 月	17042.90	4493.39	9474.30	16173.52
10 月	17390.32	4630.74	9309.00	16413.76
11 月	17828.24	4791.63	9974.50	17459.85
12 月	17823.07	4736.05	9843.50	17450.77
2015 年	**17425.03**	**5007.41**	**10772.50**	**19033.71**
1 月	17164.95	4635.24	10695.00	17674.39
2 月	18132.70	4963.53	11324.50	18797.94
3 月	17776.12	4900.88	12010.50	19206.99
4 月	17840.52	4941.42	11489.50	19520.01
5 月	18010.68	5070.02	11413.50	20563.15
6 月	17619.51	4986.87	11001.50	20235.73
7 月	17689.86	5128.28	11306.00	20545.00
8 月	16528.03	4776.51	10247.00	18890.48
9 月	16284.70	4620.17	9659.50	17388.15
10 月	17663.54	5053.75	10819.50	19083.10
11 月	17719.92	5108.67	11378.50	19747.47
12 月	17425.03	5007.41	10772.50	19033.71
2016 年				
1 月	16466.30	4613.95	9756.00	17518.30
2 月	16516.50	4557.46	9464.00	16026.76

注：为期末数据。

资料来源：钜亨网。

1.14 全球主要汇率

年份 月份	期末汇率			实际有效汇率指数		
	欧元兑美元	美元兑日元	欧元兑日元	美元	欧元	日元
2007 年	**1.371**	**117.8**	**161.5**	**91.63**	**101.64**	**82.75**
2008 年	**1.473**	**103.4**	**152.3**	**87.79**	**108.02**	**88.62**
2009 年	**1.394**	**93.7**	**130.5**	**91.39**	**108.00**	**99.34**
2010 年	**1.326**	**87.8**	**110.2**	**87.13**	**100.00**	**100.00**
2011 年	**1.393**	**79.7**	**102.3**	**82.64**	**99.30**	**101.26**
2012 年	**1.286**	**79.8**	**102.7**	**84.37**	**94.07**	**100.11**
2013 年	**1.328**	**97.6**	**129.6**	**84.58**	**99.27**	**79.84**
2014 年	**1.324**	**106.4**	**140.5**	**86.33**	**98.72**	**75.29**
1 月	1.362	103.8	141.3	85.61	100.55	74.90
2 月	1.367	102.1	139.6	85.77	100.45	76.10
3 月	1.383	102.3	141.5	85.68	101.88	75.95
4 月	1.381	102.5	141.5	85.25	101.20	77.22
5 月	1.374	101.8	139.8	84.95	100.05	77.93
6 月	1.360	102.1	138.8	85.00	99.22	77.69
7 月	1.353	101.7	137.7	84.74	98.22	77.79
8 月	1.313	104.1	136.7	85.36	97.62	77.18
9 月	1.269	109.4	138.8	86.60	96.58	74.82
10 月	1.261	109.2	137.8	87.60	95.95	74.76
11 月	1.246	117.8	146.9	88.79	96.42	69.97
12 月	1.216	119.5	145.3	90.57	96.74	69.20
2015 年	**1.105**	**121.1**	**133.6**	**95.57**	**88.95**	**70.23**
1 月	1.134	118.3	132.6	92.22	91.01	70.50
2 月	1.121	119.4	133.8	93.34	89.38	70.26
3 月	1.083	120.0	130.0	94.90	87.51	70.20
4 月	1.111	119.0	132.2	93.94	86.90	70.38
5 月	1.096	123.8	135.7	93.23	88.40	69.31
6 月	1.122	122.7	137.7	93.96	89.12	67.80
7 月	1.094	124.1	135.7	95.53	87.88	68.54
8 月	1.121	121.3	136.0	97.21	89.54	69.87
9 月	1.126	119.9	134.9	97.87	90.37	72.09
10 月	1.099	121.0	133.0	96.97	90.10	71.63
11 月	1.058	122.8	130.0	98.43	87.46	70.66
12 月	1.093	120.5	131.7	99.20	88.65	71.56
2016 年						
1 月	1.094	118.9	130.1	101.45	89.51	74.43
2 月	1.092	113.7	124.2	100.46	90.85	75.32

注:为期末数据。2010 年为 100。年度数据为平均数。

2.1.01 美国国内生产总值及其构成增长率（环比折年率）

单位：%

	2013 年	2014 年	2015 年	2014 年				2015 年			
				一季度	二季度	三季度	四季度	一季度	二季度	三季度	四季度
国内生产总值	**1.5**	**2.4**	**2.4**	**−0.9**	**4.6**	**4.3**	**2.1**	**0.6**	**3.9**	**2.0**	**1.0**
个人消费支出	1.7	2.7	3.1	1.3	3.8	3.5	4.3	1.8	3.6	3.0	2.0
消费品	3.1	3.3	3.7	1.1	6.7	4.1	4.1	1.1	5.5	5.0	1.9
耐用消费品	5.8	5.9	5.9	2.6	13.9	7.5	6.1	2.0	8.0	6.6	3.4
非耐用消费品	1.9	2.1	2.7	0.4	3.4	2.4	3.2	0.7	4.3	4.2	1.2
服务	1.0	2.4	2.8	1.4	2.4	3.1	4.3	2.1	2.7	2.1	2.1
私人投资总额	4.5	5.4	5.0	−2.5	12.6	7.4	2.1	8.6	5.0	−0.7	−0.7
固定资产投资	4.2	5.3	4.0	6.0	5.6	7.9	2.5	3.3	5.2	3.7	0.1
非住宅投资	3.0	6.2	2.9	8.3	4.4	9.0	0.7	1.6	4.1	2.6	−1.9
建筑	1.6	8.1	−1.6	19.1	−0.2	−1.9	4.3	−7.4	6.2	−7.2	−6.6
设备	3.2	5.8	3.1	3.5	6.5	16.4	−4.9	2.3	0.3	9.9	−1.8
知识产权产品	3.8	5.2	5.7	7.8	4.8	6.6	6.9	7.4	8.3	−0.8	1.3
住宅投资	9.5	1.8	8.7	−2.8	10.4	3.4	10.0	10.1	9.3	8.2	8.0
库存变动	....	....	....	....	....	....	....	....	....	....	....
净出口	....	....	....	....	....	....	....	....	....	....	....
出口	2.8	3.4	1.1	−6.7	9.8	1.8	5.4	−6.0	5.1	0.7	−2.7
货物	2.8	4.4	−0.3	−9.4	12.2	6.0	3.9	−11.7	6.5	−0.9	−5.8
服务	2.7	1.2	3.9	−0.3	4.7	−7.1	8.9	7.3	2.3	3.9	3.7
进口	1.1	3.8	4.9	2.8	9.6	−0.8	10.3	7.1	3.0	2.3	−0.6
货物	1.0	4.3	4.8	4.7	9.9	−0.8	9.9	7.2	3.2	1.4	−1.2
服务	1.5	1.6	5.6	−6.0	8.2	−0.6	11.9	6.7	2.0	6.4	2.4
政府支出	−2.9	−0.6	0.7	0.0	1.2	1.8	−1.4	−0.1	2.6	1.8	−0.1
联邦政府	−5.7	−2.4	−0.3	0.3	−1.2	3.7	−5.7	1.1	0.0	0.2	2.2
国防	−6.7	−3.8	−1.2	−4.6	−0.5	4.5	−10.3	1.0	0.3	−1.4	2.7
其他	−4.0	−0.1	1.2	8.9	−2.2	2.5	2.1	1.2	−0.5	2.8	1.5
州及地方政府	−1.0	0.6	1.3	−0.2	2.6	0.6	1.3	−0.8	4.3	2.8	−1.4
备注											
国民总收入	1.5	2.5	....	−1.2	4.4	4.5	1.9	−0.2	3.9	1.3	....

注：季度数据为经季节调整后折合年率的环比增长速度。

资料来源：美国商务部经济分析局。

2.1.02 美国国内生产总值及其构成增长率(同比)

单位:%

	2013年	2014年	2015年	2014年				2015年			
				一季度	二季度	三季度	四季度	一季度	二季度	三季度	四季度
国内生产总值	**1.5**	**2.4**	**2.4**	**1.7**	**2.6**	**2.9**	**2.5**	**2.9**	**2.7**	**2.1**	**1.9**
个人消费支出	1.7	2.7	3.1	2	2.6	3	3.2	3.3	3.3	3.1	2.6
消费品	3.1	3.3	3.7	2	3.4	3.7	4	4	3.7	3.9	3.4
耐用消费品	5.8	5.9	5.9	3.1	5.9	7	7.5	7.3	5.9	5.6	5
非耐用消费品	1.9	2.1	2.7	1.5	2.2	2.2	2.3	2.4	2.6	3.1	2.6
服务	1	2.4	2.8	1.9	2.2	2.7	2.8	3	3	2.8	2.2
私人投资总额	4.5	5.4	5	5	6.8	5.3	4.7	7.6	5.7	3.7	3
固定资产投资	4.2	5.3	4	4.4	5.1	6.1	5.5	4.8	4.7	3.6	3.1
非住宅投资	3	6.2	2.9	5.3	6.2	7.6	5.5	3.9	3.8	2.2	1.6
建筑	1.6	8.1	−1.6	13	9.9	5	5	−1.4	0.2	−1.2	−3.9
设备	3.2	5.8	3.1	3.2	5	10.2	5.1	4.8	3.3	1.8	2.6
知识产权产品	3.8	5.2	5.7	3.3	5.3	5.7	6.5	6.4	7.3	5.4	4
住宅投资	9.5	1.8	8.7	0.6	0.9	0.5	5.1	8.4	8.2	9.4	8.9
库存变动	....	....	....	....	....	....	....	....	....	....	....
净出口	....	....	....	....	....	....	....	....	....	....	....
出口	2.8	3.4	1.1	3.1	4.3	3.7	2.4	2.6	1.5	1.2	−0.8
货物	2.8	4.4	−0.3	4.1	5.2	5.5	2.9	2.2	0.9	−0.8	−3.2
服务	2.7	1.2	3.9	1	2.3	−0.1	1.4	3.3	2.7	5.6	4.3
进口	1.1	3.8	4.9	2.9	3.9	3.1	5.4	6.5	4.8	5.6	2.9
货物	1	4.3	4.8	3.3	4.4	3.5	5.8	6.5	4.8	5.4	2.6
服务	1.5	1.6	5.6	1	1.5	0.9	3.1	6.5	4.9	6.7	4.3
政府支出	−2.9	−0.6	0.7	−1.8	−1	0	0.4	0.4	0.7	0.7	1.1
联邦政府	−5.7	−2.4	−0.3	−4.5	−3.4	−1	−0.8	−0.6	−0.3	−1.1	0.9
国防	−6.7	−3.8	−1.2	−6	−4.7	−1.7	−2.9	−1.5	−1.3	−2.7	0.6
其他	−4	−0.1	1.2	−2	−1.2	0.1	2.7	0.9	1.3	1.4	1.2
州及地方政府	−1	0.6	1.3	0.1	0.6	0.7	1.1	1	1.4	1.9	1.2
备注											
国民总收入	1.5	2.5	....	1.9	2.6	2.9	2.4	2.7	2.5	1.7	....

资料来源:美国商务部经济分析局。

2.1.03 美国国内生产总值构成对经济增长的贡献

单位:百分点

	2013年	2014年	2015年	2014年				2015年			
				一季度	二季度	三季度	四季度	一季度	二季度	三季度	四季度
国内生产总值	**1.5**	**2.4**	**2.4**	**−0.9**	**4.6**	**4.3**	**2.1**	**0.6**	**3.9**	**2.0**	**1.0**
个人消费支出	1.16	1.84	2.09	0.85	2.60	2.34	2.86	1.19	2.42	2.04	1.38
消费品	0.71	0.75	0.83	0.25	1.49	0.91	0.91	0.25	1.20	1.08	0.42
耐用消费品	0.42	0.43	0.43	0.19	0.96	0.54	0.44	0.14	0.57	0.47	0.25
非耐用消费品	0.29	0.32	0.40	0.06	0.52	0.37	0.47	0.10	0.62	0.61	0.17
服务	0.45	1.09	1.26	0.61	1.11	1.42	1.95	0.94	1.23	0.96	0.96
私人投资总额	0.70	0.87	0.82	−0.38	1.99	1.22	0.36	1.39	0.85	−0.11	−0.12
固定资产投资	0.64	0.82	0.64	0.91	0.87	1.23	0.39	0.52	0.83	0.60	0.02
非住宅投资	0.38	0.77	0.36	1.00	0.56	1.12	0.09	0.20	0.53	0.33	−0.24
建筑	0.04	0.23	−0.05	0.50	0.00	−0.05	0.12	−0.22	0.18	−0.21	−0.18
设备	0.19	0.34	0.18	0.20	0.38	0.92	−0.30	0.14	0.03	0.57	−0.11
知识产权产品	0.15	0.20	0.23	0.30	0.19	0.25	0.27	0.29	0.33	−0.03	0.05
住宅投资	0.27	0.05	0.28	−0.09	0.31	0.11	0.31	0.32	0.30	0.27	0.26
库存变动	0.06	0.05	0.18	−1.29	1.12	−0.01	−0.03	0.87	0.02	−0.71	−0.14
净出口	0.20	−0.18	−0.64	−1.39	−0.24	0.39	−0.89	−1.92	0.18	−0.26	−0.25
出口	0.38	0.46	0.15	−0.95	1.28	0.24	0.71	−0.81	0.64	0.09	−0.34
货物	0.26	0.41	−0.01	−0.94	1.09	0.55	0.36	−1.10	0.55	−0.07	−0.49
服务	0.11	0.05	0.16	−0.01	0.20	−0.31	0.35	0.30	0.10	0.16	0.15
进口	−0.18	−0.63	−0.79	−0.44	−1.52	0.15	−1.60	−1.12	−0.46	−0.35	0.09
货物	−0.14	−0.59	−0.64	−0.61	−1.30	0.13	−1.29	−0.93	−0.41	−0.18	0.15
服务	−0.04	−0.05	−0.15	0.17	−0.22	0.02	−0.31	−0.18	−0.05	−0.17	−0.07
政府支出	−0.58	−0.11	0.13	0.00	0.21	0.33	−0.26	−0.01	0.46	0.32	−0.01
联邦政府	−0.46	−0.18	−0.02	0.02	−0.08	0.26	−0.41	0.08	0.00	0.02	0.15
国防	−0.34	−0.18	−0.05	−0.21	−0.02	0.19	−0.47	0.04	0.01	−0.06	0.11
其他	−0.12	0.00	0.03	0.23	−0.06	0.07	0.06	0.03	−0.01	0.08	0.04
州及地方政府	−0.12	0.07	0.15	−0.03	0.29	0.07	0.15	−0.09	0.46	0.30	−0.16

注:季度数据为经季节调整后折合年率的环比增长速度。

资料来源:美国商务部经济分析局。

2.1.04 美国工业生产指数和工业生产能力利用率

年份	月份	工业生产指数（2007=100）	制造业	工业生产能力利用率（%）	制造业
2006		**97.6**	**97.4**	**80.3**	**78.6**
2007		**100.0**	**100.0**	**80.7**	**78.8**
2008		**96.6**	**95.3**	**77.7**	**74.8**
2009		**85.7**	**82.4**	**68.7**	**65.7**
2010		**90.6**	**87.3**	**73.7**	**70.9**
2011		**93.6**	**90.3**	**76.2**	**73.7**
2012		**97.1**	**94.0**	**76.7**	**74.5**
2013		**99.9**	**96.5**	**76.7**	**74.1**
2014		**104.1**	**99.9**	**79.2**	**77.2**
	1月	103.0	100.6	76.8	73.5
	2月	103.8	101.7	77.3	74.3
	3月	104.7	102.5	77.8	74.8
	4月	104.9	102.8	77.8	75.0
	5月	105.2	103.0	78.0	75.1
	6月	105.7	103.5	78.2	75.4
	7月	106.1	104.2	78.3	75.9
	8月	106.1	103.9	78.2	75.6
	9月	106.7	104.1	78.5	75.7
	10月	106.8	104.3	78.5	75.8
	11月	107.8	105.2	79.0	76.4
	12月	107.9	105.2	79.0	76.3
2015					
	1月	107.6	104.9	78.7	76.1
	2月	107.4	104.5	78.4	75.7
	3月	107.2	104.8	78.2	75.8
	4月	107.1	105.2	78.0	76.1
	5月	106.7	105.2	77.6	76.0
	6月	106.7	105.1	77.5	75.8
	7月	107.5	106.1	78.0	76.5
	8月	107.5	105.9	77.9	76.2
	9月	107.5	105.8	77.8	76.0
	10月	107.3	106.1	77.6	76.2
	11月	106.5	105.9	77.0	76.0
	12月	106.0	105.6	76.5	75.7

资料来源：美国联邦储备委员会。

2.1.05 美国劳动生产率变化

（2009 = 100）

年度	季度	非农产业		制造业		商业	
		单位工作产出	每小时产出	单位工作产出	每小时产出	单位工作产出	每小时产出
2007		**98.3**	**96.2**	**105.8**	**103.4**	**98.1**	**96.1**
2008		**98.5**	**96.9**	**109.4**	**107.4**	**98.3**	**96.8**
2009		**100.0**	**100.0**	**100.0**	**100.0**	**100.0**	**100.0**
2010		**104.5**	**103.3**	**113.8**	**110.7**	**104.4**	**103.3**
2011		**105.1**	**103.5**	**121.0**	**116.8**	**105.0**	**103.4**
2012		**106.4**	**104.4**	**122.4**	**117.7**	**106.0**	**104.1**
	1季度	106.3	104.1	122.9	118.1	106.0	104.0
	2季度	106.7	104.8	122.4	117.7	106.3	104.5
	3季度	106.4	104.6	121.9	117.2	106.0	104.2
	4季度	106.0	104.1	122.4	117.7	105.6	103.8
2013		**106.2**	**104.5**	**123.4**	**118.5**	**106.3**	**104.6**
	1季度	106.0	104.1	122.8	118.2	105.9	104.1
	2季度	105.8	104.0	123.5	118.9	105.9	104.2
	3季度	106.1	104.4	123.5	118.5	106.2	104.6
	4季度	107.0	105.3	123.9	118.4	107.2	105.5
2014		**107.3**	**105.3**	**125.4**	**120.1**	**107.2**	**105.3**
	1季度	106.2	104.5	123.5	119.1	106.2	104.6
	2季度	107.1	105.1	125.4	119.9	107.2	105.2
	3季度	108.0	105.9	126.2	120.7	108.0	105.9
	4季度	107.7	105.5	126.4	120.7	107.6	105.4
2015		**107.9**	**106.0**	**126.7**	**121.7**	**107.8**	**105.9**
	1季度	107.4	105.3	126.1	120.5	107.2	105.1
	2季度	108.0	106.1	126.4	121.1	107.9	106.0
	3季度	108.3	106.6	127.2	122.6	108.4	106.6
	4季度	107.8	106.0	127.0	122.4	107.8	106.0

资料来源：美国劳工统计局。

2.1.06 美国就业率和失业率

年份	月份	就业率（%）	失业率（%）
2003		**62.3**	**6.0**
2004		**62.3**	**5.5**
2005		**62.7**	**5.1**
2006		**63.1**	**4.6**
2007		**63.0**	**4.6**
2008		**62.2**	**5.8**
2009		**59.3**	**9.3**
2010		**58.5**	**9.6**
2011		**58.4**	**8.9**
2012		**58.6**	**8.1**
2013		**58.6**	**7.4**
2014		**59.0**	**6.2**
	1月	58.8	6.6
	2月	58.8	6.7
	3月	59.0	6.6
	4月	58.9	6.2
	5月	58.9	6.3
	6月	59.0	6.1
	7月	59.0	6.2
	8月	59.0	6.1
	9月	59.0	5.9
	10月	59.2	5.7
	11月	59.2	5.8
	12月	59.2	5.6
2015		**59.3**	**5.3**
	1月	59.3	5.7
	2月	59.3	5.5
	3月	59.3	5.5
	4月	59.3	5.4
	5月	59.4	5.5
	6月	59.3	5.3
	7月	59.3	5.3
	8月	59.4	5.1
	9月	59.3	5.1
	10月	59.3	5.0
	11月	59.4	5.0
	12月	59.5	5.0

注:数据经季节性调整。

资料来源:美国劳工统计局。

2.1.07 美国价格涨跌率

单位:%

年份	月份	消费价格涨跌率		核心消费价格涨跌率①		生产价格涨跌率	
		环比	同比	环比	同比	环比	同比
2007			**2.8**		**2.3**		**3.9**
2008			**3.8**		**2.3**		**6.3**
2009			**-0.4**		**1.7**		**-2.6**
2010			**1.6**		**1.0**		**4.2**
2011			**3.2**		**1.7**		**3.8**
2012			**2.1**		**2.1**		**1.9**
2013			**1.5**		**1.8**		**1.3**
2014			**1.6**		**1.7**		**1.6**
	1月	0.3	1.6	0.1	1.6	0.3	1.3
	2月	0.1	1.1	0.1	1.6	0.2	1.2
	3月	0.1	1.5	0.2	1.7	0.3	1.6
	4月	0.3	2.0	0.2	1.8	0.2	1.8
	5月	0.1	2.1	0.2	2	0.2	2.1
	6月	0.1	2.1	0.1	1.9	0	1.8
	7月	0.1	2.0	0.1	1.9	0.4	1.9
	8月	0.0	1.7	0.1	1.7	-0.1	1.9
	9月	0.1	1.7	0.1	1.7	-0.2	1.6
	10月	0.1	1.7	0.2	1.8	0.2	1.5
	11月	-0.2	1.3	0.1	1.7	-0.2	1.3
	12月	-0.3	0.8	0.1	1.6	-0.3	0.9
2015			**0.1**		**1.8**		**-0.9**
	1月	-0.6	-0.1	0.2	1.6	-0.6	0.0
	2月	0.2	0.0	0.2	1.7	-0.5	-0.5
	3月	0.2	-0.1	0.2	1.8	0.0	-0.9
	4月	0.1	-0.2	0.2	1.8	0.0	-1.1
	5月	0.3	0.0	0.1	1.7	0.5	-0.8
	6月	0.2	0.1	0.2	1.8	0.3	-0.5
	7月	0.1	0.2	0.2	1.8	0.1	-0.7
	8月	0.0	0.2	0.1	1.8	-0.2	-1
	9月	-0.1	0.0	0.2	1.9	-0.5	-1.1
	10月	0.2	0.2	0.2	1.9	-0.3	-1.6
	11月	0.1	0.5	0.2	2.0	0.4	-1.1
	12月	-0.1	0.7	0.2	2.1	-0.2	-1

注:①为不包括食品和能源的消费者价格。

资料来源:美国劳工统计局。

2.1.08 美国进出口贸易

单位:亿美元

年份	月份	进出口额	出口额	进口额	出口额减进口额
2007		**39551.8**	**16528.6**	**23519.3**	**-6990.7**
2008		**43829.7**	**18403.3**	**25426.3**	**-7023.0**
2009		**35400.3**	**15781.9**	**19618.4**	**-3836.6**
2010		**41883.2**	**18444.7**	**23438.5**	**-4993.8**
2011		**48026.7**	**21270.2**	**26756.5**	**-5486.3**
2012		**49706.9**	**22165.4**	**27541.5**	**-5376.1**
2013		**50367.8**	**22801.9**	**27565.9**	**-4763.9**
2014		**51937.7**	**23445.3**	**28492.4**	**-5047.1**
	1月	4252.2	1928.8	2323.4	-394.6
	2月	4218.3	1895.0	2323.3	-428.4
	3月	4326.4	1947.6	2378.8	-431.2
	4月	4343.2	1950.2	2393.0	-442.7
	5月	4366.1	1972.7	2393.4	-420.7
	6月	4335.3	1955.8	2379.5	-423.7
	7月	4352.2	1969.1	2383.2	-414.1
	8月	4358.8	1973.0	2385.8	-412.8
	9月	4332.9	1950.5	2382.4	-431.9
	10月	4382.7	1977.6	2405.1	-427.5
	11月	4324.2	1962.0	2362.2	-400.2
	12月	4355.0	1949.8	2405.2	-455.5
2015					
	1月	4216.0	1890.0	2326.0	-436.0
	2月	4102.8	1858.7	2244.2	-385.5
	3月	4256.6	1867.4	2389.2	-521.8
	4月	4201.9	1884.1	2317.9	-433.8
	5月	4175.9	1870.7	2305.2	-434.6
	6月	4200.8	1869.1	2331.8	-462.7
	7月	4181.1	1872.0	2309.1	-437.1
	8月	4161.6	1828.1	2333.5	-505.4
	9月	4149.0	1852.9	2296.1	-443.2
	10月	4117.7	1831.5	2286.3	-454.8
	11月	4053.8	1809.0	2244.7	-435.7
	12月	4052.7	1802.8	2249.8	-447.0

注:包括货物和服务贸易。因季节调整的原因,各月合计数据不等于全年数据。

资料来源:美国商务部普查局。

2.1.09 美国外国直接投资

单位:亿美元

年份	季度	流入	流出	流入减流出
2003 年		**531.50**	**1293.50**	**-762.00**
2004 年		**1358.26**	**2949.05**	**-1590.79**
2005 年		**1047.73**	**153.69**	**894.04**
2006 年		**2371.36**	**2242.20**	**129.16**
2007 年		**2659.57**	**3935.18**	**-1275.61**
2008 年		**3063.66**	**3082.96**	**-59.30**
2009 年		**1436.04**	**2879.01**	**-1181.90**
2010 年		**1980.49**	**2777.79**	**-797.30**
2011 年		**2298.62**	**3965.69**	**-1667.07**
	1 季度	425.67	1063.33	-637.66
	2 季度	620.73	1346.49	-725.76
	3 季度	692.17	840.70	-148.53
	4 季度	560.05	715.16	-155.11
2012 年		**1696.80**	**3113.47**	**-1416.67**
	1 季度	292.52	1045.56	-753.04
	2 季度	523.05	704.14	-181.09
	3 季度	449.26	915.94	-466.68
	4 季度	431.98	447.83	-15.85
2013 年		**2307.68**	**3283.43**	**-975.75**
	1 季度	433.09	812.14	-379.05
	2 季度	604.57	1011.33	-406.76
	3 季度	559.86	914.22	-354.36
	4 季度	710.17	545.73	164.44
2014 年		**923.97**	**3369.43**	**-2445.46**
	1 季度	-1075.50	490.42	-1565.92
	2 季度	684.55	847.17	-162.62
	3 季度	853.31	976.52	-123.21
	4 季度	461.60	1055.33	-593.73
2015 年		**3798.93**	**2999.69**	**799.24**
	1 季度	1983.19	774.94	1208.25
	2 季度	893.89	855.45	38.44
	3 季度	417.03	689.68	-272.65
	4 季度	504.83	679.62	-174.79

资料来源:美国商务部经济分析局。

2.1.10 美国预警指标和景气指标

年份 月份	先行指标	消费者信心指数	制造业采购经理人指数	非制造业采购经理人指数
2012				
1月	94.7	61.5	54.3	58.3
2月	95.3	71.6	53.6	57.4
3月	95.6	69.5	56	58.5
4月	95.5	68.7	56	56.8
5月	95.8	64.4	54	56.9
6月	95.3	62.7	52.5	53.2
7月	95.7	65.4	51.4	51.2
8月	95.3	61.3	51.5	52
9月	95.7	68.4	51.1	50.7
10月	93.4	73.1	51	52.7
11月	93.4	71.5	52.8	53.8
12月	93.8	66.7	54	53
2013				
1月	94.3	58.4	55.8	53.1
2月	94.6	68	54.3	53.9
3月	94.3	61.9	54.6	53.2
4月	95.1	69	52.1	53.8
5月	95.4	74.3	52.3	54.9
6月	95.4	82.1	51.9	56.3
7月	95.9	81	53.7	57.2
8月	96.4	81.8	53.1	56.7
9月	97.4	80.2	52.8	57.7
10月	98.3	72.4	51.8	49.3
11月	99.2	72	54.7	55.9
12月	99.2	77.5	55	55.7
2014				
1月	99.6	80.7	53.7	56.7
2月	100	78.3	57.1	53.3
3月	100.9	83.9	55.5	55.3
4月	101.2	81.7	55.4	55
5月	101.8	82.2	56.4	58.1
6月	102.5	86.4	57.3	61
7月	103.6	90.3	55.8	60.8
8月	103.6	93.4	57.9	59.5
9月	104.3	89	57.5	58.9
10月	120	94.1	55.9	57.1
11月	120.3	91	54.8	56.2
12月	120.8	93.1	53.9	53.3
2015				
1月	121.1	103.8	53.9	54.2
2月	121	98.8	55.1	57.1
3月	121.5	101.4	55.7	59.2
4月	122.3	94.3	54.1	57.4
5月	123.1	94.6	54	56.2
6月	123.6	99.8	53.6	54.8
7月	123.3	91	53.8	55.7
8月	123.4	101.3	53	56.1
9月	123.4	102.6	53.1	55.1
10月	123.3	99.1	54.1	54.8
11月	123.8	92.6	52.8	56.1
12月	123.3	96.3	51.2	54.3

注:2014 年 10 月前,先行指标基准年为 2004 年,后调整为 2010 年。消费者信心指数以 1985 年为 100,采购经理人指数长期超过 50 预示着经济扩张期。

资料来源:世界大型企业联合会(Conference Board)及 Markit 公司。

2.1.11 美国财政指标

单位:亿美元

年份 月份	收入	同比增长(%)	支出	同比增长(%)	收入减支出
2008 财年	**25238.6**	**-1.7**	**29786.6**	**9.1**	**-4548.1**
2009 财年	**21043.6**	**-16.6**	**35200.8**	**18.2**	**-14157.2**
2010 财年	**21617.5**	**2.7**	**34559.5**	**-1.8**	**-12942.0**
2011 财年	**23025.0**	**6.5**	**35992.9**	**4.1**	**-12967.9**
2012 财年	**24490.9**	**6.4**	**35384.5**	**-1.7**	**-10893.5**
2013 财年	**27740.1**	**13.3**	**34542.4**	**-2.4**	**-6802.3**
2014 财年	**30203.7**	**8.9**	**35037.3**	**1.4**	**-4833.6**
10 月	1989.3	7.9	2895.1	-4.9	-905.8
11 月	1824.5	12.8	3176.8	-4.8	-1352.3
12 月	2850.4	5.8	2318.2	-14.4	532.2
1 月	2960.0	8.7	3062.5	13.7	-102.5
2 月	1443.5	17.5	3378.8	3.5	-1935.3
3 月	2158.5	16.0	2527.4	-13.6	-369.0
4 月	4142.4	1.8	3073.8	4.6	1068.5
5 月	1998.9	1.4	3298.6	-1.8	-1299.7
6 月	3236.5	12.9	2531.3	48.8	705.2
7 月	2144.9	7.2	3091.1	3.9	-946.2
8 月	1942.5	4.8	3229.3	-3.1	-1286.8
9 月	3512.4	16.5	2454.4	8.4	1058.0
2015 财年	**32487.0**	**7.6**	**36877.8**	**5.3**	**-4390.8**
10 月	2127.2	6.9	3344.3	15.5	-1217.1
11 月	1914.4	4.9	2482.5	-21.9	-568.2
12 月	3353.3	17.6	3334.6	43.8	18.6
1 月	3067.4	3.6	3242.9	5.9	-175.5
2 月	1393.9	-3.4	3317.4	-1.8	-1923.5
3 月	2341.9	8.5	2871.1	13.6	-529.2
4 月	4718.0	13.9	3150.9	2.5	1567.1
5 月	2123.9	6.3	2964.5	-10.1	-840.7
6 月	3429.3	6.0	2924.5	15.5	504.9
7 月	2254.9	5.1	3746.8	21.2	-1491.9
8 月	2108.4	8.5	2752.5	-14.8	-644.1
9 月	3654.5	4.0	2745.8	11.9	908.7
2016 财年					
10 月	2110.5	-0.8	3476.0	3.9	-1365.6
11 月	2049.7	7.1	2695.2	8.6	-645.5
12 月	3496.3	4.3	3640.8	9.2	-144.4

注:美国财年是按上年 10 月至当年 9 月计算的,所列月份为日历月份。

资料来源:美国财政部。

2.1.12 美国联邦基金利率和贴现率

单位:%

年份	日期	联邦基金利率	贴现率
2003			
	6月25日	1.00	2.00
2004			
	6月30日	1.25	2.25
	9月21日	1.75	2.75
	8月10日	1.50	2.50
	11月10日	2.00	3.00
	12月14日	2.25	3.25
2005			
	2月2日	2.50	3.50
	3月22日	2.75	3.75
	5月3日	3.00	4.00
	6月30日	3.25	4.25
	8月9日	3.50	4.50
	9月20日	3.75	4.75
	11月1日	4.00	5.00
	11月13日	4.25	5.25
2006			
	1月31日	4.50	5.50
	3月28日	4.75	5.75
	5月10日	5.00	6.00
	6月29日	5.25	6.25
2007			
	8月17日	5.25	5.75
	9月18日	4.75	5.25
	10月31日	4.50	5.00
	12月11日	4.25	4.75
2008			
	1月22日	3.50	4.00
	1月30日	3.00	3.50
	3月16日	3.00	3.25
	3月18日	2.25	2.50
	4月30日	2.00	2.25
	10月8日	1.50	1.75
	10月29日	1.00	1.25
	12月16日	0-0.25	0.50
2010			
	2月19日	0-0.25	0.75
2015			
	12月16日	0.25-0.5	1.00

注:2016年3月16日,美联储决定维持现有利率水平不变。

资料来源:美国联邦储备委员会。

2.2.01 欧元区国内生产总值及其构成增长率（环比）

单位：%

指标	2014 年	2015 年	2014 年				2015 年			
			一季度	二季度	三季度	四季度	一季度	二季度	三季度	四季度
国内生产总值	**0.9**	**1.6**	**0.2**	**0.1**	**0.3**	**0.4**	**0.6**	**0.4**	**0.3**	**0.3**
按需求构成分类										
国内需求										
居民消费支出	0.7	1.7	0.0	0.2	0.4	0.5	0.5	0.3	0.5	0.2
政府支出	0.9	1.3	0.2	0.2	0.3	0.2	0.5	0.3	0.3	0.6
固定资本形成	1.3	2.7	0.4	−0.5	0.4	0.6	1.4	0.1	0.4	1.3
国外需求										
出口	4.1	5.0	0.8	1.0	1.6	1.2	1.4	1.7	0.2	0.2
进口	4.5	5.7	1.2	1.1	1.5	1.2	2.1	1.0	1.2	0.9
按产业构成分类										
农业、林业、渔业	2.9	0.8	1.1	−0.4	0.6	−1.9	0.8	0.3	0.6	0.5
工业（除建筑业）	0.8	1.8	−0.1	0.2	0.2	−0.1	1.0	0.4	0.2	−0.5
制造业	1.8	2.0	0.6	−0.2	0.2	0.0	1.0	0.7	0.1	−0.2
建筑业	−1.1	0.3	0.7	−1.5	−0.9	1.0	0.6	−0.5	−0.1	1.0
贸易零售、交通、旅馆、餐饮	1.1	2.0	0.6	−0.1	0.5	0.5	0.8	0.4	0.5	0.3
信息、通信	0.2	2.7	−0.4	−0.1	0.5	−0.1	0.5	0.9	0.5	0.8
金融及保险	0.0	0.8	0.7	−0.8	0.3	−0.2	0.6	0.1	−0.6	0.3
房地产	1.2	1.1	0.4	0.3	0.3	0.2	0.1	0.1	0.7	0.3
专业技术服务	1.0	2.7	0.5	0.2	0.5	0.6	1.0	0.9	0.6	0.6
公共管理和其他公共服务	0.8	0.8	0.3	0.1	0.0	0.3	0.3	0.1	0.1	0.2
艺术、娱乐及其他服务	0.1	1.1	0.3	−0.3	0.7	0.1	0.2	0.3	0.4	0.4

注：本表为经季节调整后的数据。

资料来源：欧盟统计局。

2.2.02 欧元区国内生产总值及其构成增长率(同比)

单位:%

指标	2014年	2015年	2014				2015年			
			一季度	二季度	三季度	四季度	一季度	二季度	三季度	四季度
国内生产总值	**0.9**	**1.6**	**1.1**	**0.7**	**0.8**	**0.9**	**1.3**	**1.6**	**1.6**	**1.6**
按需求构成分类										
国内需求										
居民消费支出	0.7	1.7	0.6	0.6	0.8	1.1	1.6	1.7	1.8	1.5
政府支出	0.9	1.3	0.7	0.8	0.9	1.0	1.1	1.2	1.2	1.6
固定资本形成	1.3	2.7	2.5	1.2	0.7	0.9	2.0	2.6	2.5	3.4
国外需求										
出口	4.1	5.0	3.7	3.4	4.6	4.7	5.3	6.0	4.6	3.6
进口	4.5	5.7	4.2	4.2	4.4	5.1	6.0	5.8	5.5	5.2
按产业构成分类										
农业、林业、渔业	2.9	0.8	4.4	3.2	3.5	−0.6	0.6	0.6	0.2	2.2
工业(除建筑业)	0.8	1.8	1.1	0.7	0.8	0.3	1.2	1.8	1.9	1.1
制造业	1.8	2.0	2.6	1.4	1.5	0.7	0.9	1.9	2.1	1.6
建筑业	−1.1	0.3	0.9	−0.5	−1.7	−0.8	−1.0	0.1	0.2	0.9
贸易零售、交通、旅馆、餐饮	1.1	2.0	1.6	1.3	1.3	1.5	1.7	2.1	2.0	1.9
信息、通信	0.2	2.7	0.1	−0.2	0.1	−0.1	2.5	3.1	2.4	2.7
金融及保险	0.0	0.8	−0.5	−0.1	0.0	0.0	1.1	1.3	0.2	0.4
房地产	1.2	1.1	1.2	1.3	1.4	1.2	1.0	0.7	1.1	1.2
专业技术服务	1.0	2.7	1.4	1.0	1.2	1.9	2.2	2.7	2.8	3.1
公共管理和其他公共服务	0.8	0.8	1.0	0.9	0.8	0.7	0.6	0.8	0.7	0.7
艺术、娱乐及其他服务	0.1	1.1	1.1	0.4	0.7	0.9	0.8	1.0	0.9	1.3

注:本表为经季节调整后的数据。

资料来源:欧盟统计局。

2.2.03 欧元区国内生产总值及其构成对经济增长的贡献

单位：百分点

指　　标	2014 年	2015 年	2014 年				2015 年			
			一季度	二季度	三季度	四季度	一季度	二季度	三季度	四季度
国内生产总值	**0.9**	**1.6**	**0.2**	**0.1**	**0.3**	**0.4**	**0.6**	**0.4**	**0.3**	**0.3**
按需求构成分类										
国内需求										
私人消费支出	0.5	1.0	0.0	0.1	0.2	0.3	0.3	0.2	0.3	0.1
政府消费支出	0.2	0.3	0.0	0.0	0.1	0.0	0.1	0.1	0.1	0.1
固定资本形成	0.3	0.5	0.1	−0.1	0.1	0.1	0.3	0.0	0.1	0.3
国外需求										
出口	1.8	2.2	0.3	0.5	0.7	0.6	0.6	0.8	0.1	0.1
进口	−1.8	−2.3	−0.5	−0.5	−0.6	−0.5	−0.9	−0.4	−0.5	−0.4
按产业构成分类										
农业、林业、渔业	0.1	0.0	0.0	0.0	0.0	0.0	0.0	0.0	0.0	0.0
工业（除建筑业）	0.1	0.3	0.0	0.0	0.0	0.0	0.2	0.1	0.0	−0.1
制造业	0.2	0.3	0.1	0.0	0.0	0.0	0.1	0.1	0.0	0.0
建筑业	0.0	0.0	0.0	−0.1	0.0	0.0	0.0	0.0	0.0	0.0
贸易零售、交通、旅馆、餐饮	0.2	0.3	0.1	0.0	0.1	0.1	0.1	0.1	0.1	0.1
信息、通信	0.1	0.1	0.0	0.0	0.1	0.0	0.0	0.0	0.0	0.0
金融及保险	0.0	0.0	0.0	0.0	0.0	0.0	0.0	0.0	0.0	0.0
房地产	0.1	0.1	0.0	0.0	0.0	0.0	0.0	0.0	0.1	0.0
专业技术服务	0.1	0.3	0.1	0.0	0.1	0.0	0.1	0.1	0.1	0.1
公共管理和其他公共服务	0.1	0.1	0.0	0.0	0.0	0.0	0.1	0.0	0.0	0.0
艺术、娱乐及其他服务	0.0	0.0	0.0	0.0	0.0	0.0	0.0	0.0	0.0	0.0

注：季度数据为经季节调整后的数据。

资料来源：欧盟统计局。

2.2.04 欧元区工业生产指标

单位:%

年份	月份	工业生产增长速度	制造业增长速度	制造业生产能力利用率
2009年		**−15.1**	**−16.3**	**71.0**
2010年		**7.3**	**7.7**	**77.1**
2011年		**3.4**	**4.7**	**80.6**
2012年		**−2.4**	**−2.6**	**78.6**
2013年		**−0.7**	**−0.7**	**78.7**
2014年		**0.8**	**1.8**	**80.4**
	1月	1.8	3.1	
	2月	2.0	4.0	
	3月	0.5	2.6	79.8
	4月	1.8	3.1	
	5月	0.8	1.4	
	6月	0.3	0.6	79.7
	7月	1.8	2.6	
	8月	−0.5	−0.1	
	9月	0.4	0.8	80.0
	10月	0.8	1.3	
	11月	−0.6	0.1	
	12月	0.9	1.5	80.5
2015年		**1.6**	**1.8**	**81.3**
	1月	0.7	0.3	
	2月	1.9	1.3	
	3月	2.1	2.0	81.1
	4月	0.8	0.9	
	5月	1.7	2.3	
	6月	1.8	2.2	81.1
	7月	1.9	1.8	
	8月	2.5	3.1	
	9月	1.6	2.0	81.3
	10月	2.1	2.4	
	11月	1.9	2.0	
	12月	−0.1	0.8	81.7

注:工业生产增长速度按同比计算。

资料来源:欧盟统计局数据库和欧洲央行统计月报。

2.2.05 欧元区劳动力市场

单位:%

年份	月份	失业率	男	女	劳动生产率增长率
2009年		**9.6**	**9.5**	**9.8**	**-2.7**
2010年		**10.2**	**10.1**	**10.3**	**2.4**
2011年		**10.2**	**10.0**	**10.4**	**1.3**
2012年		**11.4**	**11.2**	**11.5**	**0.0**
2013年		**12.0**	**11.9**	**12.1**	**0.4**
2014年		**11.6**	**11.5**	**11.8**	**0.4**
	1月	11.9	11.8	12.0	
	2月	11.9	11.8	11.9	
	3月	11.8	11.7	11.8	1.0
	4月	11.7	11.7	11.7	
	5月	11.6	11.5	11.8	
	6月	11.5	11.4	11.7	0.2
	7月	11.6	11.4	11.8	
	8月	11.5	11.3	11.7	
	9月	11.5	11.3	11.7	0.1
	10月	11.5	11.4	11.7	
	11月	11.5	11.4	11.7	
	12月	11.3	11.2	11.5	0.1
2015年		**10.9**	**10.7**	**11.0**	**0.5**
	1月	11.3	11.1	11.4	
	2月	11.2	11.0	11.4	
	3月	11.2	11.0	11.4	0.4
	4月	11.1	10.9	11.3	
	5月	11.0	10.9	11.1	
	6月	11.0	10.8	11.1	0.7
	7月	10.8	10.6	11.0	
	8月	10.7	10.5	10.9	
	9月	10.6	10.4	10.8	0.6
	10月	10.6	10.4	10.7	
	11月	10.5	10.3	10.7	
	12月	10.4	10.3	10.6	0.4

注:除年度数据以外,劳动生产率增长率为该月份所在季度数据的同比增长率。

资料来源:欧盟统计局。

2.2.06 欧元区进出口贸易

单位:亿欧元

年度 月度	进出口额	进口额	出口额	出口额减进口额
2009 年	**25609**	**12746**	**12863**	**117**
2010 年	**31029**	**15577**	**15452**	**–125**
2011 年	**35120**	**17655**	**17465**	**–191**
2012 年	**36823**	**18012**	**18811**	**799**
2013 年	**36499**	**17490**	**19009**	**1519**
2014 年	**36982**	**17537**	**19445**	**1909**
1 月	3100	1484	1615	131
2 月	3036	1445	1591	146
3 月	3017	1437	1580	143
4 月	3042	1457	1584	127
5 月	3114	1481	1633	152
6 月	3065	1465	1600	135
7 月	3100	1487	1614	127
8 月	3040	1452	1588	136
9 月	3152	1490	1662	172
10 月	3140	1471	1670	199
11 月	3098	1453	1645	192
12 月	3132	1454	1679	225
2015 年	**38338**	**17932**	**20406**	**2475**
1 月	3101	1446	1654	208
2 月	3212	1490	1722	232
3 月	3277	1551	1726	175
4 月	3234	1519	1714	195
5 月	3198	1493	1705	212
6 月	3245	1526	1719	194
7 月	3233	1504	1730	226
8 月	3139	1473	1666	194
9 月	3158	1481	1677	196
10 月	3168	1487	1681	195
11 月	3185	1481	1704	223
12 月	3188	1482	1707	225

注:贸易额不包括欧元区各成员国相互之间的贸易额,为经季节调整后的数据。

资料来源:欧盟统计局数据库。

2.2.07 欧元区外国直接投资

单位:亿欧元

年度 月度	流 入	流 出	流入减流出
2009 年	**2859**	**3529**	**-670**
2010 年	**2736**	**3624**	**-888**
2011 年	**3284**	**4471**	**-1187**
2012 年	**1927**	**2375**	**-448**
2013 年	**851**	**1914**	**-1063**
2014 年	**60**	**643**	**-581**
1 月	271	363	-92
2 月	-215	-210	-5
3 月	-386	-240	-146
4 月	-33	154	-187
5 月	258	151	106
6 月	94	15	79
7 月	15	34	-19
8 月	150	60	90
9 月	111	410	-299
10 月	116	107	10
11 月	-115	170	-285
12 月	-205	-372	167
2015 年	**1718**	**1437**	**236**
1 月	77	136	-59
2 月	331	348	-17
3 月	234	-214	448
4 月	287	163	124
5 月	132	311	-179
6 月	161	172	-11
7 月	-72	230	-302
8 月	-28	3	-32
9 月	597	298	299
10 月	426	405	21
11 月	-450	-490	-4
12 月	23	75	-52

注:欧元区绝对数指欧元区历年实有成员,2001 年至 2005 年为 11 个成员,2006 年为 12 个成员,2007 年为 13 个成员, 2008 年为 15 个成员,2009 年为 16 个成员,2013 年为 17 个成员,2014 年为 18 个成员,2015 年为 19 个成员; 外国直接投资额不包括欧元区各成员国相互之间的直接投资额。

资料来源:欧洲央行数据库。

2.2.08 欧元区价格涨跌率

单位:%

年度	月度	消费者价格涨跌率		核心 CPI①		生产者价格涨跌率	
		环比	同比	环比	同比	环比	同比
2009 年			**0.3**		**1.3**		**-4.8**
2010 年			**1.6**		**1.0**		**2.7**
2011 年			**2.7**		**1.7**		**5.7**
2012 年			**2.5**		**1.8**		**2.8**
2013 年			**1.4**		**1.3**		**-0.2**
2014 年			**0.4**		**0.9**		**-1.5**
	1 月	-1.1	0.8	-1.4	1.0	-0.2	-1.2
	2 月	0.3	0.7	0.4	1.1	-0.3	-1.6
	3 月	0.9	0.5	1.2	0.9	-0.3	-1.6
	4 月	0.1	0.7	0.2	1.1	-0.2	-1.2
	5 月	-0.1	0.5	-0.1	0.8	-0.1	-1.0
	6 月	0.1	0.5	0.1	0.9	0.2	-0.8
	7 月	-0.6	0.4	-0.7	0.8	-0.2	-1.2
	8 月	0.1	0.4	0.3	0.9	-0.2	-1.4
	9 月	0.4	0.3	0.5	0.8	0.2	-1.4
	10 月	-0.1	0.4	0.0	0.7	-0.3	-1.3
	11 月	-0.2	0.3	-0.1	0.7	-0.3	-1.5
	12 月	-0.1	-0.2	0.3	0.7	-1.0	-2.7
2015 年			**0.0**		**0.8**		**-2.7**
	1 月	-1.5	-0.6	-1.5	0.6	-1.1	-3.5
	2 月	0.6	-0.3	0.5	0.7	0.6	-2.7
	3 月	1.1	-0.1	1.2	0.6	0.2	-2.3
	4 月	0.2	0.0	0.2	0.7	0.0	-2.1
	5 月	0.2	0.3	0.1	0.9	0.0	-2.0
	6 月	0.0	0.2	0.0	0.8	0.0	-2.1
	7 月	-0.6	0.2	-0.6	0.9	-0.2	-2.1
	8 月	0.0	0.1	0.3	0.9	-0.8	-2.6
	9 月	0.2	-0.1	0.4	0.8	-0.4	-3.2
	10 月	0.1	0.1	0.2	1.0	-0.3	-3.2
	11 月	-0.1	0.1	-0.2	0.9	-0.2	-3.2
	12 月	0.0	0.2	0.3	0.9	-0.8	-3.0

注:①为不包括未加工食品和能源的消费者价格。

资料来源:欧盟统计局数据库。

2.2.09 欧元区预警指标和景气指标

年份	月份	先行指标	消费者信心指数	企业家信心指数	制造业采购经理人指数	服务业采购经理人指数
2014 年						
	1 月	100.6	−11.6	−3.3	54	51.6
	2 月	100.7	−12.7	−3.1	53.2	52.6
	3 月	100.7	−9.3	−2.9	53	52.2
	4 月	100.7	−8.6	−3.0	53.4	53.1
	5 月	100.6	−7.1	−2.8	52.2	53.2
	6 月	100.6	−7.5	−4.2	51.8	52.8
	7 月	100.5	−8.3	−3.6	51.8	54.2
	8 月	100.5	−10.1	−4.9	50.7	53.1
	9 月	100.4	−11.4	−4.9	50.3	52.4
	10 月	100.5	−11.1	−4.5	50.6	52.3
	11 月	100.1	−11.7	−3.9	50.1	51.1
	12 月	100.2	−11.0	−5.0	50.6	51.6
2015 年						
	1 月	100.3	−8.4	−4.5	51.0	52.7
	2 月	100.4	−6.6	−4.5	51.0	53.7
	3 月	100.4	−3.6	−2.8	52.2	54.2
	4 月	100.5	−4.6	−3.1	52.0	54.1
	5 月	100.5	−5.5	−3.0	52.2	53.8
	6 月	100.5	−5.5	−3.4	52.5	54.4
	7 月	100.5	−7.1	−2.8	52.4	54.0
	8 月	100.5	−6.8	−3.7	52.3	54.4
	9 月	100.5	−7.0	−2.3	52.0	53.7
	10 月	100.6	−7.5	−1.9	52.3	54.1
	11 月	100.6	−5.9	−3.3	52.8	54.2
	12 月	100.6	−5.7	−2.0	53.2	54.2

资料来源：OECD 数据库、欧盟统计局数据库和 Markit 公司。

2.2.10　欧元区货币供应量增长速度

单位：%

年度	月度	M1	M2	M3
2009 年		**12.9**	**2.1**	**-0.4**
2010 年		**4.3**	**2.4**	**-0.6**
2011 年		**2.3**	**2.4**	**2.3**
2012 年		**4.2**	**3.2**	**3.0**
2013 年		**6.8**	**3.8**	**1.8**
2014 年		**6.0**	**2.8**	**1.9**
	1 月	6.0	2.4	1.1
	2 月	6.1	2.4	1.1
	3 月	5.6	2.1	0.8
	4 月	5.2	1.9	0.5
	5 月	5.0	2.4	1.2
	6 月	5.4	2.4	1.4
	7 月	5.5	2.7	1.8
	8 月	5.9	2.8	1.9
	9 月	6.2	3.1	2.4
	10 月	6.1	3.0	2.5
	11 月	7.0	3.6	3.1
	12 月	8.1	4.7	4.7
2015 年		**10.9**	**6.1**	**6.1**
	1 月	9.0	5.7	5.6
	2 月	9.2	5.5	5.7
	3 月	10.1	5.8	6.0
	4 月	10.6	6.2	6.8
	5 月	11.3	6.2	6.3
	6 月	11.8	6.3	6.2
	7 月	12.2	6.7	6.6
	8 月	11.5	6.2	6.0
	9 月	11.7	6.1	5.8
	10 月	11.6	6.8	6.7
	11 月	11.1	6.5	6.4
	12 月	10.8	5.7	5.1

注：增长速度按同比计算。

资料来源：欧洲央行。

2.2.11 欧洲央行利率

单位:%

年份 日期	隔夜存款利率	欧洲央行基准利率	隔夜贷款利率
2008 年			
10 月 8 日	2.75	3.75	4.75
10 月 9 日	3.25	3.75	4.25
10 月 15 日	3.25	3.75	4.25
11 月 12 日	2.75	3.25	3.75
12 月 10 日	2.00	2.50	3.00
2009 年			
1 月 21 日	1.00	2.00	3.00
3 月 11 日	0.50	1.50	2.50
4 月 8 日	0.25	1.25	2.25
5 月 13 日	0.25	1.00	1.75
2011 年			
4 月 13 日	0.50	1.25	2.00
7 月 13 日	0.75	1.50	2.25
11 月 9 日	0.50	1.25	2.00
12 月 14 日	0.25	1.00	1.75
2012 年			
7 月 11 日	0.00	0.75	1.50
2013 年			
5 月 8 日	0.00	0.50	1.00
11 月 13 日	0.00	0.25	0.75
2014 年			
6 月 11 日	−0.10	0.15	0.40
9 月 10 日	−0.20	0.05	0.30
2015 年			
12 月 3 日	−0.30	0.05	0.30

注: 2016 年 1 月 21 日,欧洲央行决定维持现有利率水平不变。

资料来源:欧洲央行统计月报。

2.3.01 日本国内生产总值及其构成增长率(环比)

单位:%

	2014年	2015年	2014年				2015年			
			一季度	二季度	三季度	四季度	一季度	二季度	三季度	四季度
国内生产总值	**0.0**	**0.5**	**1.3**	**−2.0**	**−0.6**	**0.5**	**1.1**	**−0.4**	**0.3**	**−0.3**
国内需求	0.0	0.0	1.5	−2.8	−0.7	0.2	1.1	−0.1	0.1	−0.4
民间需求	−0.1	−0.1	2.1	−3.5	−1.2	0.2	1.6	−0.4	0.2	−0.5
民间消费	−0.9	−1.3	2.3	−5.0	0.0	0.7	0.2	−0.8	0.4	−0.9
家庭消费	−0.8	−1.3	2.4	−5.0	0.0	0.7	0.2	−0.9	0.3	−0.9
扣除估算租金	−1.2	−1.8	2.8	−6.0	0.0	0.8	0.2	−1.1	0.4	−1.1
民间住宅投资	−5.3	−2.6	2.3	−10.6	−7.1	−0.4	2.1	2.3	1.6	−1.2
民间企业设备投资	3.1	1.3	4.5	−4.0	−0.3	−0.1	2.9	−1.1	0.7	1.5
政府需求	0.3	0.4	−0.6	−0.7	0.6	0.3	−0.4	0.9	−0.2	−0.1
政府消费	0.1	1.1	−0.1	−0.2	0.3	0.3	0.2	0.5	0.2	0.6
政府投资	0.4	−2.6	−2.3	−2.7	1.2	1.0	−3.0	3.2	−2.1	−3.4
国外需求										
出口	8.3	2.7	6.0	0.1	1.5	3.2	2.1	−4.6	2.6	−0.8
进口	7.2	0.2	6.1	−4.3	0.6	1.1	1.9	−2.5	1.3	−1.4
备注:										
贸易收益/损失	−12.1	29.7	−11.3	9.6	−3.3	1.4	20.0	11.7	2.3	2.0
国内收入	−0.5	1.9	0.8	−1.7	−0.8	0.6	2.1	0.0	0.4	−0.2
收入	14.1	17.2	0.1	5.1	12.3	19.1	−11.6	8.3	1.4	5.8
支付	25.7	17.9	12.1	6.3	5.4	9.9	0.1	2.3	8.5	0.7
国民收入	−0.2	2.5	0.6	−1.5	−0.2	1.5	1.2	0.5	0.3	0.2
固定资本形成总额	1.3	−0.1	2.6	−4.7	−0.9	0.1	1.4	0.3	0.2	0.1

资料来源:日本内阁府。

2.3.02 日本国内生产总值及其构成增长率(同比)

单位:%

指标	2014年	2015年	2014年				2015年			
			一季度	二季度	三季度	四季度	一季度	二季度	三季度	四季度
国内生产总值	**0.0**	**0.5**	**2.7**	**−0.3**	**−1.5**	**−1.0**	**−1.0**	**0.7**	**1.7**	**0.7**
国内需求	0.0	0.0	3.8	−0.2	−1.7	−2.0	−2.3	0.5	1.4	0.6
民间需求	−0.1	−0.1	4.5	−0.1	−2.1	−2.5	−2.9	0.2	1.6	0.8
民间消费	−0.9	−1.3	3.9	−2.5	−2.7	−2.1	−4.2	0.1	0.4	−1.2
家庭消费	−0.8	−1.3	3.8	−2.4	−2.6	−2.0	−4.1	0.0	0.3	−1.3
扣除估算租金	−1.2	−1.8	4.3	−3.1	−3.4	−2.7	−5.1	−0.2	0.1	−1.7
民间住宅投资	−5.3	−2.6	11.3	−2.1	−12.5	−15.6	−15.5	−3.3	5.8	4.7
民间企业设备投资	3.1	1.3	9.6	1.5	0.6	−0.2	−1.3	1.1	2.2	3.9
政府需求	0.3	0.4	2.0	−0.3	−0.4	−0.3	−0.4	1.3	0.7	0.1
政府消费	0.1	1.1	0.6	−0.3	−0.2	0.3	0.6	1.3	1.2	1.5
政府投资	0.4	−2.6	6.5	−0.1	−2.6	−2.6	−4.2	2.0	−0.6	−5.2
国外需求										
出口	8.3	2.7	9.1	5.5	7.5	11.2	7.1	1.8	3.0	−0.8
进口	7.2	0.2	14.8	5.9	5.0	3.5	−0.7	0.7	1.5	−0.7
备注:										
贸易收益/损失	−12.1	29.7	−22.6	−11.9	−12.5	−2.8	28.2	26.6	30.9	33.1
国内收入	−0.5	1.9	1.9	−0.8	−2.1	−1.1	0.2	2.0	3.2	2.2
收入	14.1	17.2	7.6	−1.5	13.6	41.7	24.7	27.3	15.4	3.4
支付	25.7	17.9	15.1	22.0	21.4	40.2	21.3	18.7	21.7	12.9
国民收入	−0.2	2.5	2.1	−1.3	−1.5	0.0	1.2	3.0	3.7	2.0
固定资本形成总额	1.3	−0.1	9.1	0.6	−2.1	−3.1	−3.9	0.6	2.1	1.7

资料来源:日本内阁府。

2.3.03 日本国内生产总值构成对经济增长的贡献

单位:%

指　　标	2014年	2015年	2014年				2015年			
			一季度	二季度	三季度	四季度	一季度	二季度	三季度	四季度
国内生产总值	**0.0**	**0.5**	**1.3**	**−2.0**	**−0.6**	**0.5**	**1.1**	**−0.4**	**0.3**	**−0.3**
国内需求	0.0	0.0	1.5	−2.9	−0.8	0.2	1.1	−0.1	0.1	−0.4
民间需求	−0.1	−0.1	1.7	−2.7	−0.9	0.1	1.2	−0.3	0.2	−0.4
民间消费	−0.5	−0.8	1.4	−3.1	0.0	0.4	0.1	−0.5	0.2	−0.5
家庭消费	−0.5	−0.8	1.4	−3.0	0.0	0.4	0.1	−0.5	0.2	−0.5
扣除估算租金	−0.6	−0.9	1.4	−3.0	0.0	0.4	0.1	−0.5	0.2	−0.6
民间住宅投资	−0.2	−0.1	0.1	−0.4	−0.2	0.0	0.1	0.1	0.0	0.0
民间企业设备投资	0.4	0.2	0.6	−0.6	0.0	0.0	0.4	−0.2	0.1	0.2
民间存货变化	0.2	0.6	−0.4	1.2	−0.6	−0.3	0.6	0.3	−0.2	0.0
政府需求	0.1	0.1	−0.1	−0.2	0.2	0.1	−0.1	0.2	−0.1	0.0
政府消费	0.0	0.2	0.0	0.0	0.1	0.1	0.0	0.1	0.0	0.1
政府投资	0.0	−0.1	−0.1	−0.1	0.1	0.0	−0.1	0.2	−0.1	−0.2
政府存货变化	0.0	0.0	0.0	0.0	0.0	0.0	0.0	0.0	0.0	0.0
国外需求										
净出口	0.0	0.4	−0.2	0.9	0.1	0.3	0.0	−0.3	0.2	0.1
出口	1.3	0.5	1.0	0.0	0.3	0.6	0.4	−0.9	0.5	−0.2
进口	−1.4	0.0	−1.2	0.9	−0.1	−0.2	−0.4	0.5	−0.3	0.3
备注:										
贸易收益/损失	−0.5	1.3	−0.5	0.5	−0.1	0.1	0.9	0.4	0.1	0.1
国内收入	−0.5	1.9	0.8	−1.7	−0.8	0.6	2.1	0.0	0.4	−0.2
国外净收入	0.3	0.7	−0.2	0.2	0.5	0.9	−0.8	0.5	−0.1	0.4
收入	0.7	1.0	0.0	0.2	0.6	1.1	−0.8	0.5	0.1	0.4
支付	−0.4	−0.3	−0.2	−0.1	−0.1	−0.2	0.0	0.0	−0.2	0.0
国民收入	−0.2	2.5	0.6	−1.5	−0.2	1.5	1.2	0.5	0.3	0.2
固定资本形成总额	0.3	0.0	0.6	−1.1	−0.2	0.0	0.3	0.1	0.0	0.0

注:环比贡献。

资料来源:日本内阁府。

2.3.04 日本工业生产指标

单位:%

年份　月份	工业生产增长率	制造业增长率	制造业产能利用率指数(2010=100)	服务业活动指数(2010年=100)
2008年	**3.1**	**3.1**	**101.7**	**103.8**
2009年	**-21.9**	**-21.9**	**100.3**	**98.9**
2010年	**15.6**	**15.6**	**99.9**	**100.0**
2011年	**-2.8**	**-2.8**	**99.8**	**100.1**
2012年	**0.6**	**0.6**	**98.2**	**101.9**
2013年	**-0.8**	**-0.8**	**97.1**	**102.7**
2014年	**2.1**	**2.1**	**95.3**	**102.3**
1月	10.7	10.7	96.0	98.9
2月	7.0	7.0	96.0	97.1
3月	7.4	7.4	96.1	115.3
4月	3.7	3.7	95.2	98.8
5月	1.0	1.0	95.3	99.7
6月	3.2	3.2	95.1	101.4
7月	-0.5	-0.5	95.0	102.3
8月	-3.0	-3.0	95.0	100.5
9月	1.0	1.0	95.1	103.3
10月	-0.5	-0.5	95.2	101.3
11月	-3.7	-3.7	95.2	99.5
12月	-0.1	-0.1	95.3	109.4
2015年	**-0.9**	**-0.8**	**95.2**	**103.2**
1月	-2.6	-2.6	95.6	98.4
2月	-2.0	-2.0	95.6	97.3
3月	-1.7	-1.7	95.5	113.1
4月	0.1	0.1	95.4	101.4
5月	-3.9	-3.9	95.5	100.4
6月	2.3	2.3	95.4	103.9
7月	0.0	0.0	95.3	104.1
8月	-0.4	-0.4	95.1	102.5
9月	-0.8	-0.8	95.1	104.1
10月	-1.4	-1.4	95.3	102.9
11月	1.7	1.7	95.2	101.0
12月	-1.9	-1.9	95.2	109.5

注:工业生产和制造业增长率均为同比。

资料来源:日本经济产业省。

2.3.05 日本就业人数和失业率

年份 月份	劳动力总数（万人）	就业人数（万人）	失业人数（万人）	失业率（%）
2008 年	**6674**	**6409**	**265**	**4.0**
2009 年	**6650**	**6314**	**336**	**5.1**
2010 年	**6632**	**6298**	**334**	**5.1**
2011 年	**6591**	**6289**	**302**	**4.6**
2012 年	**6555**	**6270**	**285**	**4.3**
2013 年	**6577**	**6311**	**265**	**4.0**
2014 年	**6587**	**6351**	**236**	**3.6**
1 月	6561	6321	240	3.7
2 月	6567	6331	235	3.6
3 月	6585	6346	239	3.6
4 月	6578	6342	239	3.6
5 月	6597	6361	236	3.6
6 月	6595	6351	243	3.7
7 月	6599	6354	245	3.7
8 月	6592	6362	229	3.5
9 月	6591	6358	233	3.5
10 月	6587	6351	235	3.6
11 月	6586	6357	228	3.5
12 月	6600	6372	227	3.4
2015 年	**6598**	**6376**	**222**	**3.4**
1 月	6599	6367	233	3.5
2 月	6599	6371	229	3.5
3 月	6589	6367	222	3.4
4 月	6568	6351	220	3.4
5 月	6582	6363	219	3.3
6 月	6607	6385	222	3.4
7 月	6599	6378	220	3.3
8 月	6600	6378	223	3.4
9 月	6616	6393	225	3.4
10 月	6604	6392	210	3.2
11 月	6587	6369	217	3.3
12 月	6618	6397	221	3.3

资料来源：日本统计局。

注：月度数据均经过季节调整。

2.3.06 日本消费者价格涨跌率和生产者价格涨跌率

单位:%

年份	月份	消费价格涨跌率		生产价格涨跌率	
		环比	同比	环比	同比
2008 年			**1.4**		**4.6**
2009 年			**-1.4**		**-5.3**
2010 年			**-0.7**		**-0.1**
2011 年			**-0.3**		**1.5**
2012 年			**0.0**		**-0.9**
2013 年			**0.4**		**1.3**
2014 年			**2.7**		**3.2**
	1 月	-0.1	1.4	0.2	2.5
	2 月	0.2	1.5	-0.2	1.8
	3 月	0.0	1.6	0.0	1.7
	4 月	1.9	3.4	2.9	4.2
	5 月	0.3	3.7	0.3	4.4
	6 月	0.1	3.6	0.1	4.5
	7 月	0.0	3.4	0.4	4.4
	8 月	0.1	3.4	-0.1	4.0
	9 月	0.1	3.3	-0.1	3.6
	10 月	-0.2	2.9	-0.8	2.9
	11 月	-0.1	2.4	-0.3	2.6
	12 月	0.1	2.4	-0.5	1.8
2015 年			**0.8**		**-2.3**
	1 月	0.0	2.4	-1.3	0.3
	2 月	-0.1	2.2	0.0	0.5
	3 月	0.1	2.3	0.2	0.7
	4 月	0.2	0.6	0.1	-2.1
	5 月	0.1	0.5	0.2	-2.2
	6 月	0.0	0.4	-0.2	-2.4
	7 月	0.0	0.3	-0.3	-3.1
	8 月	0.0	0.2	-0.6	-3.6
	9 月	-0.1	0.0	-0.6	-4.0
	10 月	0.1	0.3	-0.6	-3.8
	11 月	-0.1	0.3	-0.1	-3.6
	12 月	0.0	0.2	-0.4	-3.5

资料来源:日本统计局和日本央行。

2.3.07 日本进出口贸易和外国直接投资

单位:亿日元

年份	月份	进出口贸易			外国直接投资		
		出口额	进口额	出口减进口	流入	流出	流入减流出
2007 年		**839314**	**731359**	**107955**	**25947**	**86150**	**-60203**
2008 年		**810181**	**789547**	**20633**	**25303**	**114546**	**-89243**
2009 年		**541706**	**514994**	**26712**	**11478**	**68772**	**-57294**
2010 年		**673996**	**607650**	**66347**	**6636**	**69147**	**-62511**
2011 年		**655465**	**681112**	**-25647**	**-693**	**92408**	**-93101**
2012 年		**637476**	**706886**	**-69411**	**407**	**93998**	**-93591**
2013 年		**697742**	**812425**	**-114684**	**7265**	**144475**	**-137210**
2014 年		**730930**	**859091**	**-128161**	**9548**	**127682**	**-118134**
	1 月	58111	75826	-17715	1414	12573	-11159
	2 月	60638	71390	-10751	-1988	6486	-8474
	3 月	58449	77637	-19188	4243	7210	-2967
	4 月	59209	68650	-9440	-1351	20566	-21917
	5 月	58097	67530	-9433	480	7493	-7013
	6 月	58777	69590	-10812	2528	7027	-4499
	7 月	60063	69639	-9576	-818	8165	-8983
	8 月	60514	68986	-8472	122	6334	-6212
	9 月	62420	72507	-10087	2939	6944	-4005
	10 月	63665	71701	-8035	-1351	16368	-17719
	11 月	64270	72221	-7950	397	15074	-14677
	12 月	65945	72360	-6415	2932	13443	-10511
2015 年		**756322**	**784676**	**-28353**	**-510**	**159884**	**-160394**
	1 月	67663	70825	-3162	-650	12385	-13035
	2 月	62491	68913	-6422	1163	13941	-12778
	3 月	64770	65026	-256	2968	10774	-7806
	4 月	63517	65861	-2344	-748	9968	-10716
	5 月	61353	63344	-1991	1067	23576	-22509
	6 月	63822	66584	-2762	-684	6344	-7028
	7 月	63470	66989	-3519	-4479	12516	-16995
	8 月	62889	66255	-3366	-931	13598	-14529
	9 月	61939	64873	-2934	-1933	12313	-14246
	10 月	61896	63819	-1923	844	16619	-15775
	11 月	62468	62245	223	1344	13503	-12159
	12 月	59998	59845	153	1529	14349	-12820

资料来源:日本财务省,月度贸易额为季节调整后数据。

2.3.08 日本景气指数

年份	月份	先行指数	同步指数	滞后指数	消费者信心指数	企业家信心指数
2014 年						
	1 月	112.9	115.9	110.5	40.4	51.3
	2 月	108.3	114.2	111.2	38.2	50.6
	3 月	106.7	116.1	112.3	37.4	53.5
	4 月	105.2	113.0	113.0	37.0	45.4
	5 月	103.4	112.9	114.2	39.8	46.6
	6 月	103.6	111.7	114.6	41.2	47.3
	7 月	104.9	112.2	115.0	41.8	48.7
	8 月	103.7	111.0	114.5	41.4	47.7
	9 月	104.9	112.3	114.7	40.2	47.6
	10 月	103.2	112.6	114.6	38.7	47.4
	11 月	103.0	111.7	115.0	37.4	47.7
	12 月	104.5	112.8	114.8	38.3	46.7
2015 年						
	1 月	104.5	114.7	114.9	39.2	46.3
	2 月	103.9	112.6	115.3	40.4	46.5
	3 月	104.4	111.1	115.3	41.6	49.8
	4 月	105.4	113.7	116.6	41.6	47.4
	5 月	105.8	111.9	115.5	42.0	48.1
	6 月	106.7	113.2	115.5	42.4	46.9
	7 月	105.3	112.9	115.7	41.0	49.3
	8 月	103.9	111.8	115.4	42.2	48.8
	9 月	102.2	111.6	115.4	40.9	49.0
	10 月	103.3	113.2	115.3	41.1	48.7
	11 月	102.5	111.9	115.4	41.8	49.9
	12 月	101.3	111.0	115.4	41.8	48.3

注:经济先行指数、同步指数和滞后指数以 2010 年为 100。

消费者信心指数和企业家信心指数以 50 基点为的百分点差值。

资料来源:日本内阁府。

2.3.09 日本利率和汇率

年份 月份	利率			汇率(期末数)	
	官方利率	基本贷款利率	隔夜拆借利率	美元兑日元	欧元兑日元
2008年	**0.63**	**1.675**	**0.462**	**103.39**	**152.25**
2009年	**0.30**	**1.475**	**0.105**	**93.68**	**130.54**
2010年	**0.30**	**1.475**	**0.094**	**87.78**	**110.18**
2011年	**0.30**	**1.475**	**0.078**	**79.70**	**102.34**
2012年	**0.30**	**1.475**	**0.083**	**79.81**	**102.69**
2013年	**0.30**	**1.475**	**0.075**	**97.60**	**129.62**
2014年	**0.30**	**1.475**	**0.068**	**119.32**	**147.11**
1月	0.30	1.475	0.073	103.76	141.30
2月	0.30	1.475	0.077	102.13	139.55
3月	0.30	1.475	0.072	102.34	141.52
4月	0.30	1.475	0.065	102.46	141.49
5月	0.30	1.475	0.068	101.77	139.83
6月	0.30	1.475	0.067	102.06	138.75
7月	0.30	1.475	0.066	101.74	137.68
8月	0.30	1.475	0.069	102.94	137.07
9月	0.30	1.475	0.066	107.43	138.46
10月	0.30	1.475	0.059	108.03	136.95
11月	0.30	1.475	0.065	116.30	145.06
12月	0.30	1.475	0.068	119.32	147.11
2015年	**0.30**	**1.475**	**0.073**	**121.64**	**132.45**
1月	0.30	1.475	0.074	118.25	137.35
2月	0.30	1.475	0.076	118.76	134.79
3月	0.30	1.475	0.070	120.39	130.25
4月	0.30	1.475	0.061	119.51	129.33
5月	0.30	1.475	0.069	120.80	134.90
6月	0.30	1.475	0.072	123.72	138.89
7月	0.30	1.475	0.074	123.31	135.60
8月	0.30	1.475	0.076	123.00	136.98
9月	0.30	1.475	0.073	120.15	134.91
10月	0.30	1.475	0.076	120.05	134.79
11月	0.30	1.475	0.078	122.64	131.56
12月	0.30	1.475	0.075	121.64	132.45

资料来源：日本央行统计月报和美联储。

2.4.01 其他主要国家和地区国内生产总值同比增长率

单位:%

年度	季度	加拿大	英国	南非	巴西	印度	俄罗斯	韩国	墨西哥	中国香港	中国台湾	马来西亚	印度尼西亚
2003 年		**1.9**	**2.8**	**3.1**	**1.1**	**8.4**	**7.3**	**2.8**	**1.4**	**3.0**	**3.7**	**5.8**	**4.8**
2004 年		**3.1**	**3.0**	**4.6**	**5.7**	**8.3**	**7.2**	**4.6**	**4.2**	**8.5**	**6.2**	**6.8**	**5.0**
2005 年		**3.0**	**2.2**	**5.3**	**3.2**	**9.5**	**6.4**	**4.0**	**2.8**	**7.1**	**4.7**	**5.3**	**5.7**
2006 年		**2.8**	**2.9**	**5.6**	**4.0**	**9.7**	**7.7**	**5.2**	**4.9**	**7.0**	**5.4**	**5.8**	**5.5**
2007 年		**2.2**	**2.6**	**5.5**	**6.1**	**9.0**	**8.1**	**5.1**	**3.3**	**6.5**	**6.0**	**6.2**	**6.3**
2008 年		**0.7**	**0.5**	**3.6**	**5.2**	**7.1**	**5.9**	**2.3**	**1.5**	**2.3**	**0.7**	**4.7**	**6.1**
2009 年		**−2.8**	**−4.9**	**−1.5**	**−0.2**	**7.4**	**−7.8**	**0.2**	**−6.5**	**−2.6**	**−1.9**	**−1.7**	**4.5**
2010 年		**3.4**	**1.9**	**3.1**	**7.5**	**8.9**	**4.5**	**6.5**	**5.5**	**6.8**	**10.8**	**7.4**	**6.2**
2011 年		**3.0**	**1.6**	**3.2**	**2.7**	**6.7**	**4.3**	**3.7**	**4.0**	**4.8**	**3.8**	**5.3**	**6.2**
2012 年		**1.7**	**0.7**	**2.2**	**1.8**	**5.1**	**3.4**	**2.3**	**4.0**	**1.7**	**2.1**	**5.5**	**6.0**
2013 年		**2.2**	**1.7**	**2.2**	**2.7**	**6.9**	**1.3**	**2.9**	**1.4**	**3.1**	**2.2**	**4.7**	**5.6**
2014 年		**2.5**	**2.9**	**1.5**	**0.1**	**7.3**	**0.6**	**3.3**	**2.1**	**2.6**	**3.7**	**6.0**	**5.0**
	1 季度	0.5	2.8	1.9	3.2	6.7	0.6	3.9	2.3	2.7	3.7	6.3	5.1
	2 季度	3.7	3.0	1.3	−0.9	7.5	0.7	3.4	1.8	2.1	4.2	6.5	5.0
	3 季度	2.1	2.8	1.6	−1.1	8.3	0.9	3.3	2.3	3.1	4.3	5.6	4.9
	4 季度	3.4	2.8	1.4	−0.7	6.6	0.4	2.7	2.6	2.5	3.6	5.7	5.0
2015 年		**1.2**	**2.2**	**1.3**	**−3.8**	**7.5**	**−3.7**	**2.6**	**2.5**	**2.4**	**0.7**	**5.0**	**4.8**
	1 季度	−0.9	2.6	2.2	−2.0	7.5	−2.2	2.5	2.5	2.4	4.0	5.6	4.7
	2 季度	−0.4	2.4	1.3	−2.9	7.6	−4.6	2.2	2.3	2.9	0.6	4.9	4.7
	3 季度	2.4	2.1	1.0	−4.5	7.7	−4.1	2.7	2.8	2.2	−0.8	4.7	4.7
	4 季度	0.8	1.9	0.6	−5.9	7.3	−3.8	3.1	2.5	1.9	−0.5	4.5	5.0

注:印度年度 GDP 增长率为财年增长率。2012、13、14 财年数据依据 2011-12 年不变价。

资料来源:各经济体官方统计网站。

2.4.02　其他主要国家和地区工业生产同比增长率

单位：%

年度	季度	加拿大	英国	南非	巴西	印度	俄罗斯	韩国	墨西哥	中国香港	中国台湾	马来西亚	印度尼西亚
2006年		**−0.8**	**0.0**	**4.8**	**2.7**	**10.6**	**6.4**	**8.8**	**5.8**	**2.5**	**5.0**	**5.1**	**−1.5**
2007年		**−0.9**	**0.1**	**4.6**	**5.7**	**10.5**	**6.8**	**6.8**	**2.1**	**−1.2**	**7.9**	**1.3**	**5.3**
2008年		**−5.6**	**−3.1**	**0.7**	**3.3**	**4.5**	**1.1**	**3.3**	**0.0**	**−6.8**	**−1.8**	**0.7**	**2.9**
2009年		**−10.5**	**−10.1**	**−12.8**	**−7.6**	**6.9**	**−9.4**	**−0.6**	**−7.4**	**−8.0**	**−7.9**	**−7.8**	**1.4**
2010年		**6.0**	**3.0**	**4.6**	**10.4**	**8.2**	**6.5**	**16.6**	**8.3**	**2.5**	**−0.7**	**11.6**	**4.7**
2011年		**4.1**	**−1.3**	**2.8**	**0.4**	**2.9**	**8.3**	**5.9**	**4.7**	**1.2**	**2.8**	**3.8**	**4.2**
2012年		**0.0**	**2.2**	**2.2**	**−2.3**	**1.1**	**3.4**	**1.7**	**3.9**	**−0.8**	**−2.0**	**6.5**	**4.0**
2013年		**2.2**	**0.5**	**1.4**	**2.1**	**−0.1**	**0.4**	**0.5**	**1.3**	**0.1**	**0.7**	**4.3**	**6.0**
2014年		**4.0**	**1.7**	**0.1**	**−3.0**	**2.8**	**1.7**	**0.6**	**1.8**	**−0.4**	**6.2**	**5.1**	**4.6**
2015年		**−1.1**	**1.1**	**0.0**	**−8.3**	**4.0**	**−3.4**	**−0.8**	**1.0**	**−1.5**	**−1.5**	**4.5**	**4.4**
	1月	3.6	1.0	−2.4	−5.0	2.8	0.9	1.8	1.1		7.6	7.0	5.1
	2月	0.3	0.3	−0.3	−9.3	4.8	−1.6	−5.0	2.0		2.7	5.2	2.6
	3月	−0.7	1.4	4.0	−3.0	2.5	−0.6	0.1	1.9	−1.5	6.7	6.9	7.4
	4月	−3.1	1.1	−2.3	−7.4	3.0	−4.5	−2.6	1.6		1.3	4.0	8.4
	5月	−3.8	1.5	−1.8	−8.5	2.5	−5.5	−3.0	−0.9		−3.5	4.5	2.4
	6月	−3.1	1.5	−0.7	−2.6	4.2	−4.8	1.6	1.3	−1.2	−1.2	4.3	5.0
	7月	−0.6	0.6	5.2	−8.7	4.3	−4.7	−3.4	1.0		−2.8	6.1	4.4
	8月	2.0	1.6	−0.4	−8.4	6.3	−4.3	0.2	1.2		−5.9	2.3	5.7
	9月	−2.1	1.4	1.3	−10.8	3.7	−3.7	3.0	1.8	−2.1	−5.6	5.1	2.0
	10月	−2.7	1.7	−2.3	−11.1	9.9	−3.6	2.1	0.4		−6.3	4.2	6.2
	11月	−1.3	0.9	−1.2	−12.5	−3.4	−3.5	−0.2	0.2		−4.8	1.9	6.6
	12月	−1.2	−0.1	0.5	−12.2	−0.9	−4.5	−2.1	−0.1	−1.1	−5.8	2.7	2.4
2016年													
	1月	0.5	0.6	−2.5	−13.6	−1.5	−2.7	−2.2	0.7		−6.0	3.3	3.7
	2月	0.3	0.1	2.2	−9.8	2.0	1.0	2.3	2.6		−4.1	3.9	3.0

资料来源：各经济体官方统计网站。

2.4.03 其他主要国家和地区居民消费价格同比上涨率

单位：%

年度	季度	加拿大	英国	南非	巴西	印度	俄罗斯	韩国	墨西哥	中国香港	中国台湾	马来西亚	印度尼西亚
2004 年		**1.8**	**1.3**	**1.4**	**6.6**	**3.8**	**10.9**	**3.6**	**4.7**	**−0.4**	**1.6**	**1.4**	**6.1**
2005 年		**2.2**	**2.1**	**3.4**	**6.9**	**4.2**	**12.7**	**2.8**	**4.0**	**0.9**	**2.3**	**3.0**	**10.5**
2006 年		**2.0**	**2.3**	**4.7**	**4.2**	**5.1**	**9.7**	**2.2**	**3.6**	**2.0**	**0.6**	**3.6**	**13.1**
2007 年		**2.2**	**2.3**	**7.1**	**3.6**	**6.5**	**9.0**	**2.5**	**4.0**	**2.0**	**1.8**	**2.0**	**6.4**
2008 年		**2.3**	**3.6**	**11.5**	**5.7**	**8.1**	**13.3**	**4.7**	**6.5**	**4.3**	**3.5**	**5.4**	**11.1**
2009 年		**0.3**	**3.2**	**7.1**	**4.9**	**10.0**	**11.7**	**2.8**	**5.3**	**0.5**	**−0.9**	**0.6**	**4.9**
2010 年		**1.8**	**3.3**	**4.3**	**5.9**	**10.4**	**8.8**	**3.0**	**4.2**	**2.4**	**1.0**	**1.6**	**5.1**
2011 年		**2.9**	**4.5**	**5.0**	**6.5**	**11.9**	**8.4**	**4.0**	**3.4**	**5.3**	**1.4**	**3.2**	**5.4**
2012 年		**1.5**	**2.8**	**5.6**	**5.8**	**10.2**	**5.1**	**2.2**	**3.6**	**4.1**	**1.9**	**1.7**	**4.3**
2013 年		**0.9**	**2.5**	**5.7**	**5.9**	**12.2**	**6.8**	**1.3**	**4.0**	**4.3**	**0.8**	**2.1**	**6.4**
2014 年		**1.9**	**1.5**	**6.1**	**6.4**	**6.0**	**7.9**	**1.3**	**4.1**	**4.4**	**1.2**	**3.1**	**6.4**
2015 年		**1.1**	**0.0**	**4.6**	**9.0**	**4.9**	**15.7**	**0.7**	**2.7**	**3.0**	**−0.3**	**2.1**	**6.4**
	1 月	1.0	0.3	4.4	7.1	5.2	15.0	0.8	3.1	4.1	−0.9	1.0	7.0
	2 月	1.0	0.0	3.9	7.7	5.4	16.7	0.5	3.0	4.6	−0.2	0.1	6.3
	3 月	1.2	−0.1	4.0	8.1	5.3	16.9	0.4	3.1	4.5	−0.6	0.9	6.4
	4 月	0.8	−0.1	4.5	8.2	4.9	16.4	0.4	3.1	2.8	−0.8	1.8	6.8
	5 月	0.9	0.2	4.6	8.5	5.0	15.8	0.5	2.9	3.0	−0.7	2.1	7.2
	6 月	1.0	0.0	4.7	8.9	5.4	15.3	0.7	2.9	3.1	−0.6	2.5	7.3
	7 月	1.3	0.1	5.0	9.6	3.7	15.8	0.7	2.7	2.5	−0.7	3.3	7.3
	8 月	1.3	0.1	4.6	9.5	3.7	16.0	0.7	2.6	2.4	−0.5	3.1	7.2
	9 月	1.0	−0.1	4.6	9.5	4.4	15.9	0.6	2.5	2.0	0.3	2.6	6.8
	10 月	1.0	−0.1	4.7	9.9	5.0	15.8	0.9	2.5	2.4	0.3	2.5	6.3
	11 月	1.4	0.2	4.8	10.5	5.4	15.2	1.0	2.2	2.4	0.5	2.6	4.9
	12 月	1.6	0.2	5.2	10.7	5.6	13.2	1.3	2.1	2.5	0.1	2.7	3.4
2016 年													
	1 月	2.0	0.2	6.2	10.7	5.7	10.0	0.8	2.6	2.7	0.8	3.5	4.1
	2 月	1.4	0.3	7.0	10.4	5.2	8.3	1.3	2.9	3.1	2.4	4.2	4.4

资料来源：各经济体官方统计网站。

2.4.04 其他主要国家和地区失业率

单位：%

年度	月份	加拿大	英国	巴西	俄罗斯	南非	韩国	墨西哥	中国香港	中国台湾	马来西亚
2004 年		**7.2**	**4.7**	**11.5**	**7.8**	**27.1**	**3.7**	**3.5**	**6.8**	**4.4**	**3.6**
2005 年		**6.8**	**4.8**	**9.8**	**7.7**	**26.6**	**3.7**	**3.6**	**5.6**	**4.1**	**3.6**
2006 年		**6.3**	**5.4**	**10.0**	**7.3**	**25.6**	**3.5**	**4.0**	**4.8**	**3.9**	**3.3**
2007 年		**6.0**	**5.3**	**9.3**	**6.2**	**23.9**	**3.3**	**3.8**	**4.0**	**3.9**	**3.2**
2008 年		**6.2**	**5.4**	**7.9**	**6.3**	**22.7**	**3.2**	**4.0**	**3.6**	**4.1**	**3.3**
2009 年		**8.3**	**7.8**	**8.1**	**8.4**	**23.7**	**3.6**	**5.5**	**5.2**	**5.9**	**3.7**
2010 年		**8.0**	**7.9**	**6.7**	**7.5**	**24.7**	**3.7**	**5.4**	**4.3**	**5.2**	**3.3**
2011 年		**7.5**	**8.1**	**6.0**	**6.6**	**24.7**	**3.4**	**5.2**	**3.4**	**4.4**	**3.1**
2012 年		**7.4**	**8.0**	**5.5**	**5.5**	**25.0**	**3.2**	**4.9**	**3.3**	**4.2**	**3.0**
2013 年		**7.1**	**7.6**	**5.5**	**5.5**	**24.7**	**3.1**	**4.9**	**3.4**	**4.2**	**3.1**
2014 年		**6.9**	**6.2**	**4.8**	**5.2**	**25.1**	**3.5**	**4.5**	**3.3**	**4.0**	**2.9**
2015 年		**6.9**	**5.4**	**6.8**	**5.6**	**25.4**	**3.6**	**4.4**	**3.4**	**3.8**	**3.1**
	1 月	6.6	5.7	5.3	5.5		3.4	4.5	3.3	3.8	3.0
	2 月	6.8	5.6	5.9	5.8		3.9	4.3	3.3	3.7	3.2
	3 月	6.8	5.5	6.2	5.9	26.4	3.7	3.9	3.3	3.8	3.0
	4 月	6.8	5.5	6.4	5.8		3.7	4.3	3.2	3.8	3.0
	5 月	6.8	5.6	6.7	5.6		3.9	4.4	3.2	3.8	3.1
	6 月	6.8	5.6	6.9	5.3	25.0	3.9	4.4	3.2	3.8	3.1
	7 月	6.8	5.4	7.5	5.3		3.7	4.7	3.3	3.7	3.2
	8 月	7.0	5.3	7.5	5.3		3.6	4.7	3.3	3.7	3.2
	9 月	7.1	5.2	7.5	5.2	25.5	3.5	4.5	3.3	3.8	3.2
	10 月	7.0	5.1	7.8	5.5		3.4	4.6	3.3	3.8	3.1
	11 月	7.1	5.1	7.5	5.8		3.5	4.0	3.3	3.8	3.2
	12 月	7.1	5.1	6.9	5.8	24.5	3.5	4.0	3.3	3.9	3.4
2016 年											
	1 月	7.2	5.1	7.6	5.8		3.5	4.2	3.3	3.9	3.4
	2 月	7.3	5.1	8.2	5.8		4.1	4.2	3.3	3.9	3.4

注：①南非失业率为所在月度的季度失业率。

②英国和中国香港月度数据为截至当月的 3 个月移动平均失业率。

③加拿大、英国、韩国和中国香港为经季节因素调整后的失业率。

资料来源：各经济体官方统计网站。

2.4.05　其他主要国家和地区进出口额

单位：亿美元

年份	月份	加拿大			英国			南非			巴西		
		出口额	进口额	出口减进口	出口额	进口额	出口减进口	出口额	进口额	出口减进口	出口额	进口额	出口减进口
2006年		**3881.0**	**3498.0**	**383.0**	**4490.2**	**5896.6**	**−1406.4**	**580.0**	**678.0**	**−98.0**	**1373.0**	**911.0**	**462.0**
2007年		**4204.0**	**3803.0**	**401.0**	**4422.0**	**6219.1**	**−1797.1**	**697.0**	**800.0**	**−103.0**	**1605.0**	**1202.0**	**403.0**
2008年		**4839.5**	**4383.4**	**456.1**	**4657.4**	**6388.8**	**−1731.4**	**800.7**	**896.3**	**−95.6**	**1979.4**	**1732.0**	**247.5**
2009年		**3306.9**	**3363.9**	**−57.0**	**3584.1**	**4843.5**	**−1259.4**	**641.2**	**658.1**	**−16.9**	**1522.5**	**1275.5**	**247.0**
2010年		**3861.8**	**3905.4**	**−43.6**	**4024.9**	**5540.0**	**−1515.1**	**818.3**	**801.3**	**17.0**	**2019.2**	**1914.4**	**104.8**
2011年		**4548.4**	**4512.5**	**35.9**	**5016.7**	**6732.1**	**−1715.4**	**980.5**	**1002.6**	**−22.1**	**2560.4**	**2369.6**	**190.8**
2012年		**4552.5**	**4624.5**	**−72.0**	**4729.5**	**6908.7**	**−2179.2**	**999.7**	**1041.5**	**−41.8**	**2425.8**	**2333.9**	**91.9**
2013年		**4588.6**	**4618.5**	**−29.9**	**5414.8**	**6545.3**	**−1130.5**	**959.9**	**1035.0**	**−75.1**	**2421.8**	**2504.5**	**−82.7**
2014年		**4747.3**	**4626.7**	**120.5**	**5046.3**	**6898.4**	**−1852.0**	**911.6**	**999.0**	**−87.4**	**2251.0**	**2391.5**	**−140.5**
2015年		**4084.8**	**4192.5**	**−107.7**	**4598.1**	**6259.5**	**−1661.4**	**81.5**	**85.7**	**−4.1**	**1911.3**	**1788.0**	**123.4**
	1月	348.3	332.0	16.3	347.2	510.4	−163.2	58.6	78.8	−20.2	137.0	176.2	−39.2
	2月	318.3	323.1	−4.7	346.6	526.6	−180.0	67.2	73.7	−6.5	120.9	156.1	−35.2
	3月	359.2	377.1	−17.9	419.0	544.9	−126.0	76.5	75.3	1.2	169.8	172.6	−2.8
	4月	338.9	367.5	−28.7	386.1	498.0	−111.9	69.8	71.8	−2.0	151.6	153.2	−1.6
	5月	338.5	366.1	−27.5	397.6	505.6	−108.0	73.8	70.1	3.7	167.7	146.3	21.4
	6月	369.9	374.3	−4.4	401.4	546.1	−144.7	73.0	68.7	4.4	196.3	157.4	38.8
	7月	339.0	349.9	−10.9	379.9	546.3	−166.3	74.3	75.6	−1.3	185.3	167.6	17.7
	8月	335.8	348.7	−13.0	363.4	472.3	−108.9	67.5	75.5	−8.0	154.9	133.1	21.8
	9月	344.7	348.0	−3.2	393.2	534.5	−141.3	67.0	68.4	−1.4	161.5	137.6	23.9
	10月	335.6	353.2	−17.7	380.1	574.0	−193.9	63.1	79.5	−16.4	160.5	146.3	14.2
	11月	322.3	334.2	−11.9	377.9	432.2	−54.3	66.0	65.8	0.2	138.1	131.7	6.4
	12月	334.2	318.5	15.7	405.0	467.5	−62.6	58.8	53.7	5.0	167.8	109.9	57.9
2016年													
	1月	305.0	292.9	12.2	314.4	451.5	−137.1	43.7	54.6	−10.9	112.5	107.6	4.9
	2月										133.5	107.4	26.1

注：加拿大和英国数据经过季节因素调整。

资料来源：各经济体官方统计网站。

2.4.05 续表 1

单位:亿美元

年份	月份	印度			俄罗斯			韩国			墨西哥		
		出口额	进口额	出口减进口	出口额	进口额	出口减进口	出口额	进口额	出口减进口	出口额	进口额	出口减进口
2006 年		**1162.0**	**1683.0**	**−521.0**	**3031.0**	**1604.0**	**1427.0**	**3254.6**	**3093.8**	**160.8**	**2505.0**	**2565.0**	**−60.0**
2007 年		**1428.0**	**2151.0**	**−723.0**	**3531.0**	**2186.0**	**1345.0**	**3714.9**	**3568.5**	**146.4**	**2719.0**	**2817.0**	**−98.0**
2008 年		**1806.5**	**3013.7**	**−1207.1**	**4914.5**	**3022.9**	**1891.5**	**4222.4**	**4353.8**	**−131.4**	**2911.3**	**3079.9**	**−168.6**
2009 年		**1529.0**	**2350.7**	**−821.7**	**3064.7**	**1916.6**	**1148.1**	**3660.9**	**3227.3**	**433.6**	**2296.4**	**2344.8**	**−48.4**
2010 年		**2142.6**	**3249.7**	**−1107.1**	**4000.2**	**2484.0**	**1516.2**	**4672.1**	**4251.4**	**420.7**	**2983.6**	**3106.3**	**−122.7**
2011 年		**3029.1**	**4644.6**	**−1615.5**	**5219.7**	**3232.1**	**1987.6**	**5554.1**	**5243.5**	**310.6**	**3493.8**	**3610.7**	**−116.9**
2012 年		**2968.1**	**4885.9**	**−1917.8**	**5292.6**	**3354.5**	**1938.1**	**5478.7**	**5195.9**	**282.8**	**3707.1**	**3804.8**	**−97.7**
2013 年		**3125.5**	**4658.0**	**−1532.5**	**5232.9**	**3429.8**	**1803.1**	**5596.3**	**5155.8**	**440.5**	**3801.9**	**3909.7**	**−107.8**
2014 年		**3216.4**	**4625.3**	**−1408.9**	**4977.6**	**3080.3**	**1897.4**	**5726.6**	**5255.1**	**471.5**	**3971.3**	**4115.8**	**−144.5**
2015 年		**2666.6**	**3717.7**	**−1051.1**	**3403.5**	**1940.9**	**1462.6**	**5267.6**	**4365.0**	**902.6**	**3807.7**	**4052.8**	**−245.1**
	1 月	243.7	321.1	−77.4	278.3	123.1	155.2	451.1	392.8	58.3	265.5	306.1	−40.5
	2 月	218.7	282.8	−64.1	293.0	154.9	138.1	414.8	400.0	14.8	297.2	298.7	−1.6
	3 月	238.9	357.0	−118.2	326.3	171.7	154.6	468.2	384.9	83.4	341.3	345.1	−3.7
	4 月	220.9	329.7	−108.8	305.5	162.8	142.7	462.2	378.6	83.6	329.5	338.9	−9.3
	5 月	222.6	326.9	−104.3	305.8	154.0	151.8	423.3	360.4	62.9	313.4	331.8	−18.4
	6 月	222.9	331.2	−108.3	300.1	163.2	136.9	465.6	366.0	99.6	338.4	354.7	−16.3
	7 月	231.4	359.5	−128.1	276.6	168.6	107.9	457.0	386.5	70.5	328.0	359.6	−31.6
	8 月	212.7	337.4	−124.8	253.1	163.5	89.6	391.1	347.7	43.4	310.5	346.9	−36.5
	9 月	218.4	323.2	−104.8	263.7	168.9	94.8	434.3	345.4	89.0	322.4	345.3	−22.9
	10 月	213.5	311.2	−97.7	272.4	171.7	100.6	433.5	367.6	65.9	341.6	364.9	−23.4
	11 月	200.0	298.0	−98.0	255.3	164.2	91.1	442.9	340.5	102.4	310.3	333.9	−23.6
	12 月	223.0	339.6	−116.6	284.2	174.4	109.8	423.8	354.6	69.2	309.6	326.8	−17.2
2016 年													
	1 月	210.8	287.1	−76.4	176.3	97.3	78.9	365.8	314.1	51.8	245.4	286.8	−41.4
	2 月	207.4	272.8	−65.4				364.1	290.2	73.9			

资料来源:各经济体官方统计网站。

2.4.05 续表 2

单位：亿美元

年份 月份	中国香港			中国台湾			马来西亚			印度尼西亚		
	出口额	进口额	出口减进口	出口额	进口额	出口减进口	出口额	进口额	出口减进口	出口额	进口额	出口减进口
2006 年	**3168.0**	**3346.8**	**−178.8**	**2240.2**	**2027.0**	**213.2**	**1606.8**	**1311.5**	**295.3**	**1008.0**	**610.7**	**397.3**
2007 年	**3447.4**	**3682.2**	**−234.8**	**2466.8**	**2192.5**	**274.3**	**1762.1**	**1469.8**	**292.3**	**1141.0**	**744.7**	**396.3**
2008 年	**3630.0**	**3888.9**	**−258.9**	**2556.6**	**2408.2**	**148.4**	**2016.8**	**1589.6**	**427.2**	**1380.3**	**1094.4**	**285.9**
2009 年	**3187.4**	**3476.5**	**−289.1**	**2037.4**	**1746.2**	**291.2**	**1596.1**	**1250.8**	**345.3**	**1165.3**	**960.2**	**205.1**
2010 年	**3907.2**	**4334.4**	**−427.2**	**2746.5**	**2514.0**	**232.4**	**1988.0**	**1647.3**	**340.7**	**1575.8**	**1294.5**	**281.3**
2011 年	**4292.2**	**4840.0**	**−547.8**	**3083.0**	**2816.1**	**266.9**	**2280.9**	**1874.7**	**406.2**	**2007.9**	**1762.0**	**245.9**
2012 年	**4933.7**	**5542.2**	**−608.5**	**3011.8**	**2704.7**	**307.1**	**2275.4**	**1963.9**	**311.5**	**1885.0**	**1903.8**	**−18.8**
2013 年	**5355.5**	**6222.8**	**−867.3**	**3054.4**	**2699.0**	**355.4**	**2282.8**	**2060.1**	**222.7**	**1835.5**	**1873.7**	**−38.2**
2014 年	**5241.3**	**6007.7**	**−766.3**	**3138.4**	**2742.3**	**396.1**	**2341.4**	**2088.7**	**252.7**	**1762.9**	**1781.8**	**−18.9**
2015 年	**5106.0**	**5594.3**	**−488.3**	**2804.8**	**2289.2**	**515.6**	**199.9**	**176.0**	**23.9**	**1503.4**	**1427.3**	**76.1**
1 月	438.0	484.2	−46.2	251.2	203.2	48.0	177.5	152.5	25.0	133.6	126.1	7.4
2 月	327.8	380.1	−52.2	198.6	153.0	45.6	148.0	135.3	12.7	121.7	115.1	6.6
3 月	416.2	470.8	−54.6	252.7	212.1	40.7	180.6	159.3	21.3	136.3	126.1	10.3
4 月	401.4	457.1	−55.8	234.9	187.4	47.5	166.1	147.2	18.9	130.8	126.3	4.6
5 月	408.5	444.4	−35.9	256.3	202.1	54.2	167.8	152.5	15.3	126.9	116.1	10.8
6 月	407.4	465.6	−58.2	230.7	208.8	21.9	171.9	150.5	21.3	135.1	129.8	5.3
7 月	453.2	475.9	−22.8	235.5	199.1	36.3	166.3	160.1	6.2	114.7	100.8	13.9
8 月	426.6	456.0	−29.4	239.3	199.6	39.7	163.8	138.8	25.0	127.3	124.0	3.3
9 月	453.5	492.6	−39.1	225.4	173.1	52.3	162.7	140.3	22.5	125.9	115.6	10.3
10 月	450.1	485.9	−35.8	239.4	178.1	61.3	177.6	149.1	28.5	121.2	111.1	10.1
11 月	454.6	480.9	−26.4	221.3	193.8	27.5	157.0	133.2	23.8	111.1	115.2	−4.1
12 月	468.8	500.8	−32.0	220.6	178.9	41.7	159.5	140.3	19.3	119.2	120.8	−1.6
2015 年												
1 月	406.4	425.0	−18.6	222.0	186.9	35.1	142.3	129.9	12.4	104.8	104.7	0.1
2 月				177.8	136.3	41.5				113.0	101.6	11.4

资料来源：各经济体官方统计网站。